读懂投资 先知未来

U0565276

舵手证券图书
www.duoshou108.com

大咖智慧
THE GREAT WISDOM IN TRADING

成长陪跑
THE PERMANENT SUPPORTS FROM US

复合增长
COMPOUND GROWTH IN WEALTH

一站式视频学习训练平台
WWW.DUOSHOU108.COM

股市获利倍增术

股市投资精要

（美）杰森·凯利 著

贾素清 蒋 翠 译

山西出版传媒集团
山西人民出版社

图书在版编目（CIP）数据

股市获利倍增术 / （美）杰森·凯利著；贾素清，
蒋翠译 . -- 太原：山西人民出版社，2022.12
　　ISBN 978-7-203-11783-4

　　Ⅰ.①股…　Ⅱ.①杰…②贾…③蒋…　Ⅲ.①股票投
资—基本知识　Ⅳ.① F830.91
　　中国版本图书馆 CIP 数据核字 (2022) 第 061508 号

股市获利倍增术

著　　　者：	（美）杰森·凯利
译　　　者：	贾素清　蒋　翠
责任编辑：	王晓斌
复　　审：	傅晓红
终　　审：	秦继华
装帧设计：	王　静

出 版 者：	山西出版传媒集团·山西人民出版社
地　　址：	太原市建设南路 21 号
邮　　编：	030012
发行营销：	0351-4922220　4955996　4956039　4922127（传真）
天猫官网：	https://sxrmcbs.tmall.com　电话：0351-4922159
E-mail：	sxskcb@163.com　发行部
	sxskcb@126.com　总编室
网　　址：	www.sxskcb.com

经 销 者：	山西出版传媒集团·山西人民出版社
承 印 厂：	廊坊市祥丰印刷有限公司

开　　本：	710mm×1000mm　1/16
印　　张：	19.5
字　　数：	300 千字
版　　次：	2022 年 12 月　第 1 版
印　　次：	2022 年 12 月　第 1 次印刷
书　　号：	ISBN 978-7-203-11783-4
定　　价：	88.00 元

如有印装质量问题请与本社联系调换

致　谢

我很幸运能够和伟大的团队一起工作。

多莉丝·迈克尔依然是我唯一的代理人。我们多年来共同工作，她是令人愉快的搭档。

我并不是欣赏多莉丝的唯一男士。查理·迈克尔首先结识了她，并喜结良缘。他是位于纽约市的对冲基金——西拉环球管理公司的总裁。查理对于股市有着深刻的理解，本书第一版就得到他的慷慨帮助。他的评论为本书的后述版本也提供了帮助。

本书受益于众多善良的人和机构。感谢比尔·米勒，他是最为出色的共同基金经理之一。他很乐意抽空跟我聊电话，审阅与他有关的资料，甚至回复《凯利快讯》订阅用户的问题。感谢晨星、标准普尔、《价值线》与雅虎财经提供的数据，感谢 OnlineTradingConcepts.com 和 StockCharts.com 提供的走势图。

最后，我也要向羽流出版社优秀的员工们致以诚挚的谢意。我的编辑是凯特·纳波利塔诺。她理解本书过往版本的精神，为本书的新版增补了新颖的内容，并与早先的基调一脉相承。这些年来，对于关爱本书的读者，我都很乐意结识。我很高兴看到凯特也是其中之一，她是令人愉快的工作伙伴。

前言：一本始终有效的书

本书的建议确实有效。它让你避开危险的股票，找到那些让你长期获利的好股票。

我在 1996 年与 1997 年写下了本书的第一版。那时，股票市场就要大涨，并产生"世纪大泡沫"。回顾当年，安然和世界通讯被视为必须持有的国民股票，并且随着互联网的兴起，类似如沃尔玛之类的实体经济，都将被淘汰。如果通过网络就能购买睡衣，谁还会走进实体店呢？

显然，很多人持有这样的观点。然而，在本书第一版发布后的数年里，直至 2012 年初为止，沃尔玛的股价上涨了三倍，而那些互联网暴发户却大多消失了。安然与世界通讯宣布破产。2011 年，沃尔玛的年销售额为 4500 亿美元，两家领先的互联网电商亚马逊和 eBay 的年销售额分别只有 480 亿美元和 120 亿美元。

2008 年的次贷危机摧毁了很多知名企业，包括美国国际集团（AIG）、贝尔斯登、雷曼兄弟和通用汽车。可是，就在这一年，沃尔玛的股价却上涨了 20%。在次贷危机前的十年里，该公司的销售额与每股现金流量每年都在增长，随后的 2008 年、2009 年、2010 年和 2011 年也是如此。1975 年年初，你如果在沃尔玛投资 1 万美元，到了 2011 年底，这 1 万美元将增长为 6000 万美元。这要感谢沃尔玛的稳定成长，还有 9 次的股票分割（从 1 股分割为 2 股）。

本书能让你避开灾难事件——安然、世界通讯、互联网泡沫破灭，以及后来类似的雷曼兄弟。可是，本书无法让你躲避市场波动，没有任何办法能够实现这点。股市确实呈现短期波动，但大趋势却是上涨的。

你已踏入投资之路，希望拥有沃尔玛之类的优质股票，能够为你斩金夺银。本书将会告诉你找到它们的秘诀。这类秘诀适用于盘整市场、牛市与熊市，因为杰出的企业总是脱颖而出，能够领袖群伦。

投资这些股票，你也会成为人生赢家。

我还提供了一种价值平均的投资技术，能够稳定地实现每个季度赚 3% 的目标，以及能够长期击败市场的指数策略。此外，道琼斯股利策略，以及专门为道琼斯工业指数与标普 400 中型股指数设计的双倍策略，二者都极具获利潜能。与躲避和限制弱势市场的方法结合之后，对于你的财富积累将有很大的帮助。

本书的建议很容易操作。请各位仔细阅读，严格遵循，坐观财富增长。

目 录

第一章　股票的语言

任何人都可以在股票市场赚钱。只要拿起电话，或打开电脑，你就可以拥有某家公司的一部分——包括其财富和因为其愚蠢的行为所造成的损失。你甚至完全不用参加董事会，不用研发产品，也不用制定营销策略。当我 11 岁时，爷爷曾经用了不到十秒钟的时间，就跟我解释了投资股票的理由。当时，我们坐在加州的亚凯迪亚家中的游泳池旁，爷爷看着股票行情资料。我问他："这样美好的时光，为什么要瞅着那些小字看？"他说："因为只要花 1 万美元买入两只十倍飙涨股，就能成为百万富翁。"当时，我不觉得这句话有什么意义，但现在就不同了。十倍飙涨股，是指价格上涨十倍的股票。投资 1 万美元，买入第一只十倍飙涨股，你就拥有 10 万美元。之后，再投入 10 万美元，买入第二只十倍飙涨股，你就拥有 100 万美元。人人都应该投资股票。这样，不用十秒钟，我就说明了理由。

本章还会进一步解释，为什么投资股票是个好点子，然后，在本书其余部分会探讨一些有关投资的基本知识。当你开始投资时将会使用这些知识。

为什么股票是好投资？

为什么股票是好投资呢？开始投资之前，你应该知道理由。拥有股票的理由有两点。第一，你可以拥有自己的成功企业；第二，股票是最好的长期投资工具。

通过股票，拥有自己的成功企业

股票是良好的投资工具。你可以通过股票拥有自己的成功企业。就像买了房子获得产权一样，买了股票，你就能拥有企业的股权。这也是股票有时候也被称为 equities（普通股、权益证券）的原因。

想想那些你知道的有钱人，他们是怎样变富的？把钱借给那些有借无还的亲朋好友吗？不是。赢得彩票大奖吗？希望渺茫。继承遗产吗？有些人确实如此，但是没人能控制这种因素，所以也与本书的主题无关。多数情况下，富人之所以有钱，是因为富人拥有某种东西。

所谓的"某种东西"可能是不动产。各位第一次看《乱世佳人》，想必就明白了"有人斯有土、有土斯有财"的道理。拥有不动产是致富的好主意。可是，人们之所以致富，多数是因为拥有企业。小学生都读过汽车大王洛克菲勒、钢铁大王卡内基与金融大王摩根的故事。他们都拥有企业。亨利·福特卖汽车，麦当劳的雷伊·克洛克卖汉堡，IBM 的托马斯·华森卖商务机器，苹果的史蒂夫·乔布斯卖 iPhone，Intuit 的史考特·库克和汤姆·普尔克斯卖财务软件，Il Giornale 的霍华德·萧兹卖咖啡。从没听说过 Il Giornale？哦，那是因为萧兹在 1987 年买下这家企业之后，把它改名为星巴克。这些人都拥有自己的公司。我在学生时代为了帮学生会筹措资金，经常挨家挨户推销杂志。我没有因此致富，因为我没有拥有那家杂志承销公司。各位看到其中的差别了吗？

如果我在当时把《读者文摘》推销给克莱女士之后，拿出一点钱，买进杂志承销公司的股票，我就能摇身一变，成为拥有了自己公司的老板。这时，我会不断鼓励同学们"卖！卖！卖！"他们努力推销杂志，即使让他们——而不是我——赢得手提收音机也在所不惜。大家推销的杂志越多，承销公司就越赚钱，身为股东的我自然会赚钱。如果一切符合计划，我就能买十几台手提收音机了。

这就是拥有股票的理由，股票让你成为公司的所有者。既不是员工，也不是债权人，而是所有者。公司兴隆昌盛，拥有公司的你也跟着发财。

股票是最好的长期投资工具

你可能认为，这很棒嘛！但情况果真如此吗？让我们来回顾一下历史和一些明确的数据。

过去 75 年来，股票市场每年的平均报酬率大概是 10.5%。公司债报酬率为 4.5%。美国国债报酬率为 3.3%，通货膨胀率为 3.3%，请注意，国债报酬与通货膨胀大致相同，所以，扣掉通货膨胀之后，你的国债报酬就没了！你需要股票。能活十年以上的人，都应该投资股票。这才是资金的去处。

投资股票，会让投资人和公司同时受惠。以麦当劳为例。麦当劳在 1965 年挂牌上市，当时的承销价格为每股 22.5 美元。你如果买进 100 股，麦当劳将因此取得额外的 2250 美元。这些资金可以用于扩展新店面，或者用于提升汉堡的品质。或许，你的资金正好用于"巨无霸"汉堡的研发，这是美国最棒的发明之一。47 年之后，经过 12 次的股票分割，你当初买的 100 股，将成为 74360 股，价值超过 740 万美元。你发了财，麦当劳也生意兴隆，这都要感谢股票市场。

如何交易股票？

股票的买卖称为"交易"。"IBM 的交易价格是 140 美元。"这意味着，如果你想买 IBM 的股票，就需要付出 140 美元才能买到一股。

每只股票都有一个报价代码，这是用来识别股票的唯一代码。在一般文章和报告里，报价代码都标示在公司名称之后的括弧内。例如：

Facebook（FB）、谷歌（GOOG）、Harley-Davidson（HOG）、IBM（IBM）
与 Toyota（TM）。

　　股票价格每跳动一美元，称为一点。IBM 的股价从 140 美元上涨到
143 美元，就是上涨了三点。实际上，IBM 并不经常出现 140 美元、143
美元之类的整数价位，通常都有零头，例如，143.38 美元。

　　某些投资人士以 100 股为单位买进股票。100 股为一个完整单位的
价位。使用完整单位买卖股票，比较容易追踪股票投资的绩效。因为每
涨跌一点，意味着你的投资增加或减少了 100 美元。假如你在 143 美元
买进 100 股 IBM，价值 14300 美元。如果 IBM 的股价上涨了两点，变成
145 美元，你的投资就增加了 200 美元，总计为 14500 美元。挺简单的。

优先股与普通股

　　股票有两种类型——优先股与普通股。两者都代表持有人对于企业
的权益。优先股的股利是固定的，不会因为企业经营状况的改变而变
动。相对于普通股，优先股享有优先取得股利的权利。另外，如果公司
倒闭或清算，优先股的清偿顺序优于普通股。

　　我们大多数人投资的股票，都属于普通股，也就是我们通过标准订
单进行买卖的股票。普通股享有投票权，也享有公司分配的股利。普通
股的股利随着公司的经营状况而变动。

股票投资如何赚钱？

　　对于投资人来说，这是重点所在。你拥有企业的唯一原因，就是想
通过企业赚钱。至于赚钱的方式，则是资本升值与股利。

通过资本升值赚钱

资本升值是你按照较低价格买进、较高价格卖出而赚取的差价利
润，"低价买进、高价卖出"是常见的投资格言，不过，"买得高，卖

得更高"同样合理。

资本升值表示为百分率格式。买进与卖出价格之间的差额，就是你的报酬。举例来说，如果你在 30 美元买进，后来在 60 美元卖出。你的报酬率就是 100%。如果在 90 美元卖出，报酬率就是 200%。在 1990 年，你如果以 10 美分的价格购买了股票，然后在 2000 年以 70 美元的价格卖出，报酬率为 69900%。如果在 2003 年 2 月，以 40 美分的价格购买股票，然后在 2006 年 7 月，以 50 美元的价格卖出，报酬率就是 12400%。如果在 2008 年 10 月，以 6 美元的价格买进股票，然后在 2011 年 8 月以 100 美元的价格卖出，报酬率为 1567%。

股票投资的目标是赚钱，但是错误的投资却会让你赔钱。例如，在 2007 年 11 月，以 35 美元的价格买进花旗集团的股票，到了 2008 年 11 月，股价跌到 6 美元，卖出后的报酬率为 -83%。

通过股利赚钱

身为企业的所有者，你有权利通过股利的形式，分享公司的获利。企业在每个季度都会公布盈余，决定是否分配股利。企业如果获利不佳或产生亏损，股利通常被优先删减。在每个季度的公告日，公司会宣布股利分配的资讯。

为了取得股利，你必须在除息日持有股票。登记日当天具有股东身份者，才有资格分配股利。除息日比登记日领先四个工作日。

你如果在除息日持有股票，就能在登记日列入股东行列，因此也就能取得股利。至于每股的股利为多少，则由公司决定。你持有的股数，乘以每股的股利，这个乘积就是你得到的股利。通常股利会存入你的股票账户。假如你持有 1 万股，股利为 0.35 美元，公司会在付款日把 3500 美元存入到你的账户。就是这样简单。

多数刊物会刊载年度股利，而不是季度股利。公司如果刚分派了 0.35 美元的季度股利，多数刊物会显示股利为 1.40 美元。实际上，也就是 0.35 美元的季度股利，再乘以四个季度。

总报酬

总报酬就是投资股票的资本升值，再加上股利。如果以百分率格式表示，就是用总报酬除以当初买进股票的价格。

举例来说，假定你以 45 美元的价格买进 IBM，两年之后，以 110 美元的价格卖掉股票。持股期间，第一年的股利为 1 美元，第二年的股利为 1.50 美元。这种情况下，IBM 的股价上涨了 65 美元，每股的股利为 2.50 美元，总获利为 67.50 美元。用总获利 67.50 美元除以当初买进的价格 45 美元，总报酬为 1.5 倍，或 150%。

股票分割的那些事儿

股票分割是指股东权益没有变动的情况下，增加流通股的发行数量。对于投资人来说，股票进行分割，你的持股数量会变动，但股票的价值却不变。假定你持有一只普通股，股数为 100 股，交易价格为 180 美元，股票从 1 股分割为 2 股。股票分割之后，你将拥有 200 股。但股票价格也因为分割，而调低为每股 90 美元，所以，你持有的股票价值还是 18000 美元。既然如此，为何要做股票分割呢？说句开玩笑的话，让你闲得难受的时候，调整财务报表来消磨时光。

当然，这是开玩笑的。股票分割是为了让更多的投资人买得起股票。很多人买不起每股 180 美元的股票，但 90 美元或许可以考虑。如果还是太贵，公司还可以把 1 股分割为 4 股，这样每股价格就能调低为 45 美元。所以，当初的 100 股就变成了 400 股，但总价值仍然是 18000 美元。相对于 180 美元，当股价调低到 45 美元时，会有更多的人愿意买进。虽然他们每投资 1 美元取得的公司权益还是一样多，但这会涉及心理层面的因素，谁能说清楚呢？

从数学角度来看，股票分割跟投资人毫无关系，却通常被视为好事情。这通常说明公司对经营前景持乐观态度，否则不会轻易分割股票。想想吧，如果企业情况不变，你会把自家的股票价格调低为一半或者更低吗？当然不会，否则媒体就会宣布你的好日子到头了，而且也可能引发法律诉讼。股票分割通常是因为公司经营状况很好，能够推动股价上涨，而且有乐观的经营预期。所以，股票分割之后，虽然股价暂时下跌，但乐观的经营预期有望推动股价继续上涨。

20 世纪 90 年代的大牛市中，经常发生股票分割的事件。IBM 分割了 2 次，甲骨文分割了 5 次，微软分割了 7 次，思科分割了 8 次。投资人如果在 1990 年 1 月买进价值 1 万美元的微软股票，到了 2000 年 1 月，股票价值将是 90 万美元。可是，这段时间里，微软的股价并没有直接上涨 90 倍。因为微软做了五次"1 股分割为 2 股"和两次"2 股分割为 3 股"的股票分割。所以，股价上涨，进行分割，然后又上涨而分割，如此重复，直到 1 万美元变成 90 万美元为止。如果微软不看好自家的经营前景，绝对不会进行股票分割。

我们需要记住，股票分割会导致股价下降。和高价股比起来，低价股更容易猛烈上涨。另外，如果发生相同金额的波动，低价股的百分率变动会超过高价股。举例来说，股价如果上涨 2 美元，对于 50 美元的股票来说，获利是 4%，对于 100 美元的股票，获利只有 2%。

更重要的是，股票分割很有趣。你原来持有 100 股股票，分割之后，股票数量变为 200 股。股价每上涨 1 美元，你的获利将变成 200 美元，而不是原先的 100 美元。很爽吧！当你向亲朋好友炫耀成绩时，可以抛出"股票分割调整后"之类的术语，显示专业人士的身份——为了装模作样，我建议你说话时，嗓音要低沉，还要稍微扬眉。

企业为何、如何发行股票？

企业希望你购买股票。这样，企业可以使用你提供的资金，购买新设备，研发新产品，拓展业务。你的投资让公司变得强大。可是，企业必须先提供股票，让投资者购买。本节将说明相关程序。

学生时代推销杂志的经验，让我很想成为企业的拥有者。我想象自己教导其他小孩推销杂志，每天结束时，收回大把钞票，拿出一部分钱购买奖品，颁发给表现最棒的销售员，把一部分钱汇回承销公司，剩余的存入我自己的银行账户。非常简单的商业模型，对吗？现在，假设我这样做了。我把自己的事业称为"杂志先生"。

我早就发现，"杂志先生"需要一间办公室。甚至只需要一间树屋就够了。我需要找些木材，还要接通电力，装上电话。这些都需要钱，而我目前还没有钱。这也正是我做生意的原因——赚钱。如果已经有钱了，我就没必要创业了。我可以通过两种方式帮助"杂志先生"筹集资金。

第一种方式：编制公司经营计划，申请银行贷款。银行人员一旦知道公司总部设在一间树屋上，我想会立刻打发我走。很多刚开创的事业都难免遭遇这种问题。事业还不够稳定，难以申请银行贷款；或者，申请来的贷款利息十分高昂，从而让银行能够防范企业倒闭的风险。所以，对于"杂志先生"来说，申请银行贷款的思路行不通。

销售股票是筹集资金的好方法

第二种方式：发行"杂志先生"股票，卖给那些期望分享利润的投资人。通过发行股票，我能筹集到资金。我不会欠下任何人任何东西，我只需要找到一大群真正期望"杂志先生"成功的投资人。毕竟，他们也会拥有这项事业的一部分。我决定采用第二种方法筹集资金，并且总共发行了 10 股"杂志先生"。当然，我也可以发行 100 股或 10 万股。究竟发行多少股份，并不重要。投资人真正在意的是股权百分率，而不是绝对股数。我决定自己保留 6 股，占股权的多数，剩余 4 股，则按照每股 100 美元，卖给我的社区里的学生家长。这几位家长是我找来的创业资本家。经过这笔交易之后，我将持有"杂志先生"60% 的股权，4 位家长则总共拥有 40% 的股权。当然，这属于非上市的股权交易，"杂志先生"还没有挂牌上市。

"杂志先生"第一年的运营相当顺利。我雇了 20 个小孩挨家挨户推销杂志，我跟杂志承销商达成了划算的协议，还找到一家奖品批发商，按照半价给我提供小奖品。员工干得开心，而"杂志先生"的价值也增长为 5000 美元。我的投资人又如何呢？非常好，"杂志先生"在一年里从起初的每股 100 美元增长到 500 美元，年度报酬相当于 400%！

显然，我只需要做一件事——立即辍学，专心拓展"杂志先生"的业务。不但要走出社区，还要卖遍整个美国。另外，"杂志先生"的总部也需要从树上搬到地面。看来，这生意的进化就像人类的物种进化一样。为了实现雄心勃勃的扩张，我决定让"杂志先生"上市。

挂牌上市以筹集更多资金

我要让股票在交易所上市，这样，数以百万计的投资人都可以购买"杂志先生"的股票，而不是仅仅把股份卖给社区里的四位家长。股票交易所为投资人提供了买卖股票的场所。在美国历史上，最著名的股票交易所是纽约证券交易所（NYSE，成立于 1792 年）、美国证券交易所（Amex，成立于 1842 年）、纳斯达克（NASDAQ，成立于 1971 年）。

2007 年，NYSE 集团收购了总部设在巴黎的泛欧交易所（Euronext），成为第一家全球性股票交易所，称为 NYSE-泛欧交易所（NYSE Euronext）。它在 2008 年又并购了美国证券交易所（The American Stock Exchange），并将其与 Alternext 欧洲小型股交易所合并，更名为 NYSE Alternext US，业务专注于小型股。场内交易作业则全部搬至纽约证券交易所的华尔街交易大厅。本书出版之际，有另一笔并购交易正在进行：德国证券交易所打算动用 100 亿美元，并购 NYSE-泛欧交易所，从而成为全球规模最大的股票交易市场。美国证交会已经批准了这项交易，欧盟的主管机构却态度犹豫，担心此举会影响竞争。

"杂志先生"能在纽约证券交易所、纳斯达克或 NYSE Alternext US 挂牌上市吗？我们继续探讨。

纽约证券交易所

这是美国境内规模最大、历史最为悠久的股票交易市场。著名的场内交易大厅坐落在曼哈顿的华尔街。很多著名公司的股票在这里挂牌。例如：IBM、福特与麦当劳。为了挂牌上市，申请上市的公司至少需要具备 400 位美国股东，持有流通股数至少为 110 万股，还要通过盈余或者价值方面的测试准则。例如：过往 3 年的税前盈余必须超过 1000 万美元，全球市场的资本市值至少达到 7.5 亿美元。如你所见，在纽约证券交易所挂牌上市，谈的可都是大买卖。请注意上文的流通股，是指股东们至少需要持有 110 万股流通股。

纳斯达克

纳斯达克（NASDAQ）以交易高科技股票而闻名，例如：微软、财捷（Intuit）和戴尔电脑。纳斯达克有时候又被称为场外市场（OTC）。因为它在华尔街或其他场所都没有场内营业厅，经纪商通过遍布全国的电子网络系统，使用电脑进行交易。某些经纪商称为"做市商"，因为它们提供了投资人打算购买的股票。一般来说，你不知道自己买进的股票出自哪位经纪商，你也无须在意。在纳斯达克全球市场挂牌上市，企业至少需要 400 位股东，流通股数至少达到 110 万股，价值至少达到 800 万美元。最近财务年度的税前盈余至少达到 100 万美元，或者在三个财务年度中，有两年能够实现上述税前盈余。

NYSE Alternext US

该交易所致力于为创新型企业提供简化的上市通道。NYSE Alternext US 的上市要求最为宽松。在企业的最近财务年度（或最近的三个财务年度里，有两年符合条件），税前盈余至少达到 75 万美元；投资大众的持股价值至少达到 300 万美元；股东权益至少达到 400 万美元；以及 800 位股东需要持有至少 50 万股流通股，或者 400 位股东需要持有至少 100 万股流通股。

与投资银行往来

显然，"杂志先生"的资质不足，无法在三家主要交易所上市。经过祈祷之后，假设出现了重大反转，我得以和某家大型投资银行合作，准备让"杂志先生"的股票进行"初次公开募股"。大型投资银行包括美国银行、花旗集团、高盛、摩根大通和富国银行。所谓的"初次公开募股"，就是企业首次向投资大众供应股票的行为。我会通知投资银行"杂志先生"需要筹集多少资金，而银行则确定股票的销售数量和价格。例如，我打算募集 1000 万美元，银行可以决定按照每股 2 美元的价格，销售 500 万股；或者按照每股 1 美元的价格，销售 1000 万股；或者按照每股 5 美元的价格，销售 200 万股。我只需要拿到符合目标的资金就行了，其他并不重要。

投资银行则承诺卖出所有股票，换言之，如果投资大众没有买下全部股票，银行就会负责买进。为了弥补这类风险，在销售股票时，投资银行必须赚取一些利润。最初，银行会在初级市场把"杂志先生"的股票卖给等级优先的私人客户。在初级市场对"杂志先生"诱人的新股票进行投资之后，银行把剩余的股票转移到二级市场，也就是普通的投资大众购买股票的场所。投资大众通过报纸或网络获取股价信息，然后买进股票。

二次发行

等到银行完成了初次公开募股，我就筹集到了所需的资本，公司也增加了一群新的投资人。如果我在未来需要额外的资本，还可以通过所谓的二次发行取得资金。这类行动不论次数，统称为二次发行。为了筹集资金，也可以考虑发行债券。投资人买进公司债券，等于是借款给公司并期待赚取利息。换言之，债券和银行贷款存在相同的缺点——"股票先生"被迫支付利息给债券投资人。通过二次发行新股来获得资金，就不需要支付利息。

二次发行有时是必要的。因为股票一旦在公开市场交易之后，公司就无法从股票中获取任何好处。当上市公司发行并且将股票卖给投资人之后，股票产生的盈亏都归投资人承担。即使股价上涨四倍，每天买卖十次，发行股票的公司也捞不到任何实质收入。理由很简单：股票已归投资人所有。投资人可以按照任何市场价格买卖股票。发行股票的公司没有资格从交易中获利，因为投资人是股票的唯一所有者，直到他卖给另一位投资人为止，而后者又成为该股票的新所有者。除非公司买回自己的股票，否则就不是股票的所有者。

和你卖掉旧车的道理一样。当你卖掉车库里老旧的福特车时，会因此欠下福特公司的钱吗？当然不会。你只需要通过报纸发布卖车广告，保存买家开好的支票，旧车交易就结束了。同样的道理，当你拥有福特汽车的股票时，你下单卖掉股票，拿到买方支付的价款，支付了佣金费用，股票交易就结束了。对于曾经发生的这笔交易，福特公司甚至毫不知情。

现在，寻根究底的读者可能会问，既然发行股票的公司拿到了钱，为何还要继续关注股价的变动？从投资者的股票买卖中，公司毕竟无法获得任何利益，不是吗？没错，但公司在未来可能重复地二次发行股票。如果按照每股 40 美元的价格，二次发行 100 万股新股票，公司就能取得 4000 万美元的资金。如果按照每股 10 美元的价格，二次发行 100 万股新股票，公司就能取得 1000 万美元资金。这种情况下，公司希望选择 4000 万美元还是 1000 万美元？当然希望选择前者。所以，公司也希望看到自家股价走高。另外，股价下跌会引发负面的新闻报道，而企业可不想伤及自身形象。

"市场"是什么？

每天你都听到市场上涨或下跌。你有没有寻思过，"市场"究竟是指什么？一般来说，这是泛指美国股票市场。而市场的衡量指数，通常公认为是道琼斯工业指数（简称 DJIA 或 Dow）。道琼斯工业指数并不代表整体股票市场，而是由 30 只著名的成分股构成。包括：可口可乐、埃克森美孚、麦当劳、微软、沃尔玛……道琼斯工业指数的成分股由《华尔街日报》的编辑们集体挑选，名单可能因为公司合并、丧失领先地位，或成为行业翘楚而不时变动。

道琼斯工业指数只是一个平均数。平均数和指数只是判断整体市况趋势的工具。道琼斯工业指数是应用最广泛的衡量标准，但不是唯一标准。投资人更喜欢使用标普 500 指数，这项指数由美国整体股票市场的

500 家规模最大的企业的股票构成，市值大约占到整体股市市值的 75%。另外，还有跟踪 400 家中型企业的标普 400 中型股指数，以及跟踪 600 家小型企业的标普 600 小型股指数。纳斯达克 100 指数则跟踪 NASDAQ 的 100 家顶级企业的股票，成分股包括：奥多比、亚马逊、苹果电脑、思科、eBay、英特尔、甲骨文、星巴克等。这是最为时尚的股价指数之一，其成分股大多属于科技或生化类股票，价格波动非常剧烈。以下是上述 5 种股价指数截至 2008 年 12 月 31 日的总报酬：

股价指数	成分股	3 年期	5 年期	10 年期
道琼斯工业指数	30 种大型股	−15%	−13%	−2%
标普 500 指数	500 种大型股	−25%	−16%	−24%
标普 400 中型股指数	400 种中型股	−25%	−4%	+41%
标普 600 小型股指数	600 种小型股	−23%	0%	+54%
纳斯达克 100 指数	100 种纳斯达克股票	−23%	−14%	−31%

相当有趣的十年？

这是空头行情造成的差异，主要原因归结于 2008 年的次贷危机。为了证明，让我们看看这 5 种指数在前两年的情况（截止到 2006 年 12 月 29 日）：

股价指数	成分股	3 年期	5 年期	10 年期
道琼斯工业指数	30 种大型股	19%	24%	93%
标普 500 指数	500 种大型股	28%	24%	88%
标普 400 中型股指数	400 种中型股	40%	58%	214%
标普 600 小型股指数	600 种小型股	48%	72%	176%
纳斯达克 100 指数	100 种纳斯达克股票	20%	11%	114%

再看三年后的情况（截止到 2011 年 12 月 30 日）：

股价指数	成分股	3 年期	5 年期	10 年期
道琼斯工业指数	30 种大型股	39%	−2%	22%
标普 500 指数	500 种大型股	39%	−11%	10%
标普 400 中型股指数	400 种中型股	63%	9%	73%
标普 600 小型股指数	600 种小型股	54%	4%	79%
纳斯达克 100 指数	100 种纳斯达克股票	88%	30%	44%

我希望读者重点关注中型股与小型股。注意它们的 5 年期与 10 年期绩效显著超过其他对应的指数。这是值得集中精力研究的地方。本书第四章将会探讨：如何使用中小型股的这项优势，实现长线收益。

如果在投资世界涉猎更深，你还会遇到十多种其他指数，它们分别试图追踪股票市场的某个特定部分的表现。

你在生活的其他领域，可能已经使用了指数，只是尚未察觉而已。我们总能创建各类指数，进行价值比较。例如，你想买一辆新的丰田凯美瑞，一个主要的选择标准是燃油经济性，可是，你怎么知道凯美瑞在这方面的表现呢？你可以把凯美瑞的每加仑行驶英里数，与其他中型轿车的这一指标做比较，比如福特汽车的 Fusion 与本田汽车的 Accord。经过反复比较，你就会明白哪款车比较理想，哪些高于平均水平，哪些低于平均水准。请注意，你不会拿凯美瑞去和现代的 Accent 或雪佛兰的 Suburban 比较，因为后者属于不同类别，不适合摆在一起比较。所以，在这个例子里，中型轿车的每加仑行驶英里数，才是你考虑的指数。

当你遇到不同的市场指数时，请记住，它们是衡量某个特定市场的指数，并且监控这个特定市场的运行状态。

如何挑选经纪商？

购买股票，就必须通过经纪商进行。经纪商是领有政府批准的执照的商业机构，为投资者提供证券买卖的业务。经纪商申请成为各地股票交易所的会员，并遵守各家交易所和证券管理委员会（证管会，简称SEC）的规定。

两种类型的经纪商

有些经纪商提供综合的全套服务，有些属于折扣经纪商。来看对应的描述：

综合经纪商

它们是全世界规模最大、名声最响的经纪商。每年花费数百万美元打广告。你可能听过美国银行、高盛、摩根士丹利、史密斯邦尼、瑞银（UBS）与其他类似者。它们大致相同。无论广告口号如何，只要听到这些综合经纪商的名字，我们脑海里就会浮现两个词——贵不可攀和误导。除此之外，这类大牌经纪商的表现尚可。大部分的综合经纪商通常都划分投资银行部门、研究部门与零售部门。

投资银行部门帮助新公司实现初次公开募股，或者进行股票的二次发行。经纪商可以从这类销售行为中赚取差价利润，这也是它们最赚钱的业务。因此，每家综合经纪商都会千方百计地巩固与上市公司的关系。千万不要忘了，经纪商最赚钱的业务，就是帮助上市公司销售股票。投资人购买股票之后，无论赚钱还是赔钱，综合经纪商都能稳赚。公平地说，大多数经纪商为了未来的业务，还是希望投资人能够赚钱。

对于综合经纪商的研究部门来说，它们专门研究上市公司，分析和撰写评论、资料简报、定期报告等。编制这些报告的初衷，是要培育个人投资者，拟定专业的决策。可是，各位可还记得前面一段里提到，综合经纪商为了赚钱，要和上市公司之间保持铁杆关系。投资大众数以百万计，上市公司只有几千家，各位认为经纪商会讨好谁呢？当然是上市公司。所以，你很少看到研究报告建议投资人"卖出"某股票。反之，经纪商会建议你"继续持有"。没有一家上市公司希望看到经纪商建议卖掉它们的股票，所以，在经纪商的解决方案里，也就尽量避免使用那个丑陋的字眼。《华尔街日报》曾经披露了这一指令是多么的明目张胆。在摩根士丹利的一份备忘录里，承销新股票的主管董事指示公司的政策是"对于客户不做负面评论"。备忘录还指示分析师和公司财务部门一起，清理那些"可能被视为负面的"股票评级和观点。

零售部门则是我们与之打交道的对象，主要是由一群经纪人组成，他们实际上也是业务销售代表。他们的工作就是打电话催促投资人买卖股票。这些销售代表收取高额佣金，并与经纪商分成。佣金之所以高，是因为经纪商提供了各类研究，需要由你买单。现在，你懂得了这类研究报告大多会误导投资。老实说，编制研究报告的目的，就是帮助经纪人拓展业务，催促你去买卖经纪商推荐的股票。这样，你花钱买研究报告，却买来了一大堆广告！综合经纪商保留零售部门的唯一原因，在于为经纪商所代表的上市公司销售股票。

当投资银行部门协助新公司，譬如"杂志先生"上市时，研究部门会建议买进"杂志先生"的股票，零售部门也开始打推销电话。如果你接了电话，买了股票，经纪人和经纪商就能赚到钱。这可真是富有心机的"全套服务"啊。你认为呢？

折扣经纪商

折扣经纪商不从事首次公开募股，也不做股票的二次发行。它们多数没有设立自己的研究部门，只是协助客户买卖证券，并收取低廉的佣金。佣金费率较低，因为折扣经纪商不用承担综合服务研究部门的费用，也不会在零售销售部门养一大群业务销售代表。

佣金比较

如果在纽约证券交易所买进 500 股，每股的价格为 40 美元，两类经纪商收取的佣金分别如下：

综合经纪商：100—200 美元

折扣经纪商：5—20 美元

多数折扣经纪商会提供研究资料，包括上市公司研报、绘图工具、投资快讯、新闻摘要与其他有用的资料。可是，它们不会主动打电话催促你买卖股票。你必须自行拟定交易决策，而折扣经纪商只负责执行你的指令。由于它们不必顾及与上市公司之间的关系，而且撮合任何股票交易赚取的佣金都相同，所以，折扣经纪商不会刻意向你销售某家特定的上市公司的股票。

过去，折扣经纪商将电话和线上交易作为降低经营成本的创新方法。随着线上交易已经成为常态，如果再炫耀线上交易的服务，就像电影院炫耀空调设备一样，没有说在重点上。

以前还有第三类经纪商——深度折扣经纪商。它们只提供最廉价的经纪服务，除此之外，别无他物。这些年来，折扣经纪商也不断调低费率，而深度折扣经纪商也开始提供研究资料和分析工具，所以，折扣经纪商和深度折扣经纪商基本上没有差别了。现在，这两类折扣经纪商——不论哪种类型——都提供了大量优质的研究资料，线上交易平台也有了很好的界面，买卖公司股票的佣金也低。所以，我把它们归入同一类别——折扣经纪商。

关于折扣经纪商

在本书，我会向各位演示，如何通过折扣经纪商进行交易。理由如下：

科技进步，综合经纪商已经不合时代潮流

综合经纪商已经不合时代潮流。过去，个人投资者无法取得经纪商使用的交易机制，综合经纪商就是那个时代的残留产物。投资人在当时必须通过交易所的营业大厅进行交易，整个下单过程需要许多专业人士接手处理，包括：经纪人、跑单员、代理人等。由于程序烦琐，佣金偏高，投资人也习以为常。

可是，这些烦琐的程序都已经不复存在。纽约证券交易所已经拆除了华尔街的拴马桩，专业报价员通常直接通过单据转向（Super DOT）

获得委托单，然后通过计算机的订单传递和报告系统，几秒钟之内就完成了交易。纳斯达克甚至没有营业大厅，完全由电脑和经纪人的网络构成。

想想看，现在你知道了要买什么股票，自己就能用电脑下单，或者拨打电话自助下单。你似乎没有理由选择综合经纪商。事实上，在多数情况下，他们会打电话给你，帮你把股票名称输入电脑，然后请你支付高额佣金。综合经纪商当然懂得自己已经过时了，但希望你仍然使用1897 年的方式继续跟他们做交易。这样，他们才能赚取丰厚的佣金。

反复审视综合经纪商提供的资讯

有些人争论说，综合经纪商提供了大量的研究资料，手把手带你做投资，所以，值得额外支付高额佣金。可是，你从他们研究部门的分析师那里获得的这些资料，正是为了满足营销部门的销售意图。换言之，研究部门建议你买进的"好股票"，通常都是为了提升他们与上市公司的关系。当你接到综合经纪商的推销电话，不要以为他们首先考虑了你的利益。这些建议可能不错，也可能大有问题。

捷克斯投资研究机构曾经调查了 8 家综合经纪商在 3 年期间推荐的股票，发现有 5 家经纪商的绩效没能超越标普 500 指数。所以，扣除佣金之前的失败率高达 63%。即使不太懂得统计学，您想必也知道失败率高达 63%，就实在没有资格收取高额佣金了。

《钱精杂志》曾经描述某位投资人，他向所罗门美邦（现在的摩根士丹利美邦，花旗持有 49% 的股权）支付的费用和佣金高达 11000 美元，每笔股票的交易平均成本是 300 美元。当他意识到他自己就能完成全部研究和分析后，就转户到嘉信理财（Charles Schwab）进行交易。后者提供的研究工具胜过所罗门美邦，而且每笔交易成本只需要 15美元。

由于你无法确定经纪商提供的建议都是优质的，你需要自行研究。既然如此，为什么不自己下单呢？你可以省下不少钱。

你应当监控自己的投资

你需要重复审视综合经纪商的建议，经纪人主动提供的那些电话资讯也令人感到困扰。作为真正独立的个人投资者，既然你决定了自行研究，并通过折扣经纪商下单，所以只需要了解必要的资讯。

举例来说，经过研究之后，你决定买进某股票，并确定了适宜的买入价和卖出目标价。你通知折扣经纪商，准备在哪个价位买入。两个礼拜之后，当股价到达买入价位时，你会自动买进 100 股。然后，你把卖出的目标价格告诉折扣经纪商。例如，比买入价高 30%时卖出股票。经过 6 个月后，当股价上涨到目标价位后，你就会自动卖掉 100 股股票，获利 30%，当然还要扣掉佣金。

请注意，你在买卖股票的全程独自决定一切。你可能不知道在股票飙涨到目标价位的过程里，也曾经一度下跌三成。如果你跟综合经纪商往来，对方很可能会告诉你股价下跌的事实，甚至还会渲染各种利空消息。对方可能趁着你心理脆弱，打电话过来，于是你认赔卖掉股票，这一切归因于你无法选择资讯。当然，等你认赔卖出股票时，经纪人就能赚取佣金，随后你再买入新的股票时，经纪人又能再赚一笔佣金。

当你管理自己的投资时，你可以选择监控的事项。你可能打算监控股价的每档跳动，并掌握所有可能影响行情的资讯；或者，你仅仅想知道概况，每个月检查一次价格就行了，并且只通过网络研究重大事件，并全神留意特定产业的数只相关股票。关键点在于，必须由你自行决定投机程序，而不能让只想赚取佣金的经纪人为你决定。因此你必须尽量过滤掉市场噪音。

评估股票的方法

评估股票很简单。做了几次之后，你就能发展一套特定的研究模式，并且重复应用于你感兴趣的股票上。可是，你首先需要懂得成长型和价值型投资的差别，明白基本分析和技术分析的不同，掌握一些基本的股票绩效的衡量标准，懂得阅读行情报道的方法。

成长型投资与价值型投资

这是投资的最基本分类，就像南北划分一样。可是，如同南北划分一样，很多地区并不属于明确的南方地区或北方地区，所以很难归类。不妨把价值与成长看成是连续频谱的两个极端，而多数投资人都会落在两个极端之间。把价值型和成长型投资结合起来使用，已被证明是一种出色的投资方法。

成长型投资

成长型投资人关心的是企业的销售与盈余能力。一些成长型企业有着巨大的潜能，成长型投资人愿意支付较高的价格。成长型企业的潜能，可能来自新产品、有突破性进展的专利、海外市场的扩张，以及优秀的管理。

成长型投资人使用的关键衡量标准，是盈余与最近的股价强度。成长型企业如果缺乏强劲的增长动力，就好像 Indy 500 大奖赛中的赛车失去了引擎。成长型投资人并不看重股利，因为很多成长型企业根本不支付股息，即使提供股息，金额也有限。成长型企业会将盈利再次投资到自身，从而扩张和提升业务。实现更好增长的再次投资有着很高的胜算。成长型企业的盈余一年高过一年，而且盈余也会加速增长。多数成长型投资人会在投资某家企业时，设定某种最低标准，例如每年增长率至少为 20%，并推升股价创新高。

各位熟悉的成长型企业可能包括应用材料、波士顿啤酒、山姆·亚当斯啤酒、墨西哥烧烤快餐、谷歌、维拉·布拉德利。当人们开车经过一家又一家的墨西哥烧烤快餐店时，就会扔下一句话："就像野草一样生机勃勃。"这就是对成长型企业的形象描述。

成长型投资人关注的是热门股票，不是便宜股票。他们愿意支付较高的价格，购买好企业的股票。因此，很多成长型投资人甚至不会查看与盈余和账户价值相关的股价，因为他们知道很多成长型企业在这些标准上显得昂贵，但是并不在意。他们更关心股票的潜能，并且愿意为之押注，期待当前的成功能够持续，甚至变得更好。他们购买的是企业的动力、惯性和"滚滚向前之力"，这才是成长型投资的本质。

威廉·欧尼尔是最顶尖的成长型投资人，各位将在第二章学习他的策略。他在研讨会上使用棒球队做比喻。成长型投资人就像是棒球队的经营者，支付天价薪水，召集打击率最高的选手。薪水虽然昂贵，可是选手只要持续保持 0.3 的打击率，并且赢得比赛，那就很值。同样的道理，成长型股票通常都不便宜，只要它们能够继续成长，那就值得了。

由于成长型企业依靠盈余和盈余的加速成长，分析师与投资人的期待很高。这就产生了一种冒险的形势。成长型企业的盈利表现一旦达不到预期，混乱局面就会产生。到处都是警讯，电话响个不停，股价暴跌，各种利空报道通过传真机与邮件铺天盖地而来，晚餐也食之无味，和前一季度盈余报告公布后的美妙滋味迥然不同。

价值型投资

价值型投资人寻找价格便宜的股票。他们通过各种企业的业务绩效的衡量标准比较股价。例如：企业盈余、资产、现金流量、销售数量等。价值型投资的理念是，如果你支付的价格不高，发生亏损的几率就会降低。

价值型股票的市盈率很低，市净率也很低。这些股票的价格偏低，可能是企业经营很成功，却被市场忽视了；也可能是经历了辉煌岁月之后，开始走下坡路；或者因为某某原因，企业显得萎靡不振。可是，它们卷土重来、再创佳绩的希望很大，价值型投资人购买这些股票，就是希望抄底，等待股价东山再起。价值型与成长型投资人的立场在这里达成一致。他们都希望买进前程似锦的企业的股票。差别在于，成长型投资人看中的企业，拥有压倒性的竞争优势，正在大步向前迈进；价值型投资人相中的企业，却是准备启动，或者跌倒后正要爬起来。

就欧尼尔的棒球队比喻来说，价值型投资人寻找的是正在恢复元气的带伤选手。他们花费不大，却有希望成为未来之星。当然，也可能是一分价钱一分货：棒球队不幸挑中了无法治愈的球员，而你买到了破烂不堪的企业的股票。

价值型投资人非常擅长淘到便宜货。我对秉持价值型理念的高手或新手进行过采访，价值型投资就像我们童年时接受的某种教诲。买糖果时，我们会挑选什么样的？有限的零花钱能够买到最多数量的那种糖果。在学校里买笔记本时，同样的钱能够买到最多页数的那种笔记本。亲朋好友在假日聚会时，往往会分享那类故事——最近捡到什么大便宜啦，淘宝时"捡漏"了，等等。当我们踏进商店时，眼睛会注视价格标签，并试图跟商品价值进行比较。投资世界也是如此。

价值型投资人通常特别重视股利。当企业支付丰厚的股利时，即使股价没有上涨，投资也能赚钱，无疑让人愉快。另外，对于大型企业来说，股息收益率也是衡量股价是否便宜的重要指标。

成长型与价值型投资的结合

成长型投资与价值型投资，并非互相排斥。很多成长型投资人也会采用价值型的衡量标准，用来确定成长型股票的进场时机。大多数价值型投资人也会采用成长型的衡量标准，评估那些问题公司恢复元气的机遇。

成长型投资人倾向于有利局势加速发展时进场，当成长减缓的征兆刚刚浮现时，就迅速离场。价值型投资人的决策程序通常很谨慎。不过一旦投资之后，大多会耐心持有，安然度过行情波动。至于这两种投资风格的差异，我认为普通的个人投资者更适合价值型投资。一般人没有时间或资源，去监控股票市场瞬息万变的变化，做出相应的反应。所以，对于多数个人投资者来说，对股票进行定期的、彻底的研究，然后让选取的股票自由发挥。这是适合多数个人投资者的最佳方式，也就不用费尽周折，去管理那些纯粹的成长型投资组合了。

这只是我的个人想法。我在本书将尽量公正地探讨各类风格。我认为多数人的投资都会融合两种风格，只是或多或少地偏向某一边罢了。不论是成长型还是价值型投资，我都曾经创造过优异的绩效，但我更倾向于价值型投资。

基本分析与技术分析

评估股票有两种方式。第一种方式是基本分析，基本分析会审视相关企业的健康程度与成功潜能。投资人将通过基本面信息评估企业。第二种方式是技术分析。技术分析审视股票在多种历史市况中的价格行为，并根据目前与未来的市场条件和成交量，试图预测未来的价格走势。投资人需要运用技术面的信息评估股票。

通过这本入门书，你将学习综合使用基本分析与技术分析。

基本分析

对于个人投资者来说，评估股票的核心是基本分析。我认为，成功投资的基础，在于慧眼独具识别出好公司。并且，好公司最适合长期投资。我鼓励采用长期投资策略。对于我们这样的普通人来说，可以观察并理解一家公司的管理状况、增长速度、利润，以及维持日常经营的成本。毕竟，我们在生活中也经常进行这类权衡。我们赚钱之后，就会制定消费预算，并留意我们的习惯。如果经常出现拮据的场面，我们就会检查账单，寻找解决之道。这和经营企业非常相似。

一旦理解了企业的基本面状况，就能决定企业的内含价值。所谓的内含价值，是指正常市况下，股票应当拥有的公平合理的价格。评定企业内含价值，最为重要的基本面衡量标准是什么？企业盈余。企业目前的盈余如何？未来的盈余预期如何？之后，你也想了解企业的资产状况、负债状况、管理团队的历史等。一旦你清晰地确定了企业的内含价值，就会审视股价究竟是高于还是低于这个内含价值。股价如果低于内含价值，就是便宜，适合买进。反之，如果股价高于内含价值，就是昂贵。当然，基本分析的内容不限于此，我们先简化处理。

技术分析

理解技术分析略有难度。技术分析的前提是，股价是由股票的供求关系驱动的。在技术分析者的眼中，除非影响到股票的需求，否则基本面资讯就无关紧要。在基本面信息成为新闻之前，通常都已经反映到股价走势上。图形分析者相信，当前的价格走势图就能显示所有即将发生的新闻，也就无须让新闻来告诉我们价格在未来将如何发展。成交量是技术分析者衡量股票需求的主要依据。另外，技术分析者还要观察图表，预测未来方向，然后据此进行投资，期望从符合预期方向的价格波动中获利。

这本入门书由于篇幅限制，无法完整地展示技术分析的复杂奥妙之处。可是，我将提供一些简单却实用的技术分析工具，帮助读者挑选股票。读者可以使用这些工具，判断整体市场的趋势，判断你的自选股在经历回调之后再度展开的趋势。你也可以通过基本分析，研究这些股票。你还可以综合应用两种分析方法。通过基本分析，研究股票背后的企业，然后，通过技术分析，评估股票的趋势方向。最终诀窍就是：当股价趋势向上时，买进一家好企业的股票。

大多数投资者都会综合使用基本分析和技术分析。

一些基本面的股票衡量标准

关于股票衡量标准，最恼人的事情就是，即使所有的衡量标准都显示绿灯，你的投资仍然以失败告终。这不同于衡量你的裤缝。测准了裤缝的长度，你就能买到合身的裤子。可是，股票就不会这样简单了。

但是，有必要懂得股票的衡量标准。虽说衡量标准产生的结果可能有所差异，但起码比没有强。大多数情况下，通过这些衡量标准，就可以获得富有价值的信息。本节准备探讨一些常见的股票衡量标准。其中，有些衡量标准是你在其他地方找不到的，属于我的私房收藏。

重要附注：本节只准备初步介绍这些衡量标准。简单讲解过后，我将告诉大家这些资料的来源，以及将这些衡量标准应用于股票操盘计划的方法。另外，对于大部分的衡量标准，我们也不必自行计算，只需要通过报纸、杂志、参考资料、互联网与其他场所，查询现成资料就行。

每股现金流量

现金流量就是经营企业的现金流。你希望现金流量是正数，越大越好。某些情况下，企业虽然赚钱，却没有充足的现金流量，因为有太多的商品在销售时被赊账。

各位想必经常看到"现在购买/明年付款"的广告吧？这些生意虽然提升了企业获利，却无法增加现金流量。没错，客户买了躺椅、洗碗机、割草机之后，企业账面上的销售金额会增加，但是需要等到明年才能收到实实在在的钱。企业如果没有充裕的现金，经营就会发生问题，因为无论客户何时付款，企业都要准时支付自己的账单。

经营完善的企业可以处理好"现在购买/明年付款"的问题，因为银行里的现金足以应付这些赊账的账单。何况这类特殊的促销活动能够大量卖出产品，而客户迟早都会付款的。还有一个好处，企业最终实现的利润，经常高于广告中的价款，因为企业还获得了应收利息和其他附属细则中的收益。

我们说的每股现金流量，就是企业的现金流量除以流通股数，代表着你为企业的每一股股票的现金流所支付的价格。

流动比率

流动比率是衡量企业短期支付能力的最常见指标。企业的"流动资产"除以"流动负债"，就是流动比率。这个比率显示企业应对意外费用或机会的能力。该数据经常用倍数表示，例如"流动资产是流动负债的 3 倍"。这可能意味着，某公司的流动资产为 30 万美元，流动负债为 10 万美元。流动比率的另一种表达方式是 3∶1。

企业资产包括其拥有的所有资产。例如：汽车、机器设备、专利、电脑等。至于流动资产，指的是频繁使用和补充的资产，例如：现金、存货、应收账款等。企业负债包括企业积欠的所有债务，例如：贷款、应付费用等。至于流动负债，则是指一年内必须清偿的债务。

所以，比较企业的流动资产与流动负债，能够显示该企业的短期清偿能力，以及把握短期机遇的能力。寻找那些流动比率至少是 2∶1 的企业，这才是你应当搜索的目标。

股息收益率

股息收益率是"年度股息"除以"目前股价"。举例来说，"杂志先生"分派的季度股息是 0.15 美元，因此年度股息假定为 0.6 美元——

也就是一个季度 15 美分，因为一年里有四个季度，所以共计 60 美分。如果股价是 15 美元，用 0.6 美元除以 15 美元，就得出 0.04 或者 4% 的股息收益率。股息收益率很容易计算，但是没必要自己计算。报纸每天都会刊登股息收益率，网络也经常显示这项资讯。

所谓"季度"，即一个季度代表 3 个月。一年分为 4 个季度。第一季度从 1 月到 3 月，第二季度从 4 月到 6 月，第三季度从 7 月到 9 月，第四季度从 10 月到 12 月。

很多企业会自行决定经营年度，定义与一般日历不同。企业决定的年度，通常称为会计年度。会计年度的一季也是 3 个月，但包含的月份可能有所变动。例如，某家公司的会计季度，可能是从 8 月至 10 月的三个月。

乍看之下，股息收益率相当无趣，而且很多公司根本不支付股息。谁会在意股息呢？为了应付日常的花销，我们直接从银行取钱就行了。

可是股息收益率却揭示了股价的信息。通过股价透露的信息超过了股息本身。为什么？股息收益率只由两个数据构成，一是股息，一是股价。大多数企业分派的股息金额相当稳定，并且每个季度分派的股息几乎都是相同的。所以，股息收益率主要受到另一项数据的影响，也就是股价。股价每天都会变化，股价与股息之间的关系，就会立即反映在股息收益率上。

例如，当"杂志先生"的股价从 15 美元上涨到 30 美元，而年度股息继续保持在 0.6 美元，那么，股息收益率就会下降至 2%。如果股价上涨到 60 美元，股息收益率就会下跌至 1%。如果股息维持不变，股息收益率发生变动，意味着股价发生了变化。对于"杂志先生"来说，股息收益率下降，意味着股价上涨，价格可能被高估了。

大家持有严谨的投资态度。你能从书籍累累的书架上挑选本书阅读，就能证实你的态度。你可能认为，从股息收益率高的股票里可以挑出一些便宜的股票。没错。因为大型企业支付的股息数额通常很稳定，因此可以通过股息收益率判断股价。本书第三章将予以说明：历史显示，仅仅通过股息收益率就能寻获那些回报较高并在市场居于领先地位的公司。另外，通过本书的第四章，你将学习一种自动化的投资策略——使用较高的股息收益率，从道琼斯工业指数的 30 只成分股中，挑选出其中的赢家股票。

每股盈余

每股盈余是衡量企业成长的指标之王，简称 EPS。用"企业盈余"除以"流通股数"，就能得到每股盈余。盈余是企业财务报表最后列出的数值，也是关系到人们生死福祉的核心指标。每股盈余通常是指最近一季度或最近一年的数据。分析师也会评估企业的未来盈余。

假定"杂志先生"在上一季度的盈余是 4500 美元，总共发行 10 股，这样，每股盈余就是 450 美元。这个数据异常偏高。在真实情形中，每股盈余的数据大多介于 1 至 5 美元。偶尔也能看到 10 美元或 20 美元的偏高数据。每股盈余可以是任何数值。当公司亏损时，每股盈余就是负数。

举例来说，2008 年经济情况下滑，对于企业盈余造成了严重冲击。铝业巨头 Alcoa 在第四季度的亏损是 12 亿美元，每股盈余是 -1.49 美元。如果排除一次性项目，每股盈余是 -0.28 美元。这家公司裁员 13%，也就是 13500 人，并且完全停止了招聘和发放薪资。

每股盈余容易受到操纵和市场压力的影响。以上文的 Alcoa 为例，2008 年第四季度的盈余有两个不同数值。这种现象经常发生。每家企业都知道投资人很关心盈余，因此千方百计提供最为漂亮的数据。所以，不同的企业会采用不同的会计方法。有些企业会扣除优先股的股利，而另一些企业却没有发行优先股；有些企业担心其投资项目可能转换为普通股，有些企业却无此担心。在机器设备的折旧方法上，每家企业都挑选对自己最为有利的计算方法。

当然，企业无法控制的市场条件也会影响盈余。举例来说，销售商品的成本随着市场而变动。一家电脑公司可能全年都在销售相同型号的电脑，如果硬件价格上涨，电脑的制造成本就会上升。Alcoa 盈余下降的原因之一，就是第四季度的铝价下跌了 35%。对于某家企业确定其盈余结果的操作细节，你无须了解，但是，你要明白每股盈余的数据不会一成不变。操纵和市场状况都会影响每股盈余的数值。

在 2001 年和 2002 年，有一段盈余的趣闻成为重大新闻。安然与世界通讯伪造了盈余数据，事件曝光之后，两家公司宣布倒闭。杰克·格鲁曼是所罗门美邦的分析师。在他的研究报告中，总把世界通讯形容为"必须持有"的股票。通过这个反例，我们可以看出综合经纪商的投资建议不过如此。安然与世界通讯后来都退市了。

每股盈余是十分有用的衡量标准，数据越大越好。各位不必是天才，就能明白其原因。企业越成功，赚的钱越多，投资者拥有这家企业的股票的渴慕之心就越强，这就意味着股价应该上涨。如果企业的每股盈余在每个季度都能加速增长，就称为盈余动能或者盈余加速。这是识别强大的成长型企业的流行方法。在共同基金行业，一些绩效最好的基金经理经常使用动能投资的方法挑选股票。我经常听说投资人正在寻找"强势股"，有些公司的股票具备了极好的盈余动能，就属于隐形的强势股。

企业在每个季度报告里都会公布每股盈余数据。如果盈余显著地高于或低于市场的预期，称为盈余意外。盈余意外经常引发股价大涨或大跌。分析师很重视盈余意外，希望尽早地发现它的趋势。

净利率

企业净利率是指企业的总收入扣除所有费用之后剩余的盈利，再除以企业总收入。举例来说，企业的总收入为 100 万美元，费用为 90 万美元，净利率就是 10%（10 万美元除以 100 万美元）。另一同行的总收入也是 100 万美元，但费用只有 70 万美元，净利率就是 30%（30 万美元除以 100 万美元）。假定其他条件相同，你认为哪家企业的股价更高？当然是净利率 30% 的那家。净利率高，代表企业管理层擅长控制成本。这显然是好消息，因为企业每浪费 1 美元，股东权益就少了 1 美元。

高净利率是产业领导者的标志。任何产业只要蓬勃发展，就会吸引新的企业加入竞争。所有的企业都会购买相似的机器设备，采购相似的原料，聘用技能相近的雇员，甚至面对相同的客户群，也都进行相似的研究改进。注意到同一行业里的相似企业的结局了吗？最终，只有一部分幸存者得以胜出。在经济衰退中，拥有高净利率的企业能够赚到最多的利润，并且幸存下来。他们能够从销售中榨取更多利润，这显然得益于高超的管理水平。高净利率迅速转化为更多的利润，建立了更为稳固的企业防御底线，同时，也揭示了管理团队在企业运营的很多方面都胜过了竞争对手。

股价/账面价值比率

股价/账面价值比率代表股价相对于公司清算价值的比率。

换言之，如果我把"杂志先生"的办公室、库存杂志、电话、电脑、载货自行车都拿到本地的拍卖场拍卖，我会得到一笔钱。假定我获得了 5000 美元，而"杂志先生"目前的流通股为 10 股。这样，从"杂志先生"的拍卖收入，每股能够分配 500 美元。所以，"杂志先生"的每股账面价值为 500 美元。这就是股价/账面价值比率的"账面"部分。用正式术语解释，每股账面价值等于"股东权益"除以"流通股数"。这两项数据都会出现在公司的资产负债表里。

另外，股票价格除以每股的账面价值，就能得出股价/账面价值比率。假定"杂志先生"的当前股价是 400 美元，那么股价/账面价值比率就是 0.8（400 美元除以 500 美元）。这个比率小于 1，意味着你用较少的资金就能买到较多的企业清算价值。这是好事。万一企业破产，你还有机会取回全部投资。如果比率大于 1，相当于你用较多的资金只能买到较少的企业清算价值。

当然，账面价值并没有反映很多企业的关键信息。如果你的生意蒸蒸日上，品牌赫赫有名，谁会在意那些传真机或办公桌椅值多少钱呢？以麦当劳来说，其企业价值绝对不止于那些薯条机、扩音器等经营设备，我们可以购置一模一样的薯条机，但我们能拥有麦当劳的十亿客户吗？获得海量客户的机会十分渺茫。所以投资人宁愿支付高价，也要购买麦当劳的账面价值。

市盈率

这是价值衡量的指标之王。计算公式为"股票价格"除以"每股盈余"，称为市盈率或价盈比。市盈率是鸡尾酒聚会中的热门话题。每只股票都有历史市盈率和未来市盈率。历史市盈率是根据过去 12 个月盈余计算的市盈率。未来市盈率是根据未来 12 个月估计盈余计算的市盈率。市盈率随时都会波动，因为股价每天都会变动，盈余每个季度都会变动。

某只股票的股价为 40 美元，去年每股盈余为 2 美元，明年预估盈余为 4 美元，历史市盈率为 20 倍，未来市盈率为 10 倍。

股价本身并没有太大的意义，假定一只股票的股价是 100 美元，另一只股票的股价是 20 美元，你想买哪只股票？如果不使用企业盈余来比较两只股票，就无从判断。一旦你确定了每只股票的市盈率，你就能判断股价是否划算。假定一只股价为 100 美元的股票去年赚了 10 美元，而一只股价为 20 美元的股票去年赚了 1 美元。这样，前者的市盈率为 10 倍（也就是 10% 的收益率），后者的市盈率为 20 倍（也就是 5% 的收益率）。所以，从收益率的角度观察，100 美元的股票的价值更高，因为你用相同数额的钱能够买到更多的盈余。

通过股票的市盈率，你可以决定向公司的赚钱能力支付多少钱。市盈率高，你应该期望让投资获得较高的收益增长。投资高市盈率的股票，比低市盈率股票的风险更大。因为这类公司实现的盈余，在符合股东和分析师对于较高盈余的预期方面，难度更大。今天的很多高科技股票的市盈率都相对偏高，通常超过 20 倍。低市盈率的股票，通常都是成长缓慢的企业。另外，发展至成熟阶段的企业，市盈率通常较低，股息分配稳定。那些高市盈率的年轻企业通常不分配股息。

股价/销售金额比率

这是我最偏爱的衡量标准之一。市盈率比较了股价和盈余的关系，股价/账面价值比率比较了股价和清算价值的关系，而股价/销售金额比率（简称 PSR）比较了股价和销售收入的关系。确定股票的股价/销售金额比率，只要用资本总市值除以最近一年的销售金额即可。当然你也可以通过每股价格和每股销售进行计算。事实上，在本书中，我们使用这两种方法来拟定操作计划。简单地将每股价格除以每股销售额，就可以获得股价/销售金额比率。

举例来说，假定"杂志先生"的流通股数为 10 股，目前股价为 400 美元，因此"杂志先生"的总市值为 4000 美元。假定过去四个季度的销售金额为 1 万美元，股价/销售金额比率就是 0.4。如果根据每股数据计算，也是相同的结果。"杂志先生"的股价是 400 美元，每股销售金额是 1000 美元。400 美元除以 1000 美元，股价/销售金额比率就是 0.4。

2012 年冬天，可口可乐的总市值为 1530 亿美元，销售金额为 460 亿美元。股价/销售金额比率为 3.3。百事可乐的总市值为 1030 亿美元，销售金额为 650 亿美元，股价/销售金额比率为 1.6。对于比较两只股票的投资人来说，这些数据揭示了重要信息。人们需要支付 3.3 美元，才能买到可口可乐的 1 美元的销售金额。买到百事可乐的 1 美元的销售金额，却只需要花费 1.6 美元。太棒了！通过股价/销售金额比率的衡量标准，我们发现百事可乐是胜过可口可乐的，交易起来更划算。

"所以呢？"你可能会说："我关心的是获利，不是销售！"这是一般人不重视股价/销售金额比率的主要原因。可是，请注意，我们曾经在前文探讨过盈余，并且企业会千方百计地操纵盈余的结果。企业可以运用会计准则，对经营成本做出灵活的解释。然后，从收入中减去成本，从而根据需要，随意调高或调低盈余。可是，销售收入却不会有多大的调整空间。销售收入就是你卖出的商品的总金额——不用讲故事，销售数据会说话。

当然，看到庞大的销售额和丰厚的盈余数据，也不会有什么坏处。两者不是互斥的。

股价/现金流量比率

这是评估股票价值的一个非常有效的衡量标准。下一章将谈论的投资大师中，有些也持同样的观点。在支付费用后，从利润中保留下来的稳定现金流是商业成功的核心。

如同销售数据一样，把现金流量作为衡量标准，可以避免伪造盈余的会计骗局。很多投资人认为现金流量比销售额更有启发性，因为现金流量揭示了销售额扣除企业费用之后的余额。通过对比股价/现金流量比率，能够让你确定股价是否便宜。

假定"杂志先生"的现金流量为 80 美元，目前股价为 400 美元，股价/现金流量的比率为 5。如果股价上涨到 800 美元，而现金流量仍然是 80 美元，则股价/现金流量比率为 10。这意味着您购买相同的现金流量，所支付的股价增加了一倍，也就是说，股价变贵了。

有时候，现金流量会进一步细化为自由现金流量。现金流量扣除资本支出与股息支出，结果就是自由现金流量。不同之处在于，自由现金流量相比现金流量来讲，是现金流扣除固定资产费用之后剩余的现金。固定资产包括土地、建筑物、机器、设备，等等。

下一章，将介绍一位投资大师比尔·米勒。他认为："自由现金流量的收益率是超额报酬的唯一的最佳预测指标。"所谓"现金流量收益率"，就是把股价/现金流量的分子分母反转过来，变成现金流量/股价，以百分率格式表示。假定"杂志先生"的现金流量为 80 美元，股价为 400 美元，股价/现金流量为 5（400/80），现金流量收益率则为 20%（80/400）。现金流量收益率高，也就是股价/现金流量比率低，代表股价便宜。

股权报酬率

有些人认为，股权报酬率是衡量企业经营成功与否的终极指标。股权报酬率是税后净利除以股东权益的结果，显示股东的回报率。这个数据当然越大越好，代表股东的投资赚了很多钱。股权报酬率如果大于 20%，就是理想的投资结果。

让我们看看随着财富的波动，这个数字会如何变化。

1995 年，苹果电脑（现在更名为苹果）申报的税后净利为 4.24 亿美元，股东权益是 29.01 亿美元。424 除以 2901，也就是股权报酬率只有 15%。雪上加霜，1996 年税后净利下降，亏损了 8.16 亿美元，股东权益为 20.58 亿美元，所以股权报酬率为-40%。一般来说，投资数字之前如果出现负号，都不是好事情。

苹果的 iPod 产品扭转了局面，公司的财务状况也大为好转。2006 年，股权报酬率 23%，相当出彩。iPhone 推出后，动能加速发展。2008 年，苹果的税后净利为 48.34 亿美元，股权报酬率上升至 27%。2008 年的税后净利已经超过了 1995 年的股东权益。iPad 的发布，使得积极的动能更加充沛。2011 年，苹果税后净利为 259.22 亿美元，股权报酬率为 42%。同年 8 月，苹果的资本市值达到 3370 亿美元，超越埃克森美孚，成为全球最大的企业。你可以通过将企业的流通股票数量乘以当前的市场价格来获得资本市值。2012 年 1 月，苹果的资本市值达到 4000 亿美元。可是，此时埃克森美孚的资本市值也攀升到了 4200 亿美元。

股票的一些技术衡量标准

如前文所述，本书不会详尽地介绍技术分析。我们只采用 5 种技术衡量标准，协助评估股票。我们将通过前一节的基本分析，寻找有着坚韧基本面的公司，然后，运用本节的技术分析工具，等到股价出现确认信号后进场。

简单移动平均线（SMA）

股价的简单移动平均线（SMA）可以将股价的短期波动平滑化，从而有助于探测趋势的方向。当前价位与 SMA 之间的关系，有助于提示股价未来的走向。

移动平均线收敛发散指标（MACD）

移动平均线收敛发散指标（MACD）是吉拉·雅培在 20 世纪 60 年代发明的。MACD 的名称乍看之下，就像婚姻关系的图谱，然而它却是一个研究股价的技术指标。它比较两个不同时段的股价的指数移动平均线，周期通常是 12 和 26（日线的 12 天/26 天，或周线的 12 周/26 周，或月线的 12 个月/26 个月），然后绘制两者的差值，从而显示趋势。

通过行情图表能够更好地理解 MACD，我们稍后探讨 MACD。

相对强弱指标（RSI）

当股价向上或向下过度地延伸之后，相对强弱指标（RSI）就会发出警讯，提示股价可能突然折返。价格过度地向上延伸，称为超买，价格过度地向下延伸，称为超卖。

RSI 在 0 和 100 之间来回波动。RSI 高于 70，通常视为超买，价格可能拉回；RSI 低于 30，通常视为超卖，价格可能反弹。

相对强度指标

相对强度指标衡量某只股票相对于其他股票的价格强度表现。本书中的相对强度指标由全国性报纸《投资人经济日报》提供。它把所有的股票，按照从 1 到 99 的相对强度表现，进行排序。排序 90 的股票，说明其价格强度优于 90% 的股票。同理，排序 20 的股票，说明其价格强度不及 80% 的股票。这个指标非常简单。

成交量

这是很单纯的衡量标准。成交量就是指某股票在某特定时段——天、周、月或其他周期的成交股数。成交量是一个很好的指标，用来反映投资人对于该股票的热衷程度。这点很重要，因为股价波动受到供给和需求的极大影响。如果人人都想买进股票，股价就会上涨。如果没人想买股票，价格就会下跌。有些投资者喜欢在成交量低的时候买进股票，然后，期待大型机构能够发现该股票而大力买进。股票需求急剧增加，股价就会跟着水涨船高。很多投资人观察股票成交量的变化，期望早早地捕捉到趋势。和冲浪一样，你需要站在涌动的浪潮的前方。

成交量的单位，可以是成交股数或成交金额。在礼拜二，如果"杂志先生"发生了 100 万股的换手，每股价格 8 美元，以成交股数表示，成交量是 100 万股，以成交金额表示，成交量为 800 万美元。

当股票价格上涨时，成交量也会同步飙升，这是成交量最强烈的信号。价升量增，表明公司有好事发生。价跌量增，表明公司遭遇不幸。

成交量越大，股价趋势的持久性就越强。

如何阅读股票页面

目前，查看股票行情，最受欢迎的方式就是互联网。不过，有些人依然喜欢报纸。你的本地报纸可能会记录股价，在全国性报纸上也可以方便地获取股票行情，例如，《投资人经济日报》或《华尔街日报》。

每种报纸的股票页面格式可能稍有不同，但是，只需要搞懂一种，其他也就不难理解。另外，多数报纸都会有一个方框区域，解释股票报道的格式。事实上，甚至不需要阅读本书的此处内容，直接打开你的报纸的股票页面，阅读报纸的相关解说就行了。如果你手边没有报纸，那就容我解说。我们引用了 2007 年 1 月 28 日的《洛杉矶时报》，上面有迪斯尼的股票信息。

《洛杉矶时报》股票专版：NYSE

请注意，如同下列截图所示的，总共有 8 栏信息。最初两栏分别显示 52 周最高价和最低价。顾名思义，这两种价格分别代表股票最近 52 周的最高价格和最低价格。股票如果进行分割，股价就会做必要的调整。52 周最高价与最低价很有用，因为它们显示了股票买卖的区间。52 周相当于一年的时长，当股价逼近区间上限时，股价正接近一年来的最高成本价；当股价逼近区间下限时，股价正接近一年来的最低成本价。另外，我们也能够知道区间的波幅是否巨大或者狭窄。有时候，价格的区间波幅只有几块钱。你期望股票的价格变化不大，能够稳定地分配股息，自然希望这个区间很小。反之，你寻求大幅度的股票升值，就期望这个区间拉得很开阔。迪斯尼的 52 周新高是 35.97，52 周新低是 24.9。五年之后的 2012 年 1 月 27 日，这两个价位分别为 44.34 与 28.19。

第三栏是 YTD%，代表股价从年初或者首次公开募股日到现在的变动百分率。YTD 是 "year-to-date 的缩写，指的是 "今年截至目前"。在投资中，你会经常看到 YTD 的缩写形式。从 2007 年开始以来，迪斯尼的股价上涨了 0.8%。截至 2009 年 1 月 28 日，股价从年初贬值了 1.

8%，不到一个礼拜之后，迪斯尼宣布季度盈余下降 32%，公司首席执行官鲍伯·艾格把形势描述为"我们一生中经历的最为疲弱的经济"。几年后，情况开始好转。2012 年 1 月 7 日，迪斯尼的股价从年初上涨了4.7%，盈余增长 12%，优于预期。

第四栏是 Stock—Div。在公司名称之后，显示的是股息。股息是根据最近一季度或半年的股息推算的全年数据。迪斯尼显示的股息是 31 美分，把该数据除以 4，所以迪斯尼最近一季度支付的股息为 7.75 美分。如果你拥有一股迪斯尼的股票，通过这一股的股票分配的股息，你都能够支付一份影印件的费用了。迪斯尼的股息数据之后，有一个小的字母 f，意味着本期分配的股息大于上次的股利。在引用这个例子的五年之后，迪斯尼的股息由 31 美分增加至 60 美分。2011 年 12 月，该公司的股息由 40 美分提升至 60 美分。首席执行官艾格表示，迪斯尼"拥有了一个富有创意、讲究策略的财政年度。我们很高兴能够把股息提升50%，而且还能继续投资未来"。

第五栏为股息收益率，表示为年度化的报酬百分率。你可以拿这个股息收益率的数据，和你的银行储蓄账户或大额存单的利率做一番比较。更重要的是，你可以运用本书第二章和第三章的技巧，通过这个数据，筛选出价值被低估的股票。迪斯尼的股息收益率为 0.9%，五年之后，该数据为 1.5%。

第六栏为市盈率（P/E）。市盈率是用"收盘价"除以"最近 4 个季度的每股盈余"。这是评估股票价值的最常用的衡量标准。假定其他条件不变，市盈率越低越好。这代表你购买 1 美元企业盈余需要支付的价格越低。迪斯尼的市盈率为 21 倍，两年之后的次贷危机期间，市盈率降至 10 倍。又经过了三年，市盈率达到 16 倍。

第七栏和第八栏分别为股票收盘价和"跟前一天收盘价比较的价格变动金额"。迪斯尼收盘价为 34.55 美元，下跌 95 美分。五年后，收盘价为 39.25 美元，下跌 10 美分。

洛杉矶时报

52周最高价/最低价	今年截止目前为止的百分比变化	股息	股息收益率	市盈率	收盘价	股价变动金额
19.21 13.58	+1.0	DeutTel .87e	4.7		18.38	-.59
66.36 47.40	+4.6	DevDv 2.36	3.6	39	65.83	+1.28
74.75 48.94	+1.5	DevonE .45	.7	9	68.08	+.42
80.20 58.64	-1.0	Diageo 2.29e	2.9		78.48	+.16
97.90 62.26	+1.4	DiaOffs .50a	.6	19	81.04	+1.83
18.46 12.26	+1.6	DiamRk .72	3.9	32	18.30	-.09
17.00 9.50	+.9	DianaShip 1.50e	9.4	21	15.96	-.77
56.29 34.90	+2.4	DicksSprt		28	50.19	-.79
47.13 36.40	-4.5	Diebold .86	1.9	40	44.48	-.69
37.31 22.66	+3.9	DigitalRlt 1.15f	3.2	81	35.57	+.02
36.47 23.94	-5.1	Dillards .16	.5	14	33.18	-1.10
26.17 23.28	-1.1	Dillard38 1.88	7.6		24.67	+.08
25.57 13.28	-3.4	DirecTV		26	24.09	+.10
35.97 24.90	+.8	Disney .31f	.9	21	34.55	-.95
21.80 14.65	+1.0	Dist&Srv .45e	2.2		20.78	+.54
16.40 12.44	+1.1	DivCapRl 1.26	7.7	q	16.42	+.24
19.06 11.33	-5.0	DrReddy s .06e	.3		17.29	-1.29
35.00 17.83	+5.2	DolbyLab		41	32.63	+2.14
18.32 12.10	+4.8	DollarG .20	1.2	30	16.73	-.74
50.09 37.35	+1.4	DollarTh		19	46.27	+1.20
25.79 24.99	-1.3	DmCNG pf 1.95	7.8		25.04	+.02
84.44 68.72	-2.1	DomRes 2.84f	3.5	18	82.07	+1.31
49.95 22.50	-3.5	DmRsBW 3.88e	15.2	q	25.50	+2.42
29.10 21.01	+2.2	Dominos .48	1.7	16	28.61	-.09
8.72 4.75	-5.5	Domtar g			7.98	-.53
38.97 30.16	-1.9	Donldson .36	1.1	21	34.05	-.22
37.48 28.50	+3.8	DonlleyRR 1.04	2.8	34	36.89	+.53
12.07 1.98	-13.9	DoralFin			2.47	+.03
16.44 12.10	-6.9	DoubleHull 1.74e	11.5		15.07	-.93
27.93 22.99	+2.1	DEmmett n .12p			27.15	-.50
51.92 42.83	-3.2	Dover .74	1.6	17	47.47	-1.41
20.60 9.33	+6.1	DoverDG s .18	1.3	18	14.18	-.17
6.50 4.68	+1.1	DoverMot .06	1.1	36	5.37	+.15
21.48 18.25	-3.0	Dow30Pr 1.80	8.8	q	20.36	-.44
44.30 33.00	+4.5	DowChm 1.50	3.6	11	41.70	-.38
41.39 32.16	+.2	DowJns 1.00	2.6	8	38.09	-.96
77.30 59.08	-3.2	DowneyFn .48f	.7	10	70.27	+1.64
30.50 20.05	-3.8	DrmwksA		29	28.38	-1.28
22.99 18.28	-4.4	DreClyDiv 1.30	5.9	q	21.96	-.15
28.45 18.03	+3.5	DresserR		34	25.33	+.03
38.90 22.26	+4.9	Drew Inds		16	27.29	+1.27
4.53 3.90	+3.3	DryHYSt .39	8.9	q	4.36	+.02

这份股票表格还有各种注脚，例如分别注明了优先股、除息日、新股票等。每份报纸的情况都不太相同，但报纸应该会提供说明。

三种股票分类

我们在日常生活中经常进行各种分类，这样易于处理。当你听到某种新车的名称，很可能先问："它是哪种车型？"跑车速度快，厢型车能拉很多人，卡车能装货。股票也有数以百计的不同的归类方式。事实上，根据我访问经纪人、规划师、投资俱乐部与路人的结果显示，每位投资者都有不同的归类方式。我们的阅历与个性将决定我们的世界观；所以，就算是同一只股票，每个人的看法也都不同。

各位或许会觉得意外，我们只需要知道三种普遍的股票分类：公司规模、产业类别、成长型/价值型。我跟大家一样讨厌复杂，它们足以提供我们所需的所有信息。

感觉就是一切

很久以前，我来到本地的一家电脑商店。正在测试 IBM 电脑的时候，两个人走过来，站在旁边观看。

一个人说："我过去在 IBM 上班，我绝不会购买 IBM 的产品。这是一家最愚蠢、最官僚的企业，我不想再看到它。"另一人说："我还在 IBM 工作，如果没有 IBM 的产品，我就活不下去了。我们有最棒的科技，非常可靠。"

很有趣，第一个人在 170 美元买进 IBM 的股票，眼睁睁地看着股价跌到 45 美元。第二个人在 45 美元买进，看着股价涨到 130 美元。

相同的企业，不同的员工。相同的电脑，不同的体验。相同的股票，不同的价格。

公司规模

按照公司规模分为两类：大型企业和小型企业。

公司规模的确很单纯。对于投资人来说，公司规模被称为资本市值或市值，也就是每股价格乘以流通股数的总数。举例来说，如果"杂志先生"的成长速度，就像童话里杰克的魔豆那样迅猛，流通股数很快就能扩充到 400 万股。当每股价格为 10 美元时，资本市值就是 4000 万美元。

这时候，"杂志先生"算是大型股，还是小型股呢？相对于起步时的树屋办公室阶段，"杂志先生"现在显然是大型股！向创业资本家出售股份的时候，那时只有 1000 美元的市值。所以，从原始投资人和公司创始人的立场来看，"杂志先生"已经是庞然大物了。

可是，跟埃克森美孚相比，显然是小巫见大巫。2012 年 1 月，埃克森美孚的市值有 4200 亿美元，不难想象，持有埃克森美孚和"杂志先生"的股票，投资体验截然不同。

随着时间的推移，使用资本市值划分企业规模的基准也会变动。首先，让我们看看晨星在 20 世纪 90 年代中期采用的 5 种资本市值区间，来对股票共同基金进行分类。晨星是最负盛名的基金评级机构。

巨型企业	>250 亿美元
大型企业	50 亿—250 亿美元
中型企业	10 亿—50 亿美元
小型企业	2.5 亿—10 亿美元
微型企业	<2.5 亿美元

1996 年中期，晨星考察了 50 只共同基金，它们集中地持有了每种规模市值内的股票，并且统计了综合绩效，结果如下：

资本市值	3 年期	5 年期	10 年期
巨型企业	14.72%	12.77%	10.33%
大型企业	14.17%	14.44%	11.78%
中型企业	16.09%	16.09%	11.99%
小型企业	15.19%	16.83%	8.7%
微型企业	16.45%	16.56%	11.45%

把市值当成绝对的衡量标准，也会遇到问题，因为市值每天都会变动。价格会波动，企业会发行新股，或者买回自家股票。"相对市值"比"绝对市值"更重要，因为相对市值是和其他企业进行比较，得出自己的市值地位。

出于这个原因，晨星不再使用固定市值表，而是改用相对规模系统，而且只包含三种规模：

大型企业	美国资本市值排序前 70% 的企业
中型企业	美国资本市值次 20% 的企业
小型企业	美国资本市值排序后 10% 的企业

2009 年初，大型企业的平均资本市值为 520 亿美元，中型企业为 40 亿美元，小型企业为 9.4 亿美元。各类股票的年度报酬率如下：

资本市值	1 年期	3 年期	5 年期
大型企业	−31.0%	−7.7%	−1.8%
中型企业	−35.2%	−13.2%	−2.9%
小型企业	−33.9%	−14.2%	−3.3%

2012 年初，大型企业的平均资本市值提升到 650 亿美元，中型企业为 56 亿美元，小型企业为 15 亿美元。各类股票的年度报酬率如下：

资本市值	1 年期	3 年期	5 年期
大型企业	5.2%	6.1%	0.1%
中型企业	3.5%	8.1%	0.5%
小型企业	2.4%	8.4%	0.6%

产业类型

你需要知道企业所处的行业，明白它们究竟靠什么赚钱，否则，就无法把它们与同行进行比较。另外，如果你知道企业所处的产业，就能够研判该产业的发展趋势。

多数情况下，投资人很容易就知道企业的所属行业。你应该知道波音是飞机制造商，哈雷戴维森是摩托车制造商，可口可乐生产汽水，AT&T 提供电话服务，戴尔卖电脑。可是，很多大型企业的经营跨越数个行业，这些都是你应当知道的。Altria 生产 Marlboro 品牌和其他品牌的香烟，但也拥有 Chateau Ste. Michelle 制酒是美国境内 Riesling 葡萄酒的唯一生产商，但也拥有 Miller 纯生啤酒的制造商 SABMiller 的一部分股权。

你如果对某家公司有投资兴趣，自然就知道其经营的业务。如果有人告诉你，Allamuck Corporation 即将大涨，规模将在一年之内成长三倍，你可能会花点心思瞧瞧。最后，依据几种关键的衡量标准，你最终觉得该股票不值得投资；也可能兴奋不已，想做进一步研究。于是，你打电话给 Allamuck，索取年报，上网搜索资讯，甚至跑到本地的图书馆查找资料，最终，你就知道了 Allamuch 靠什么赚钱。

在本书第六章，我详尽地说明了寻找公司资料的方法。

成长型或价值型

股票的最后一种分类是价值型或成长型。在第二章，详细讲解了价值型投资与成长型投资。当你研究某家公司时，如果最想知道其销售与盈余是否增加，并期待销售与盈余持续增长，那么这家公司应该属于成长型企业。

　　如果一家公司正遭遇一段艰难的岁月，其股价处于历史低位。在审视了该公司的所有资料之后，你可能认为，该公司没有大家想象的那么糟。这就是价值型企业。

　　成长型企业与价值型企业的股价行为截然不同。一定要确定持有股票的类型。

第二章　投资大师怎么说？

现在，你已经懂得股票的语言了，也能够听懂关于股票的讨论。现在，让我们谈谈策略。当我决定踏入股票市场时，心情焦虑不安。每个人都曾如此。乍看之下，从股市里赚大钱的人不多，很多人只赚到了蝇头小利。细细思量，哪怕审视第二次、第三次和第四次，情况也是如此。

可是，只要沿着本书指示的道路前进，自己独立研究，就有圆满的结果。媒体头条会推荐股票，结果却是行不通的。亲朋好友的建议也同样不靠谱。可是，你潜心又彻底的研究后，买进适合你的股票，成功的机会却很大。

本章与其后两章是本书最为重要的内容。本书的其余部分只是与投资相关的实务程序：学习基础知识、挑选经纪商、下单，等等。但是，当前的这三章内容却专门探讨了投资策略。

在本章，我们将观察到顶尖投资人的赚钱方法，并试着去模仿。投资世界充满了传奇故事。有些故事涉及一夜暴富、超好的运气和复杂的理论。不过，这些传奇故事对你我帮助不大，尤其是我们坐在厨房餐桌旁，翻开报纸，琢磨着如何过上舒适的退休生活时。曾经帮到我，以后将要帮到你的，就是研究投资大师们历经时间考验的，适合个人投资者的策略方法。

认识投资大师

本杰明·格雷厄姆——对于阅读过他的很多书的人来说，他是最有影响力的投资作家之一。他最经典的著作应该是《聪明的投资人》。该书倡导一种理性的价值导向的投资方式。这本书在投资界的地位，相当于美国文学界的《大白鲸》——圈内人士毋庸置疑的必读之作。格雷厄姆是价值型投资之父。

菲利浦·费雪是第一位倡导成长型投资策略的人。他的著作《非常潜力股》，探讨了优质企业的特征，以及辨识它们的方法。这本书在投资界的地位，等同于美国文学界的《哈克贝利·费恩历险记》，这也是投资者的第二本必读著作。费雪是成长型投资之父。

接下来是沃伦·巴菲特。很多人把他看成是全世界最伟大的投资人。巴菲特在今天依然活跃，他经营的企业总部设在奥马哈，持续创造着令人钦佩的投资表现。单凭着资本配置的技巧，巴菲特就聚集了超过500亿美元的财富。40多年来，账面价值的年度平均报酬率高达21%。他仿效并推崇格雷厄姆和费雪，结合了两人的教诲，并形成了自己的风格。

其次是彼得·林奇，他掌管富达麦哲伦基金长达13年，让资产仅为2000万美元的基金，增长超过140亿美元。10年之内，他让1万美元增长为19万美元。很多人认为，他是历史上最出色的共同基金经理。

威廉·欧尼尔是《投资人经济日报》的创办人。很多人喜欢这份报纸，更甚于《华尔街日报》。创办《投资人经济日报》之前，他的股票投资事业相当成功，甚至在30岁左右就拥有了纽约证券交易所的席位。他是很热忱的成长型投资人，也是很杰出的讲师。

比尔·米勒是我准备介绍的最后一位大师，也是我最推崇的一位。米勒管理莱格梅森价值信托基金长达30年。他曾经在1991年至2005年之间，连续15年击败标普500指数。他放弃了传统的价值型与成长型分类，改用未来自由现金流量为选股基准，寻找值得投资的便宜股票。他因此建立的投资组合，如果用传统观点衡量，可能很昂贵，也可能很便宜。他是逆向操作者，当他相信自己正确时，从不畏惧孤军作战，而且他通常都是对的。

这就是我们的阵容。六位大师涵盖了整个投资范围。从大型企业到小型企业，从成长型风格到价值型风格。花一些时间去学习这些大师的教诲，大可全心投入，用心体会他们的建议。我在本章最后会整合他们的观点。

本杰明·格雷厄姆

本杰明·格雷厄姆写的《聪明的投资人》可能是世界上最被推崇的投资经典；另外，他和大卫·多德还共同创作了一本《证券分析》。巴菲特在《聪明的投资人》的前言里提到："我在 1950 年初阅读了本书的第一版，我那时 19 岁。当时我就认为它是截止当时为止最出色的投资书籍，现在我仍然如此认为。"而我到 20 岁才读到这本书，难怪巴菲特的财富稍微比我多一点……

行情波动与情绪

格雷厄姆告诉我们，没有人能够预测市场的未来波动。这个观察结论看似无知，我却想在此特别强调。"没有人知道市场会做什么"，包括：专业分析师、你的有钱的婶婶、每位投资快讯的作者，以及所有的股票经纪人。格雷厄姆不是指出这个事实的唯一的成功投资人。有人曾经向 J. P. 摩根请教他对股票市场的看法，他回答："股市会波动。"没有人知道市场会做什么，明白了这个事实，你就可以根据市场的动作做出明智的反应，并从中赚钱。

把股票视为企业的所有权，而不是投机交易的报价代码。这样，在股价不稳定的时候，有助于保持立场。格雷厄姆提供了一个理解股市的著名方式——"股市从短期看是投票机，长期看是称重机。"投资人通过买卖行为对股票进行"投票"，针对短线消息或其他情绪做出反应，引发了价格的涨跌。可是，随着时间的流逝，企业的绩效表现会推动整体的投资人做出反应——买入企业中的赢家，卖出企业中的输家。市场最终会摆脱"对噪音投票"的影响，而开始"对企业的绩效称重"。价值较高的企业，其股价长期而言也会更高。

我们都属于投资大众，而投资大众通常都是错误的。为了反制这种天生的情绪弱点，格雷厄姆建议，我们需要实现投资策略的自动化。他认为，投资人应该通过一套公式来寻找合适的股票。所谓的"公式"，并不是指代数中的公式，而是一组不受情绪影响的衡量标准。仅仅对某家企业的未来经营"感觉很好"而买入股票，成为情绪的受害者，这是你不希望的。人类的情绪是脆弱的。驾驭不了情绪，就无法致富。

有了自动化的、可衡量的选股准则，当我们被吸引眼球的媒体头条和重大资讯诱惑时，可以有个倚靠。没有人能够免疫这类压力。当圣诞季来临时，当你们整个办公室的人都在热议某家公司的新产品已经创下佛罗里达、缅因、新罕布夏等地区的零售纪录时，谁还能指出该制造商最近两年都发生了亏损呢？等到全办公室的同事们都买进了该公司的股票，开始把一些该公司的新闻故事钉在公告栏里，在办公室展示他们光彩夺目的玩具，甚至悬挂他们因为投资赚钱而去异国旅行的明信片。这一切简直成了狂欢宴会！人们都喜欢宴会。可是，如果发展一套自动化的过滤系统来隔绝这类宴会，明智的投资人就不会遭遇宴会结束之后的亏损。

股票价值评估

每只股票都有事业价值和市场价值。事业价值是指股票的账面价值和企业盈余。我们在本书前面探讨过，账面价值就是企业资产价值除以流通股数，也就是企业清算时——把企业所有的东西都卖掉，例如运输卡车、传真机、会议桌等——你能够拿到的回报。可是，投资人还需要考虑盈余因素，才能了解企业真正的事业价值。我们只知道一家企业的拍卖价格是不够的，还必须知道企业赚钱的潜能。想了解这方面，就要知道每股盈余，这个主题在前文探讨过。

市场价值是以股价表示的价值。股票的市场价值可能高于或低于事业价值。投资人更愿意以低于事业价值的价格买入股票。因为股票被低价抛售，此时买入很划算。

在清仓甩卖期间，你喜欢的衬衫价格比平时低 10 美元。同样，有时，你也能买到中意的股票，每股股价比其实际价值低上 10 美元。用格雷厄姆的话说，这只股票的市场价值比它的事业价值低 10 美元。

格雷厄姆建议，投资人应该按照接近事业价值的价格购买股票。这意味着，你期望"股价/账面价值比率"接近于 1，市盈率越低越好，最好低于 15 倍。

不要担心格雷厄姆评估股票的这些特定的衡量标准。要聚焦在这些衡量标准的性质上。他建议使用那些反映股票价值的衡量标准：股价/账面价值比率与市盈率。他也建议使用那些彰显企业成长潜能的衡量标准：财务地位与盈余成长。请注意格雷厄姆是如何把价值与成长的衡量标准融为一体的，因为这将构成本书策略的基础。

股价如果低于股票的价值，就不必顾忌市场波动。有时候，股价会毫无理由地下跌。所以，投资人的工作，就是识别有强劲潜能的股票，并观察市场中的买进机会。引用格雷厄姆的话，我们应该"运用这些变幻莫测的机会，参与低价买进、高价卖出的大师游戏"。

安全边际

安全边际概念，是格雷厄姆给投资人的最重要的礼物。安全边际是股票的事业价值与市场价值之间的差异。这个定义有些模糊，似乎缺乏意义。不要把它看成是明确的数字。把它想象成一个范围。一只股票可以有大的安全边际，或者有小的安全边际。安全边际大的股票，可以承受大的股价下跌，仍然是好投资。安全边际小的股票，只能承受微小的股价下跌，否则，就不是好投资了。

在描述股票的安全边际时，格雷厄姆故意说得比较模糊。他认为，投资分析并不是精确的科学。有些是明确的数据，譬如：账面价值、财务报表、负债等；有些却是相当主观的因素，譬如：管理质量与事业性质。他宁可检视那些可衡量的事业性质，因为它们可以衡量。如果你购买企业股票所支付的价格，低于企业物品被一件件清算时的清算价值，安全边际应该是不错的。反之，如果你支付的价格远超过事业价值，远高于企业的盈利能力，只因为在媒体报道里，新的管理团队十分优秀，那么，安全边际想必十分有限。万一……万一这些"优秀"的管理团队并不优秀呢？你将遭遇极大的亏损。可是，当这些"优秀"的经理人搞砸的时候，如果明确的企业经营数据可以控制损失，你仍然相对安全。因为企业有很高的事业价值，管理上就能承受大的犯错空间，这就是安全边际。安全边际不能简化成单一数据，而是一种概念。

在探讨安全边际时，企业的财务健康是格雷厄姆重点强调的。长期债务十分糟糕，因为它降低了企业的事业价值。当"优秀"的经理人犯错时，企业的账单也要照付不误。

关于安全边际，格雷厄姆提供了唯一明确的数据：投资人买进股票时的价格，不得超过账面价值的三分之二。换言之，股价/账面价值的比率不得超过 0.66。举例来说，某企业的账面价值为每股 50 美元，你所支付的股价就不得超过 33 美元。股价如此之低，格雷厄姆仍然希望看到偏低的市盈率。偏低的市盈率和偏低的股价/账面价值比率往往相伴发生。

从格雷厄姆身上学到的东西

格雷厄姆是一位伟大的投资人。他主张企业前景不论多么乐观，购买股票的价格都必须公平合理，这就是价值投资的方法。可是，他也承认企业盈利增长能力的重要性。价值与成长相结合，才是优质投资的基础，才是本书推荐的理想策略。其他重点包括：

√ 没有人知道市场会做什么，但我们可以针对其动作做出明智的反应，并从中赚钱。股市从短期看是投票机，长期看是称重机。

√ 我们都属于投资大众，而投资大众通常都是错误的，我们必须

依靠明确的衡量标准，来对抗情绪，并让我们找到安全可靠的
保障。

√ 股票有事业价值和市场价值。事业价值是指企业被清算时的评
估价值，市场价值则是市场赋予股票的价格。

√ 我们需要知道股票的安全边际，这是泛指股价下跌多少而仍然
是好投资的空间。安全边际也是事业价值与市场价值之间的
差值。

菲利普·费雪

菲利普·费雪写下了《非常潜力股》一书。巴菲特对此书印象深
刻，甚至与费雪亲自见面探讨其策略。1969 年，巴菲特告诉《福布
斯》："我有 15% 是费雪，有 85% 是本杰明·格雷厄姆。"

优质企业的特征

费雪认为，投资人应该买进销售与盈余的长期成长超过产业平均水
平的企业。这类企业要么"既幸运又有能力"，要么"因为有能力而幸
运"。这两种说法听起来相近，费雪通过案例说明了两者的不同。"既
幸运又有能力"的企业，其产品从上市之初就热销，管理健全，经常
受惠于企业控制范围之外的因素。比如，产品得到了以前未预见的方式
的运用。反之，"因为有能力而幸运"的企业，原本的产品相当平庸，
但管理团队非常精明，能够及时调整产品，适应市场需求，并且将产品
多样化，进入到其他有机遇的领域。所以，"因为有能力而幸运"依赖
精明的管理。

何谓"精明的管理"？不太容易定义。对于我来说，这种情况有点
像"无礼的行为"：我无法提前描述它是什么，但看到这种行为时，我
就知道。对于费雪来说，精明的管理者必须有深刻的洞察力，能够发掘
足以提升未来销售业绩的新产品。有些时候，企业需要牺牲眼前利益，

以换取未来的长期收益。这种理念在华尔街不受欢迎。因为投资人会有规律地审视盈余，所以，无论光景好坏，管理团队永远都要与股东诚实沟通，这点势在必行。对费雪而言，管理团队的正直品格十分重要，大多数的顶尖投资人也秉持同样的看法。

销售是维系企业繁荣的关键。销售如果不能提升，企业期望推出优质产品的研发也就没有用了。投资人必须审视企业销售部门的能力，对于其研究客户的能力，要特别予以关注。

当然，销售必须带动获利。如果获利不能增加，销售也就毫无意义。为了确定企业是赚钱的，投资人必须留意利润率。这玩意儿并没有你想的那么神秘，不是吗？一个企业的利润率，以及维系与提升利润率的能力，就告诉了你关于企业赚钱能力的一切。在后面，我们会探讨检查一家企业的利润率的方法。

获利必须迅速变现。这是有用的。这意味着企业必须保持充足的现金流量。坏企业通过赊账的方式，虽然能卖出上百万的小玩意儿，可是日常开支，就需要借钱或发行新股。它们的邮箱里充满了要付的账单。好企业能够迅速把钱拿到手，并靠着这些钱，继续经营——拓展市场、建立新厂房、雇用更多的员工。好企业的财源滚滚而来。

优质企业的最后一项特征，在于优质企业能够把产品或服务的成本控制在最低，并且继续保持下去。拥有低成本和高利润率的企业，越有能力渡过难关。遇上好年景，几乎所有的企业看起来都很健全。可是，在经济萧条的灾年，只有最精明的经营才能让企业有活力。这点与格雷厄姆的安全边际的精神相似。低成本、高利润的经营是最安全的，这样，优质企业就具备了核心优势，能够适应经济的不同光景。

优秀投资人的特征

费雪认为，投资要想成功，多数人应该专注于本身已经熟悉的产业。它是每个人的"能力圈"。

在自己的能力圈内，投资人应该从事彻底的、超越常规的研究，去理解那些超越竞争者的领先企业的优势。信息的最佳来源，当然是最熟悉企业的人。对于投资者来说，掌握了花边新闻的客户、供应商、离职与在职员工、竞争对手与产业协会，都对投资有帮助。对于这类信息，费雪称为"信息流言"。这是一个海军术语，描述船员们在饮水桶旁传播的小道消息。费雪认为，投资人不要去谈论同伴昨晚的那些恶作剧，应该外出聊聊那些潜在投资的发展前景。

收集信息或者进行研究，往往很耗费时间。所以，你真正能充分了解的，也只限于数量有限的企业。因此，费雪推荐了一个集中型的投资组合。他的投资组合很少超过 10 只股票，而且大部分的钱经常集中在 3 或 4 只股票上。少数的优质企业，胜过大把的平庸企业。

从费雪身上学到的东西

费雪的建议是，投资那些盈余能力超越同行的企业。这就是成长型投资的方法。为了找到优质企业，除了明确的数据之外，还要寻找难以衡量的因素，例如：管理能力与熟悉企业的人的认知。其他重点如下：

√ 投资人应该买进销售与盈余的长期成长超过产业平均水平的企业。

√ 注重企业的管理能力。最佳管理层可以牺牲眼前利益，换取长期效益。管理层必须正直、诚实地对待股东。

√ 销售至关重要。投资人必须随时留意企业销售部门的能力，重点关注其研究客户的能力。

√ 销售必须带动获利。如果获利不能增加，销售也就毫无意义。投资人必须知道企业赚取的净利。

√ 获利必须及时实现，才能被企业有效运用。企业的现金流量必须充足，并且存有足够的现金储备，这样，企业才能履行义务，而且无须借钱。

√ 把成本控制在最低，这样的企业就具备了核心优势，能够适应经济的不同光景。把高利润和低成本组合起来的投资，就是费雪版的"格雷厄姆安全边际"。

√ 你应该在已经熟悉的领域投资；利用你的能力圈。

√ 你应该访问那些最懂企业状况的人，例如员工、同行和供应商，然后，进行彻底的、超越常规的研究。

√ 寻找优质企业需要广泛的研究，但你的时间毕竟有限。少数优质企业胜过大把的平庸企业。

沃伦·巴菲特

如果你说沃伦·巴菲特是全世界最伟大的投资人，绝对不会因此被踢出投资俱乐部。没错，有些人赚钱速度更快，但是谈到严谨的投资方法与长期的绩效水平，很少有人能够跟巴菲特相提并论。

首先，让我们看看巴菲特的背景资料。1956 年，巴菲特向亲朋好友募集了 10 万美元的资金，成立了一家投资合伙有限公司。这个合伙公司持续了 13 年。这段时间的年均投资报酬率为 29%。他的名声越来越响，投资人也越来越多，于是他把公司从家里搬到奥马哈的 Kiewit 广场。1969 年，巴菲特解散了这家合伙公司，把投资人的资金存到安全场所，开始控制一家纺织公司——伯克夏·哈撒威。这家公司成为巴菲特的控股公司，用来管理自己的企业，包括：Daily Queen、See's Candy、The Pampered Chef、Clayton Homes、NetJets、World Book Encyclopedia。

伯克夏也投资保险公司。这是巴菲特成功的基石。为什么选择保险公司？因为高付费的投保人会提供稳定的现金流。巴菲特可以用这些"保险沉淀下来的现金"做投资，直到必须理赔或清偿为止。伯克夏公司位于美国内布拉斯加州，当地对于保险公司的监管很松散，巴菲特得以把大量的现金投资于股票。多数保险公司把资金投资于相对安全的债券，股票配置通常很少超过 20%。但巴菲特刚好相反，他把"保险沉淀下来的现金"大多投资于股票，有时，比例甚至高达 95%。由于他的选择，巴菲特和伯克夏公司也因此赚了大钱，巴菲特也积累了 500 亿美元的个人财富（可能有十亿级别的偏差）。

你的情况可能和巴菲特不同。你想必没有稳定的保险费现金，可以应用于合适的投资机会上。你可能也无法收购一家公司，在你的余生永久控股。要是能做到的话，你也就不需要阅读本书了。可是，你如果跟大多数人一样，想把有限的个人资源投资于股市，本节的巴菲特策略就适用于你的项目。我会把这些内容一起整理到本书的策略总结里。

还有一点要注意。观察巴菲特的股票投资技巧，等于是回顾历史。尽管巴菲特依然活跃，随着纺织公司伯克夏的成功和现金流的增加，他的资产配置方法已经逐渐改变，从股票转移到整家企业。他在 2006 年的股东年报中写道，他和查理·芒格"为了运用伯克夏公司日渐充沛的资金，需要继续留意大象。查理和我因此必须放弃追逐老鼠，让我们的并购活动聚焦在规模更为庞大的游戏上"。

钱多了也有烦恼，不是吗？

股票市场

过去，要想查阅股票价格，必须使用报价机，不像现在可以上网，广为人知的是，沃伦·巴菲特的办公室并没有一台报价机。这位全世界最伟大的投资人并不盯住股价不放，因为股价并不是企业价值的可靠指标。股价有时上涨，有时下跌。华尔街有时认为市场看起来很好，有时很差。价格变幻莫测，没有道理可言，也没必要知道。记住，格雷厄姆的感受也相同：没有人知道市场会做什么。

投资人在卖出持有的股票时，在某些时点上还是需要知道股价的。确实没错。但是，巴菲特的习惯告诉我们，盯住每分钟、每小时和每天的价格波动，不会有什么丰富的收获。在 1993 年的伯克夏·哈撒威的股东年报中，巴菲特写道："买进股票之后，就算股票市场关闭一两年，我们也不在意。对于我们持有 100% 股权的 See's 或 H. H. Brown，我们不需要了解每天的价格来验证我们的权益。既然如此，对于我们只拥有 7% 的股权的可口可乐，我们还有必要了解每日的报价吗？"

现在，他的态度依然如此。有关伯克夏公司持有美国运通、美国银行、可口可乐、IBM 与富国银行的股票，他在 2012 年 2 月写给股东的信函中写道："我们持有这些股票，把它们看成是杰出事业中的合作利益，而不是根据近期前景买进卖出的有价证券。"他甚至希望看到股价下跌，并在信函中指出：

"逻辑很简单：如果你打算成为股票的净买家，无论是直接或间接买进（通过你拥有的公司买进股票），股价上涨，显然对你有害处。股价下跌，你才会受惠。可是，这事经常很复杂：多数人，包括准备买进股票的净买家们——看到股价上涨，会感到舒服。这些股东就像驾驶汽车的上班族一样，看到油价上涨就会高兴，仅仅因为汽车的油箱装了够用一天的汽油。

对于你们当中的很多人，查理和我并不期待你们能接受我们的思维方式——我们已经观察了大量的人类行为，知道那是徒费工夫——但是，需要各位了解我们的算计。我也清楚地承认：在我投资的早期生涯，看到股价上涨，我也欢欣不已。本杰明·格雷厄姆在《聪明的投资人》的第八章，专门探讨了投资人如何看待股价波动。自从阅读此章之后，我的观察尺度立即改变了。低价成为我的好友。阅读这本书，实在是我一生中最幸运的时刻之一。"

2008 年的 10 月 16 日，在次贷危机大崩溃的暴风眼中，巴菲特通过《纽约时报》的专稿，教导投资人需要反转他们在股票市场中的情绪：

"金融市场一塌糊涂，无论美国或海外都是如此。而且，问题已经弥漫到整个经济，泄漏正在演变成井喷的态势。短期之内，失业会增加，经济会衰退，消息面会变得相当恐怖。所以……我正在买进美国股票……为什么？

我的买进遵循一个简单法则：在别人贪婪时，我们要恐惧，在别人恐惧时，我们要贪婪。毋庸置疑，大众的恐惧正在蔓延，令人揪心的是，甚至经验丰富的投资人也有畏惧情绪……

我先澄清一点：我不能预测股票市场的短期走势。一个月或一年之后的价格究竟走高，还是走低？我全然没有概念。可是我确定一点，在市场情绪或经济好转之前，股价将会上涨，甚至是显著上涨。所以，如果你等待知更鸟出现，春天恐怕早就过了。"

巴菲特发表这篇文章的当天，标普 500 指数收盘在 946 点，两年之后，该指数上涨了 25%。

按照便宜的价格买进优质企业

巴菲特强调买进优质企业，而不是针对股价的方向做投机。当形势不好时，优质企业依然出色。如果股价下跌，这就代表着机遇，你可以用折扣价买进更多这家企业的股票。巴菲特说，投资人要永远了解自己投资的企业。企业的业务越简单越好。一旦理解了企业的业务，你就能判断企业的素质。买进股票时你所抱持的态度，必须像买进整家公司一样严谨。巴菲特在 1993 年接受《财富杂志》采访时，谈道："在你的能力圈内做投资。关键不在于能力圈有多大，而在于设定好参数，在你的能力圈的边界之内投资。"菲利普·费雪也有类似的言论。

对于巴菲特来说，企业素质至关重要，甚至超过了价格便宜与否。如果买的东西毫无用处，价格再便宜也无济于事。素质差的企业，长期表现将发生问题。持有这类股票，你只能期待好运，在价格上涨时，尽快抛出股票。时间能帮助好企业，却会摧毁坏企业。这意味着投资好企业，随着时间的流逝，你会感到舒适。投资人在查看股价之前，必须先根据个人的标准，评估企业的素质。

举例来说，当保险公司 GEICO 的股价从 60 美元跌到 2 美元时，巴菲特开始买进股票。这家公司面临倒闭，股东控告公司的集体诉讼事件越来越多。市场普遍认为，倒闭是迟早的事。但巴菲特持有不同的看法，甚至吃下了整家公司。在股价下跌 95.6% 时还买进，这显然是价值型的投资动作。就 GEICO 这个案例来说，巴菲特发掘到了价格极其便宜的一家杰出企业。

可是，还有可口可乐。五岁的巴菲特在买卖可口可乐的饮料瓶时，就爱上了这种软饮料。在过去的 30 年间，他看到了这家企业的现象级成长。1986 年，在伯克夏的股东大会上，樱桃口味的可口可乐甚至成了官方饮料。可是，直到 1988 年，他才投资可口可乐。从 1982 年以来，可口可乐的股价已经上涨了 500 多倍。从 1982 年到 1988 年，可口可乐的股价上涨了 5 倍多。对于很多人来说，可口可乐的股价显然被高估了，但巴菲特却向其投资了不止 10 亿美元。股价在六年内上涨了五倍，巴菲特竟然还在买进，这显然是成长型的投资动作。对于巴菲特来说，可口可乐的股价低于内含价值，并且产品销售得很好。所以，可口可乐依然是按照便宜的价格买进的杰出企业。

在前两项投资决策中，巴菲特并没有考虑价值型或成长型的问题。他也没有受到华尔街最新消息的影响，因为他的这两种做法显然不符合常理。他买进自己眼中的好企业：就 GEICO 而言，大家认为必倒无疑；就可口可乐而言，大家认为投资机会已经逝去。我们从中得到的教训是，购买经营强健的优质企业，比在特定价位购买股票更重要。巴菲特充分运用了格雷厄姆的安全边际理念。你应该审视企业的业务，确定其价值，然后再跟股价做比较，看看是否值得买进。如果值得买进，那就买进。买进之后，价格可能下跌，但这并不重要。你仍然是按照合理的价格买进了强健的企业。然后，巴菲特建议你应该把注意力放在赛场上，而不是计分板。价格下跌只是市场对于股票价值的精神错乱的短期解释。不用理会。

现在，我们看清楚了，巴菲特按照便宜的价格买进好股票，是结合了格雷厄姆和费雪的投资理念。巴菲特定义了"好企业"和"便宜价格"，现在让我们来进行深入的解释。

好企业的属性

第一，企业管理者必须诚实地对待股东，永远为股东的利益做事。

经营企业,**诚信最重要**。如果你不相信企业的管理者,也就没有必要做企业评估了。巴菲特以他在伯克夏公司股东年报的坦诚评论而著名。你应该观察管理者对企业成功的解释,更重要的是,管理层如何对股东们说明失败的原因。了解你投资的企业,这点很重要。

第二,企业应该赚取更多的现金,并做明智的运用,而不是让钱仅仅趴在账上。对于巴菲特来说,则是把盈余投资于能赚钱的商业活动,或者当成股利分派给股东,或者用于买回自身股票。关于如何明智运用企业盈余的问题,在本书的策略章节中,管理层对企业盈余进行聪明投资的衡量标准是什么?我们采用的是股权报酬率。对于巴菲特来说,一家公司的收益并不比它的股权报酬率更重要,因为股权报酬率考虑了过去积累的盈余。换言之,我可以使用去年赚到的钱,让我的企业更大、更好。企业更大、更好,自然能赚得更多,对吧?当然。果真如此,大家都高兴,但巴菲特恐怕是例外。巴菲特更关心的是,相对于把去年或更早时期的盈余用于再投资产生的成本,企业的盈余增长率是否足够高?这也是巴菲特重视股权报酬率,而不是单纯盈余的原因。总之,除了知道企业赚多少钱之外,你还要知道企业如何运用这些钱。

第三,公司的净利率要高。在前面,我们解释了企业净利率的计算方法。企业净利率是指企业收入扣除所有费用之后剩下的获利,再除以企业总收入。举例来说,企业如果赚了100万美元,费用为90万美元,净利率就是10%(10万美元除以100万美元)。

确定便宜的价格

巴菲特决定企业价值的方法是,预测企业的未来现金流量,然后把长期美国国债的收益率作为贴现因子,从而确定企业的价值。听起来很有趣,就像是在家里用筷子挑出白蚁一样,但他就是这么干的。

确定了企业价值之后,巴菲特会观察股价。这是巴菲特留意股价的为数不多的场合之一。他比较股票市值与企业价值,确定安全边际。换言之,如果股价仅仅略低于价值,代表投资的安全边际很小,他就不会买进。如果股价远低于价值,安全边际就很大,他就会买进。原因是简单的。在确定企业价值时，如果巴菲特发生小错，企业的真实价值就可能低于股价。如果股价远远低于企业价值，那么价值低于股价的情况就会很少。这是格雷厄姆安全边际的直接应用。

现在，来看一些例外和调整。巴菲特采用两个步骤来确定股价是否便宜。描述很简单，却不容易操作。真是说起来容易，做起来难。举例来说，我可以用两个步骤，说明老虎伍兹如何挥长杆：两脚打开，与肩同宽，迅速挥杆击球。听了这番解释之后，你认为自己能够媲美伍兹吗？当然不行。巴菲特在确定便宜的价格时，也是如此。巴菲特天赋异禀，如果我们具备了他的天赋，可能就不需要本书了。

采用巴菲特的方法，实现精确的评估，就需要精确地预测企业的未来现金流量。巴菲特擅长此道，大多数人就不行。即使在你的能力圈之内，你也不会觉得舒适——需要你挑选企业成功的因子、估计未来的成功，并将其转化为今天的现金。

关于这方面的考量，本书准备只强调巴菲特方法的意义，而不是他的技巧。我们希望按照便宜的股价，买进优质企业的股票。

投资管理

和费雪一样，巴菲特的投资组合也是集中的。巴菲特买进的是企业，并不从事股票投机。所以，他坚持透彻地理解企业的业务。这意味着，在任何时候，他都只持有少数几种股票。1985 年，GEICO 占伯克夏的普通股投资组合的半数。1987 年，伯克夏只持有三只股票，投资组合中的 49% 是 Capital Cities/ABC。1990 年，可口可乐占伯克夏持股的 40%。2001 年，可口可乐占 33%，美国运通占 19%。2011 年，可口可乐、IBM、富国银行与美国运通的持股共占 57%。集中火力投资少数几家你熟悉的企业，胜过分散投资数十家股票的盲目投资。举例来说，你研究了三十家企业，发现有两家企业明显胜过其他企业，那你为什么要把你的钱投资于前十家企业呢？分散风险嘛。你可能会说。可是，在平庸的企业里分散投资，风险高于集中火力于好企业。

一般投资人会把表现最好的股票卖出去，以求落袋为安。巴菲特不赞成这种惯例。一只股票如果上涨了100%，很多人会先获利了结。可是，巴菲特认为，管理投资组合，就应该像管理企业一样。如果你的企业里有个部门非常赚钱，你会怎么办？你不会把它卖掉的。相反，你可能继续向该部门追加投资。在1993年的伯克夏股东年报里，巴菲特写道："投资人就算是只持有杰出企业的一小部分股票，其坚韧的心态，也应该像拥有整家公司的投资者一样。"

最后，巴菲特一旦打定了主意，就不再理会别人的观点。集体思考是投资机构的致命缺陷。因为他们宁可选择平庸、安全的决策，也不选择"明智而看起来有点像白痴"的决策。后者是巴菲特在1984年的伯克夏股东年报上提出的。自行做研究，全心投入，坚持自己的立场。

从巴菲特身上学到的东西

巴菲特相信，应该关心企业本身，而不是股票的价格。一旦找到好企业，就以便宜的价格买进。他的投资风格，把格雷厄姆和费雪的精华融为一体。因为，他用折扣价买进欣欣向荣的企业，兼具价值型和成长型的投资风格。其他关键点是：

√ 不要理会股票市场，因为价格变幻无常，无法预测。不要对价格的方向进行投机。应该关注个别企业，明白企业之所以杰出的理由。

√ 尽量控制你的情绪，与大众背道而驰。在别人贪婪时，我们要恐惧，在别人恐惧时，我们要贪婪。

√ 买进股票，态度就像买下整家企业一样严谨。在自己的能力圈之内做投资，彻底理解自己的投资。

√ 一旦确定了投资决策，就必须坚持投资立场，经历枯荣。时间会凸显优质企业，摧毁平庸企业。

√ 用便宜的价格，买进好股票。

√ 优质企业的特征：

· 拥有坦诚的管理团队，能够和股东坦诚地沟通，行事永远以股东利益为重。

· 赚取更多的现金，并做最为明智的运用，而不是让钱仅仅趴在账上。企业赚到的盈余，或者投资于能赚钱的商业活动，或者当成股息分派给股东，或者用于买回自身股票。企业如何聪明地运用现金，判断标准就是股权报酬率。

· 拥有高净利。

· 增加企业的市场价值，超过它们的保留盈余的价值。

√ 比较企业的价值与股价，确定股价是否便宜。只有当股价显著低于企业价值时，才买进股票，直接采用格雷厄姆的安全边际。

√ 投资组合集中于少数优质企业。在好股票里集中投资，比在平庸股票里分散投资，更安全。

√ 在企业经营中，对赚钱的部门会投入更多资金，投资人也应该对表现优异的股票追加投资。

√ 自行研究，全心投入，无视他人意见。

彼得·林奇

彼得·林奇在1977年到1990年间，管理富达麦哲伦基金。他接手时，该基金规模只有2000万美元，在他任内，最终增长为140亿美元。林奇担任基金经理的最后五年，麦哲伦已经成为全球规模最大的共同基金，其绩效仍然胜过99%的全部股票基金。当彼得·林奇开始管理基金时，你如果投资1万美元，10年之后将收获19万美元。

退休之后，林奇出版了《战胜华尔街》与《彼得·林奇选股战略》。这两本书介绍了他的投资方法。《彼得·林奇选股战略》的目标读者是个人投资者，林奇就像我的祖父一样，把超级潜力股称为"十倍飙涨股"——让你的钱猛赚十倍的股票。

运用你已经知道的知识

运用你已经知道的知识作为投资基础,这是彼得·林奇的建议的基石。现在,你应该已经熟悉这种观念了。费雪建议我们在自己的能力圈内投资,巴菲特也跟着拥护这种理念,强调我们必须彻底理解自己的投资。现在,林奇也支持这种理念。所以,我们有充足的理由,予以留意。

如果你是企业员工或者同行,你就是良好投资的最佳研究者。职业经理人飞越上万英里,就是想跟你每天都在打交道的人聊聊。包括:企业经理人、供应商、客户、同事,还有——你本人——你们掌握的信息,对于其他投资人富有价值。这里有一个惊人的真相:这些信息对你也同样重要!

同时,作为消费者,你随时都在做研究。你了解自己正在购买的东西,或许对邻居们的购物也能提供精彩的建议。某种潮流正在展开?在华尔街的分析师有所察觉之前,你可能早有预判了。

有种现象一直让彼得·林奇觉得奇怪:航空从业者投资汽车产业,汽车从业者投资电脑产业,电脑从业者投资娱乐行业,娱乐从业者却没钱投资。好吧,顶尖的 0.25% 的富豪阶层有点钱能投资。"邻居的草地总是更绿",这种心态要不得。你需要在你用时最久的领域投资。

林奇回顾了在他的日常生活中发现的几项好投资。前往加州的旅途中,他品尝了墨西哥玉米煎饼,从而发现了塔可钟。在一家假日酒店里,与人们闲谈,他发现了拉金塔旅店。因为自家的小孩一直索要苹果电脑,而且富达的系统经理也买了很多供员工使用,他发现了苹果电脑。他太太很喜欢 Hanes 生产的 L'eggs 丝袜。在大多数商店的结账柜台,能方便地购买这种丝袜。L'eggs 丝袜不易撕裂,弹性很好。这么优异的产品,还需要做研究吗?林奇估计着,应该不用吧。他买进 Hanes 的股票,在 Sara Lee 并购 Hanes 之前,股价就上涨了六倍。

首先专注于自己的工作领域,留意你购买的物品,并观察周围群众的购买习惯。

了解你的企业

如同格雷厄姆、费雪和巴菲特一样，林奇强调，必须彻底了解你要投资的企业。他主张先要了解企业规模。大型股有时候会拉动小型股，小型股有时候会推动大型股。了解自己将要投资的企业的规模，这很重要。

企业归类

一旦你熟悉了企业规模，林奇建议把股票划分为六大类：缓慢成长股、绩优股、景气循环股、快速成长股、转机股和资产股。缓慢成长股，通常是从小型、年轻的企业演化而来的大型传统企业。电气类股票就是典型的缓慢成长股。这类股票的投资报酬率勉强超过通货膨胀，但股利很好。绩优股的规模大，年头久，但是依然成长强劲。可口可乐就是绩优股的一个典型。景气循环股的命运，随着经济兴衰而起伏，航空公司和钢铁公司属于景气循环股。快速成长股是那些小型的、年轻的企业，能以一年超过20%的速度成长。这是寻找10倍至200倍飙涨股的沃土。林奇认为，塔可钟、沃尔玛与The Gap都是快速成长股。至于最近，则有Cablevision与谷歌。转机股是指遭遇变故的好企业。克莱斯勒就是林奇喜欢的例子，也是他在20世纪80年代为麦哲伦基金做的最好的投资之一。那些在1.5美元的价位买进克莱斯勒的投资人，享受了飙涨32倍的美妙滋味。资产股是那些拥有高价值资产的企业，却被华尔街的专业分析师忽略了。Pebble Beach与Alico分别在加州与佛罗里达州拥有价值不菲的房地产，但大家都没有注意到。20年前，通信行业的股票也属于资产股。

不必在意这六种类别本身。不要因为某只股票归在绩优股的类别里面，就计划买进。你应该使用筛选标准，寻找有吸引力的企业，然后再考虑股票的类别。林奇的分类意图，只是让你理解股票的类型。不要期望缓慢成长股所代表的企业能够快速成长。当你买进某只价格下跌的股票，认为它符合了巴菲特的所有优质企业的选股标准，你也需要明白，股价下跌，可能因为它是景气循环股，正处于下滑阶段；也可能因为它是被忽视的转机股或资产股。你需要对投资的企业进行广泛的研究。这也是格雷厄姆、费雪、巴菲特和林奇共同传授的聪明点子。

完美企业的要素

对于林奇来说，完美企业易于理解。当前，想必你已经熟悉了这种理念。林奇写道："企业越单纯，我越喜欢。如果有人说'白痴也能经营这种企业'，这就是我在意的加分项。因为或早或晚，总有白痴会成为企业的掌门人。"

企业名称如果无趣、丑陋，经营的项目又俗不可耐，那就太好了。最近，投资潮流是时尚业，例如，企业的名称是 TerraGyro Navigation 与 Internetica。大多数投资人会避开名称乏味、经营项目沉闷的企业。对林奇来说，它们可是宝贝。他提到了一家无趣的企业——Seven Oaks International。它的经营项目就是处理百货商店的优惠券。让我们暂时放下谷歌，下次购物时，体验下用 10 美分买到的仁麦片（Grape Nuts）的滋味，这将让你热血沸腾。该股票由 4 美元上涨到 33 美元。这下可好，飙涨的股价真的让你热血沸腾了。有些公司经营的业务实在让人恶心，例如：污水与有毒废物处理。一家名为"废物处理公司"的管理人员穿着翻领 T 恤，上面印着"纯废弃物"的字样。很恶心吧？可是这家公司的股票却飙涨了 100 倍。

这类企业经常被机构投资人和分析师所忽略。业务缺乏吸引力，法人机构少有投资，自然也就不足为奇了。如果一家企业告诉林奇，专业分析师上次造访公司，已经是三年前的事了，这就让林奇感到高兴。留意别人的忽略之处。被忽视、毫无魅力的企业也会时来运转。还记得克莱斯勒吗？当股价跌到 1.5 美元时，没人想买这只股票。直到股价上涨到可观的两位数，克莱斯勒的地位才被肯定。

快速成长的企业，最好属于缓慢成长的行业。如果行业停滞不前，效果更佳。这样，就没有竞争。成千上万的头脑发热的商学院青年想要征服硅谷。可是，有多少人想要征服殡葬业？不会很多。它不属于成长型产业，殡葬业无趣又压抑。

企业占领了有利可图的市场，就享有显著的优势。巴菲特买下《华盛顿邮报》，部分原因是该报控制了市场。很多报社老板认为，报纸之所以赚钱是因为它有着不俗的内容品质。可是巴菲特却指出，就算是小报，如果是当地唯一的报纸，生意也同样兴隆。林奇表示："所以我尽可能地买入 Affiliated Publications 的股票，它拥有 Boston Globe。因为 Boston Globe 占有了波士顿地区 90% 的印刷广告收入，怎么可能发生亏损呢？"专利、商标、强烈的品牌忠诚度，这些都构成了某种有利可图的优势。如果你拥有一家软饮料企业，起点将很幸运。让人们认同你的产品，甚至超越可口可乐。要知道，百事可乐也办不到这点。拥有独一无二的东西，就是一种有利可图的优势。林奇对此做出了很好的总结："当我站在美国犹他州 Bingham Pit 铜矿的外缘，俯视那让人震撼的巨大矿坑时，我意识到日本人和韩国人都没法发明一个 Bingham Pit 铜矿。"

你中意的企业如果占领了有利可图的市场，同时，其产品又是客户需要持续购买的，你就有了双重优势。生意稳定是很重要的。当你在厨房里，煮完了最后一杯咖啡之后，你会怎么办？再买一些。抽完了最后一根香烟，你会怎么办？再买一些。当油箱没油了，你会怎么办？再买一些。当你的芳香剂已经见底，都能看到露出的橡胶塞了，你会怎么办？再买一些。"再买一些"能够把企业的盈利推上天际，让很多企业的销售额获得扶摇直上的动力。包括：可口可乐、麦当劳、吉列刀片（2005 年被宝洁并购）与星巴克。微软既占领了有利可图的市场，又推出了需要重复购买的产品。它拥有 Windows 操作系统。该系统在大多数的个人电脑上都有应用，并且，定期的 Windows 升级版本又是每个用户都需要的。有了 Windows 操作系统之后，人们还需要什么？应用软件。微软正好也提供了很多应用软件。

如果企业拥有大量的现金与微不足道的债务，将保护你的投资远离麻烦。这种保障是林奇版本的安全边际。企业如果拥有大量的现金，你可以先从股价上减掉每股拥有的现金，来看看你是否捡到了便宜货。林奇在 1988 年投资福特时，就是如此。当时，福特的股价为 38 美元，但每股现金有 16.3 美元。"这 16.3 美元的额外之喜改变了一切"，林奇表示，"我购买这家汽车制造公司的价格不是当时的每股 38 美元，而是 21.7 美元（38 美元减去 16.3 美元的现金）"。债务情况则相反。企业如果欠了很多钱，将成为股票投资的负担。碰上危机时——大家迟早都会碰上——无债企业不会破产。这两个因素——大量的现金与微不足道的负债——对于企业和个人都是一码事。你期望让银行账户的资金充沛，还是欠下一大堆信用卡债务呢？稍加思索，你就会选择前者。现金充沛、债务微少，财务就安全。

林奇建议，要把股价和企业价值做比较。我们对于这种理念已经很熟悉了。每位大师都会提出一致的建议：不要为股票支付过高的价格。务必检查市盈率与其他价值的衡量标准。我只谈一点重要的事情。林奇提出一种经验法则，股票的市盈率与盈余成长率应当相等。他说："如果可口可乐的市盈率是 15 倍，那么，我们期望它的年度盈余成长率也要达到 15%。如果市盈率低于成长率，意味着股价便宜。"

完美企业的最后两项要素，涉及到股票的处理。你希望两件事情发生。第一，公司内部人士持续买进股票；第二，公司正在买回自家的股票。

企业员工与管理层买进自家股票，将会成为企业的股东，这种情况下，他们会更热心地经营企业，以刺激股价上涨。如果他们只是赚取薪水，通常倾向于把企业利润转化为加薪的激励。林奇表示，当企业内部人士疯狂买进股票，至少可以确定该企业在半年内不会倒闭。他又认真地指出，内部人士买进自家股票，当然是好事，但卖出自家股票，却并不代表是坏事。记住，企业内部人士也是人。他们需要买新车，送小孩进大学，要去度假……对他们来说，卖出股票仅仅是为了换取现钱。这些卖出股票的理由五花八门，可是却与企业前景无关。"但是"，林奇写道，"公司内部人士买进自家股票的理由只有一个：他们认为股价被低估了，而且最终会上涨"。

更进一步，你希望企业也买回自家股票。企业如果认为自己前程似锦，自然想买回自家股票。公司买回自家股票之后，在普通大众手里流通的股票就会减少。假定其他条件不变，股票的流通筹码减少了，和企业买回之前相比，价值自然会提高。每股盈余会增加，股票对投资人更具吸引力。林奇解释："假定企业买回了半数的自家股票，整体盈余如果保持不变，则每股盈余将会翻倍。无论如何控制成本，或者是销售更多的产品，都很难达到这种效果。"

了解买进的理由

林奇采用了一个绝妙的方法，让自己了解买进股票的理由。他称之为"两分钟对白"，他解释："买进股票之前，我希望能够和自己进行两分钟的对白，确认我对该股票产生兴趣的理由，包括该企业必须实现什么，才能让投资成功，以及路上的阻挠。"每家企业的类型不同，对白的剧本也有变化。林奇提到了数个例子。我会讨论其中两个。一个是绩优股可口可乐。请记住，在各位阅读本节时，可口可乐当时的场景可能不复存在：

可口可乐的市盈率很低，股价已经盘整两年，公司通过数种方式改善运营。它卖掉了哥伦比亚电影公司的半数股权。低能量饮料的销售量取得了巨大的增长。去年，日本人的可乐消费量较前年增加了36%，西班牙的消费量则增加了26%。这是一种现象级的增长。海外销售情况普遍理想。发行了一次新股，使得可口可乐得以并购许多地区的经销商。现在，可口可乐能够更好地控制销售渠道，提升国内销售。因为这些因素，可口可乐可能优于人们的预期。

这涉及高深的技巧吗？当你强迫与自己或投资俱乐部进行两分钟对白，你也可以成为分析师。当然，你的知识可以挖掘得更深，不是两分钟能够说完的。拟定好的投资策略时，你必须充分运用你所有的知识。

林奇强调，两分钟对白的实打实的好处，是让你熟悉买进股票的理由。无论股价如何变化，你可以从企业的信息中拟定买卖决策，而不是依据市场——在所有的测量工具中，市场最为变幻无常。你买进可口可乐，理由是市盈率低、海外业务增长、对销售渠道有了更强的掌控力，那么，当你买进之后，即使股价下跌 10%，那又何妨呢？股价上涨 20% 呢？你或许同样不在意。买卖股票时，股价不应当是你唯一考虑的因素。股票背后代表的企业才是你决策的焦点。

从林奇身上学到的东西

林奇相信你可以运用已经拥有的知识，去寻找十倍飙涨股。一旦知道自己买进股票的理由，就知道如何处理股价波动。通过这种方式，林奇同时在成长型和价值型股票中寻找机会。其他重点包括：

√ 运用已经拥有的知识挑选股票。身为员工，你对于自家企业与所属产业的了解程度，超过了多数专业分析师。身为消费者，你会经常研究企业的产品和服务。运用这些知识进行投资。

√ 对企业进行分类。精确的分类并无必要，但是，你需要了解自己投资的企业属于哪种类型。它属于快速成长股、绩优股，还是转机股呢？随着时间的变化，企业所属的类别也会变动。

√ 完美企业：

· 业务易于理解。最好是白痴也能经营，因为，任何企业迟早都会遇上白痴型的经营者。

· 让人们绕道而行的乏味企业。或许企业经营的内容沉闷、丑陋，甚至恶心。更多的人喜欢投资最为时尚的互联网公司，而不是处理百货商店折扣券的公司。留意别人忽视的企业。

· 慢速成长行业里的快速成长者。如果所属行业停滞不前，效果更好，这样可以避免竞争。每个人都认为可以从硅谷的股票中赚钱，很少有人会认同殡葬业。

· 占有了有利可图的市场的企业。当企业拥有了独一无二的产品，或者控制了某个小型市场时，外人很难与之竞争。

- 人们需要持续购买的产品。可乐喝完了，怎么办？再买一些。一次性剃须刀用完了，怎么办？再买一些。稳定的业务最强大。
- 现金多而负债少。没有负债的企业不会倒闭。
- 相对于企业价值，在股价偏低时买进。可以通过几种方式来比较股价与企业的价值。例如市盈率或股价/账面价值比率。
- 企业管理层与员工买进自家股票。他们一旦成为股东，就会更加努力地工作，让企业成功。
- 企业买回自家股票。这说明企业对于自身前景有信心。企业买回自家股票，会导致在外流通的股票数量减少，从而提升了流通股票的价值。

√ 了解买进股票的理由。和自己进行两分钟对白，总结自己买入股票的理由。这会迫使你理解企业。当股票市场让企业的股价起伏不定时，你依然能够聚焦于企业的基本面信息。如果有疑惑，回顾自己当时买进股票的理由。

威廉·欧尼尔

威廉·欧尼尔广为人知。他创办了一家和《华尔街日报》在全美国分庭抗礼的《投资人经济日报》。欧尼尔在三十岁时，就用从股票交易中赚到的钱，买下了纽约证交所的一个席位。同时，他也建立了自己的位于洛杉矶的投资研究机构。

1988年，欧尼尔出版了《笑傲股市》一书，详细讲解了他的成长型投资方法。

通过 CAN SLIM 系统寻找成长型股票

在创建这个系统时，需要相当庞大的条件，系统的名字听起来有些古怪。每个字母都代表某种筛选条件的英文字头。欧尼尔强调，任何他看中的股票，都必须同时符合所有的筛选条件。如果在七项筛选条件中满足了四项，也难入欧尼尔的法眼。股票必须同时满足七项筛选条件，才能够成为赢家。这七项筛选条件是：

C：当季每股盈余加速增长

相比去年的同期水平，欧尼尔希望看到每股当季盈余的增长。他直截了当地写道："今天，在选择股票时，最重要的单一衡量标准，就是每股盈余的增长百分比。"盈余增长越快越好。但是，投资者也应当留意，不要被今年巨大的增速所误导。因为今年巨大的增速可能建立在去年微小的基数之上。"每股盈余由 1 美分增长至 10 美分，实现了 900% 的增长"，他写道，"这个数据显然扭曲了，不如从 0.5 美元增长到 1 美元那样更有意义。从 0.5 美元增长到 1 美元，实现了 100% 的增长。这个数字，不像从去年同期的超低基数增长 900% 那样夸张"。

A：年度每股盈余加速增长

这跟季度盈余的情况相似。欧尼尔希望看到最近五年的年度盈余持续增长。企业年度增长率至少达到 25%，最好是 50% 或 100%。欧尼尔提供了以下案例："一家成功运营的典型成长型企业，其最近五年的每股年度盈余看起来应当像 0.7 美元、1.15 美元、1.85 美元、2.8 美元与 4 美元。"当然，最好是来年的未来盈余也能继续增长。

N：某种足以驱动股价创新高的发展

关于这个筛选标准，欧尼尔的态度颇有弹性，但他希望看到某些对于企业未来发展有正面影响的新事物。他的公司曾研究了 1953 年至 1993 年之间表现最优异的股票，结果发现这些企业有 95% 当时曾经推出新产品或服务；或者在业内取得新的地位；或者迎来了新的管理团队。更重要的是，欧尼尔喜欢买进价格创新高的股票。股价之所以便宜，总有便宜的理由。

S：筹码供给少而需求高

价格是由供给和需求决定的，也包括股票的价格。如果有两只股票以同样的节奏上涨，但在外流通筹码不同，筹码较少的股票将会有更好的表现。为什么？因为可供买进的股票数量较少。欧尼尔举了一个例子，两只股票的在外流通股数分别为 1000 万股与 6000 万股。假定其他条件相同，筹码少的股票价格容易飙涨。

L：产业领导股

欧尼尔也谈到产业领导股，产业领导股的相对价格强度是最为强劲的。《投资人经济日报》每天都会刊载每只股票的相对价格强度，分数从 1 到 99。99 意味着最佳。欧尼尔用了一个有趣的容易记住的比方，"潜力股的相对价格强度就如同大联盟投手的快速球，大联盟投手的快速球，平均时速可以达到 86 英里。有些杰出的投手，时速甚至超过 90 英里"。所以，你必须寻找相对价格强度不低于 90 的股票。

I：有限的机构法人

股票必须依靠需求力量推升价格。机构法人是股票市场最主要的需求力量来源。比如说，共同基金、退休基金、银行、政府机构、保险与其他机构。这些法人机构的一次性交易量高达百万股，欧尼尔希望看到投资一只股票的法人机构不是很多。家数如果太多，代表该股票被过分持有了。在这种情形下，持有股票的众多机构一旦对新闻做出同样的反应，可能会抛售股票，导致股价下跌。

M：市场趋势向上

投资对象即使满足 CAN SLIM 的前六项条件，也不要在股市整体下跌时，就去建立一个大的股票投资组合。你挑选的股票之中，有75%会和市场大势一起涨跌。想要感受市场的方向，他建议每天观察市场指数，包括道琼斯工业指数、标普 500 指数、纳斯达克综合股价指数。《投资人经济日报》每天都会在一个独立页面，公布主要的市场指标。

忽略价值

相对于前面四位投资大师的教诲，欧尼尔的这项主张截然不同。欧尼尔相信股票市场上永远是一分价钱一分货。欧尼尔是典型的成长型投资者，完全忽略了市盈率，只考虑盈余加速成长。他建议："不要只因为市盈率低，就买入股票。股价便宜，通常都是有其道理的。在市场中，没有黄金法则，能够保证市盈率为 8 倍或 10 倍的股票，最终不会变成 4 倍或 5 倍。任何时候，价格都和其价值相符。"

CAN SLIM 的 N 指定候选股价必须创新高。这个概念显然违反消费者的常识。不论是汽车、房屋还是一双鞋，多数人都不希望用历来的最高价格购买。可是欧尼尔称此为股票市场最神奇的矛盾：那些看起来最贵，多数人认为最危险的股票，价格往往越走越高，而那些便宜货往往越来越便宜。欧尼尔在他的报纸上定期刊载股价创新高和新低的清单。这些资料显示，价格创新高者，行情通常比较有机会持续走高，价格创新低者，经常会继续下跌。

因此，欧尼尔总结道："当大多数的传统投资者认为股价过高时，我会大胆买进，等到价格持续大幅走高，这些投资者再也按捺不住，开始追价买进时，我就卖出股票。"

除了股价加速上扬之外，欧尼尔也会观察经营者的持股与企业的债务。关于这部分，他同意林奇的见解。经营者如果持有大量的股权，只承担微少的债务，就是好现象。对于负债，当然是越少越好。他写道："最近两三年内，企业负债相对于股权的百分率如果显著下降，这家企业就值得我们考虑。"

投资组合管理

欧尼尔在研讨会上说，要像零售企业一样管理你的投资组合。假定你正在贩卖毛绒玩具，随着圣诞节的临近，毛绒小牛的销售量超过了护林熊，销量的对比达到了 3∶1，你会选择哪种毛绒动物囤货，用来备战圣诞季？当然是小牛。因为它给了你最多的利润，将来也很可能如此。根据欧尼尔的观点，股票的投资组合也是如此，"首先，卖掉表现最差的股票，把表现最好的股票再持有一阵子"。这意味着投资不能向下摊平。换言之，你不该为了摊平成本，而在股价下跌时继续买进股票。

自动化买卖

如同格雷厄姆一样，欧尼尔喜欢采用自动化程序。他的 CAN SLIM

就是一种自动化投资程序。另一种是停损设定。对于买进股票的那些新钱，欧尼尔把这些新钱的停损设置在8%的位置。他特别强调只有新钱才适用这个停损设定。如果你持有的某只股票已经获利50%，即使股价回落10%，也没有必要停损，因为获利仍然有40%。唯有新钱适用于这项8%的停损规则。当亏损发生时，意味着你已处于不利的位置，按照欧尼尔的主张，对损失要加以限制。即使对于上涨部位的加码部分，当股价回落时，欧尼尔也强调要保住初始投资的资金。限制损失是明智的。因为股价一旦下跌，必定需要更大的涨幅才能弥补亏损。举例来说，股价如果下跌了33%，随后，资金必须上涨50%才能复原。欧尼尔写道："成为股市赢家的全部秘密，在于你判断错误时，竭尽所能地限制损失。"

不要再数火鸡了

这是欧尼尔的最佳范例之一。当股票发生损失之后，人们往往期望能够扳平亏损，拿回本钱。欧尼尔举了一个"老人与火鸡陷阱"的例子，提醒投资者这种期望拿回本钱的做法是错误的。

有个老人，他设了一个捕捉火鸡的机关陷阱。他找来一个大盒子，并用一根树枝支撑着这个盒子。野生火鸡会顺着玉米粒诱饵钻到这个盒子下方。等到够多的火鸡进到里面，老人会拉动拴在树枝上的绳子。这样，盒子会把火鸡扣在里面。老人的目标是捕捉最多的火鸡。

有一天，老人发现盒子下面有12只火鸡。有一只溜出去了，里面剩下11只。"天啊，等到盒子下面有12只火鸡时，我就会拉绳子的。"老人说。"我再等一分钟，也许一只火鸡会进来。"

但是，当他等待第12只火鸡进来的时候，两只火鸡又溜了。"有11只火鸡就够了，我应当满足的，"老人说。"再来一只，我就拉绳子。"但是火鸡不停地溜走。老人难以放弃执念，总是希望捕捉到先前数量的火鸡。最后，只剩下一只火鸡了。老人说："我再等等，或者让它溜走，或者再等来一只火鸡。然后，我就收手。"最后一只火鸡也溜走了。老人最后两手空空。

欧尼尔描述的这位老人的心态，与一般投资人的心理活动非常相似。

欧尼尔坚决反对向下摊平（亏损加码），却主张向上加码（盈利加仓），这就是金字塔式加码。欧尼尔从杰西·利弗莫尔的《股票大作手回忆录》一书中，学到了这种操作手法。当股票处于盈利状态时，这个简洁的计划能够调动更多的资金，去买进更多数量的股票。这与判断错误时截断损失的做法恰恰相反。当你判断正确时，金字塔加码可以扩大你的获利。这正是利弗莫尔的本意。欧尼尔回忆说："杰西传授给我一个道理：交易的目标不是证明自己正确，而是在判断正确时，能够赚到最多的钱。"我想，金字塔加码也适用于火鸡的故事，你可以建议那位老人在火鸡最常出没的地方，多设几个陷阱。

在研究了他的成功和失败之后，欧尼尔设计了一个管理盈利和亏损的自动化程序，应用于牛市：

√ 在上升趋势中，当股价经过盘整之后开始创出新高时，在这个枢纽点买进。欧尼尔把这个横向波动的区域称为整固期。

√ 从买入点算起，股价如果下跌8%，就应该认赔卖出。

√ 股价如果上涨，在涨幅达到5%之前，可以考虑加码买进。举例来说，如果你以50美元的价格买进一只股票，当它涨到51美元时，欧尼尔建议加码。可是，当股价涨到52.5美元时，你就不能加码了，因为涨幅已经达到5%。

√ 股价涨幅达到20%，应该卖出。

√ 股价在不到8个礼拜里上涨了20%，就继续持有到满8个礼拜为止。到期之后，再分析股票，看看你是否认为它会涨得更高。

集中投资、分批进出场、追踪赢家

欧尼尔发现，多数人只擅长做少数几件事。因此，欧尼尔相信，由少数股票构成的集中组合，胜过分散投资。他说，如果你造访的牙医也是兼职工程师、作曲家与汽车技师，请问你信任这样的牙医吗？欧尼尔认为，分散投资就是对你的力量的稀释。他写道："最佳的结果就是集中力量做投资，把所有的鸡蛋放在你最了解的少数篮子里，然后持续地、非常谨慎地照看它们。"他强调："投资赢家的目标是创造一次或两次大赢，而不是数十次的微小赢利。"

对于股票的进场和离场，最好分成数次进行。欧尼尔表示，许多人在动用他们的钱时，总是犹豫不决。为了克服这种犹豫，他建议分批进场和出场。如果你拥有一只心仪的股票，现在它开始下跌，不妨先卖掉一部分。随后，如果股价反弹，还好。因为你还持有一部分股票，能够挽回损失。就像所有的保险单一样，你未必会动用它。欧尼尔问研讨会的听众："你买了汽车保险，如果一年之内没有发生理赔事件，你是否会生气？当然不会！"同样，卖掉了部分亏损仓位之后，最后股价却回升了，这也不应该生气。不妨想想，如果你没有先卖掉一些部位，股价却继续下跌，你的情况会有多糟糕。

人类的本性会魅惑你，让你在股价下跌时买进更多的股票。为了战胜这个倾向，欧尼尔建议采用不同的方式做记录。在每个期间结束时，按照股票相对于前一评估期间的绩效表现，进行排序。"假定你的 Tektronix 股票下跌了 8%，Exxon 股票持平，Polaroid 股票却上涨了 10%，那么，在我们的排列顺序上，Polaroid 领先，其后为 Exxon 和 Tektronix。"对你的投资组合进行这样的排序，经过几个期间之后，你就能看到哪些股票在拖后腿。欧尼尔的意图是迫使你忽略持股成本，并把注意力聚焦在股票的绩效上。他写道："清除'买入价格的偏见'是有利可图、富有回报的。如果你认为是否离场取决于你的买进成本价，你坚持拿着那些股价下跌的股票，说明你不愿承认当初的鲁莽决策导致亏钱的事实。这样的决策程序，正好与你经营事业的做法背道而驰。"

从欧尼尔身上学到的东西

威廉·欧尼尔相信，盈余加速成长的重要性远远胜过股价便宜与否。他主张在短期内分批买卖，如果产生了轻度的亏损，就及时认赔，对于正在赚钱的股票要加码投资。他是不折不扣的成长型投资人。其他重点是：

√ 运用 CAN SLIM 系统，寻找成长型股票。CAN SLIM 是七个词汇的首字母缩写。这七个字母，揭示了优秀投资的 7 个必备条件：
- · C：当季每股盈余加速增长
- · A：年度每股盈余加速增长
- · N：某种足以驱动股价创新高的发展
- · S：筹码供给少而需求高
- · L：产业领导股
- · I：有限的机构法人
- · M：市场趋势向上

√ 忽略价值。市盈率偏低，意味着股价便宜是有理由的，何况便宜的股票也可能一直下跌。

√ 寻找那些管理团队持股比例高、债务低的企业。

√ 投资人应该买进股价创出新高的股票。这点与消费者的行为模式相反。股价看起来过高的股票，往往会继续上涨。股价看起来便宜的股票，往往会继续下跌。

√ 管理投资组合，就像经营零售商店一样。淘汰那些不受欢迎的商品，补充更多的热销商品。对于股票来说，卖掉让你赔钱的股票，保留让你赚钱的股票。

√ 投资策略的自动化：停损设定为8%；在价格上涨超过买进价的5%之前，继续加码。

√ 集中投资于少数好股票。不要分散投资于平庸的股票。

√ 分批进场，分批出场。

√ 为了克服"在股价下跌时,买进更多股票"的诱惑,按照某个
期间的股票绩效进行排序。追踪一段时间,卖掉输家股票,追
加赢家股票。

比尔·米勒

比尔·米勒在 1982 年到 2012 年,管理莱格梅森价值信托基金。他在 1991 年到 2005 年期间,连续 15 年击败标普 500 指数,并因此而声名鹊起。这段时间里,该价值信托基金的年度报酬平均为 16.4%,而标普 500 指数只有 11.5%。2006 年年底,使用滚动 12 个月基准来比较,他的基金在 72% 的时间里,击败了标普 500 指数。使用滚动五年期基准来比较,他的基金在 100% 的时间里,完全击败了标普 500 指数。

可是,从 2006 年到 2012 年,该基金的年均收益率是-7.4%,而标普 500 指数的年均收益率为 2.2%。米勒的勇敢投资风格,让他猛力地闯入了 2008 年的金融风暴。从 2007 年 10 月到 2008 年 11 月,标普 500 指数下跌了 49%,而价值信托基金暴跌了 72%。造成这种局面的罪魁祸首是金融类股,价值信托基金持有 AIG、贝尔斯登与房地美的股票。在这惨不忍睹的 13 个月里,AIG 股价下跌 98%,贝尔斯登则彻底消失了,虽然纽约联储准备银行试图提供紧急解困贷款,但该公司最终还是以每股 10 美元的价格卖给了摩根大通,房地美的股价暴跌了 99%。

既然如此,我为何还推崇米勒为投资大师呢?因为每个人都会犯错,米勒在漫长的投资旅程中经过的高峰与低谷,可以作为投资人的借鉴。对困厄时期进行研究,比平顺时期往往收获更多。2012 年 2 月,米勒通过电话跟我分享从次贷危机中学到的教训,我在稍后会与大家分享。最后,哪怕把这段崩盘期的困乏绩效包括在内,米勒的信托基金在 1990 年 11 月 30 日至 2010 年 10 月 31 日之间,年度绩效仍然领先于标普 500 指数 1%。在该信托基金,米勒担任唯一投资组合的基金经理长

达 20 余年。

由于米勒得以成名的基金，称为价值信托基金，你可能认为米勒是价值型投资人，致力于寻找低市盈率、低价格/账面价值比率以及其他主流的价值型投资工具。可是，在寻找让米勒着迷的值得深入研究的企业时，这些并不是他唯一的考量。

在 2008 年，比尔·米勒改进了自己的方法，让我们看看他是如何连续 15 年打败市场的，以及经济衰退是如何发生的。

向前看，重新界定价值

投资显然是向前展望的活动，可是，并非每个人都会向前看。很多价值型投资人只是通过股票的历史数据，来比较当前股价是否便宜。

举例来说，某股票在过去至少十年里的市盈率是 20 倍，目前市盈率是 15 倍，所以，从历史来看，目前的股价相对便宜。米勒会说："那又怎样呢？"除非他能预估该企业的未来表现，从而判断目前的股价是便宜的，否则，他就没有兴趣。股价低意味着或许会有麻烦。市盈率偏低，或许就是这种糟糕局面的印证。反之，如果公司迎来复苏，盈余成长速度超过市场预期，那么，米勒可能会同意该公司的股价便宜。这才是米勒选股的方式，关键还是向前看。

换位思考，你就会理解这其中的原因。米勒有时候会持有其他价值型投资人避之唯恐不及的股票。

20 世纪 90 年代中期，大多数价值型投资人都在寻找景气循环股的投资机会，例如钢铁、水泥、造纸、铝材等。这些股票几乎都被打趴在地，当时的市盈率和价格/账面价值比率都跌出了经典的低值。

可是，米勒却持有大量的科技股票。例如：亚马逊与戴尔电脑。他认为，考虑到未来的强劲成长潜能与高额的资本回报，这些股票的价格和价值相比，明显被低估了，所以更值得投资。他是正确的，结果甚至超过了他的预期。他通过便宜价买进的科技股票在 20 世纪 90 年代末期开始飙涨，从 1997 年 6 月到 1999 年 4 月，亚马逊的股价上涨了 6600%。从 1995 年初到 2000 年初，戴尔电脑的股价上涨了 7000%。

几年后，《钱精杂志》刊载了一篇讨论价值投资历史的文章，描述了米勒在 1998 年持有飙涨的戴尔电脑的行为——"背叛了价值投资，就如同歌手鲍勃·戴伦改用电子乐器一样"。

1999 年 11 月，《巴伦周刊》刊载了米勒写的一篇文章，叫作《亚马逊的诱惑：著名价值型投资人爱上非营利股票的理由》。他在文章里表示："没错，使用传统的评估方法，一些最为出色的科技公司的确没有多少吸引力，但这只凸显了这些价值评估方法有弱点，而不是这些企业的基本风险回报关系有问题。我们如果更懂得价值评估，就应该持有微软与思科系统。微软自从上市以来，股价在每个礼拜平均上涨 1%。一家企业的价值，如果在开始没有被低估，就不可能在十多年里，每年都有优异的表现。"

他又指出，比较股价与过去的盈余、账面价值或现金流量，你无法找出价值被低估的股票。反之，股价需要和"企业未来将要创造的自由现金流量"比较。这也是沃伦·巴菲特确定便宜价格的方式。

这种方式始终是米勒投资风格的标志，2003 年 2 月接受《巴伦杂志》的采访时，他通过一个短语——"价值幻觉"，来形容特定的股票。这些股票通过传统的衡量标准观察，股价显得偏高，但从光明的前景观察，股价实在是便宜。他又提到股价平均每星期上涨 1% 的微软，另外也提到了沃尔玛。"这些股票从挂牌以来就显得价格昂贵"，他说，"另外，沃尔玛上市时的市盈率为 20 多倍，但是如果你当时买进沃尔玛，股价也是涨了几十倍"。如果理解了微软和沃尔玛的未来成长潜力，它们当然也属于便宜股票。

2006 年第四季度，在写给股东的信函里，米勒表示："我们知道，真正的价值投资，需要理解最佳价值的定义。不能认定股价高就不是便宜股票，或者认定股价下跌，市盈率低就是便宜。"他指出："价值型基金通常会持有低市盈率、低价格/账面价值比率、低价格/现金流量比率的股票，成长型基金则刚刚相反。实际上，问题不在于成长和价值，而是最佳价值在哪里。"市盈率低的股票，未必是有投资价值的股票。

　　米勒在 20 世纪 90 年代投资高科技股票，并非侥幸的成功。2005 年 5 月，在纽约曼哈顿举行的研讨会上，他告诉听众："这些企业的核心部分，我是指'全部的这些企业'——谷歌、雅虎、亚马逊、eBay 等，乃至于比较次要的 IAC/Interactive，在于它们只需要极少的边际资本就能创造大量的自由现金流量。而且，其现行的经营模式能够维持 100% 以上的资本报酬。"

　　有一位参会者问米勒，为何喜欢价格看起来很贵的谷歌。米勒回答："为什么不喜欢呢？它的净利率很高，成长极快。管理团队才华横溢。而且，谷歌正处于媒体长线上涨趋势的汇集点……目前谷歌所采用的正是传统的媒体网络电视模型——也就是，我们传送节目给观众，由于获得了广告商的赞助，所以，观众就不必付费。谷歌已经采用这种模式，开始传送内容……我是指 Gmail 之类的实际产品——可能还会有操作系统和应用软件。"

　　要想找到真正的便宜货，关键是向前看，不是向后看。2006 年 7 月，米勒参加了由芝加哥 CFA 协会主办的 50 周年财务分析师讲座——与投资大师对话。讲稿刊载于 2006 年 8 月出版的《杰出投资者文摘》。

　　向前看，而不是向后看，米勒告诉主持人："有人说，玩具翻斗城的历史市盈率是 X 倍，现在是 X 的 0.8 倍，所以这里有一个投资机会。或者，看看这些 50 多年前的药厂。它们的股价和以前相比，很便宜，所以，它们是好的价值投资品。问题在于，在大多数的价值投资陷阱里，这些企业的基本经济面都已经恶化。市场逐步降低了这些企业的估值，以反映它们基本经济面的恶化。所以，我们始终聚焦的是，在本质上，未来的资本报酬率将如何，而不是过去的资本报酬曾经如何。我们对未来资本报酬的最佳推测是什么？企业管理者如何配置资本于各种动态变化的竞争形势中？这样，通过对未来的判断，我们得以避开那些价值陷阱。"

　　因此，米勒的投资组合里包含各种股票，所有的股票只有一个共同点，就是具备了米勒定义的良好投资价值。对于旁观者而言，这些股票看起来迥然不同，对常规的评估标准构成了极大的挑战。这究竟是价值型投资，还是成长型投资呢？答案不重要，重点是相对于这些股票的未来表现，这些股票是以低廉的价格买进的。

2006年第四季度，米勒在写给股东的信函里提道："当人们观察我们的投资组合时，看到谷歌之类的高市盈率股票，还有花旗之类的低市盈率股票。两类不同的股票竟然放在一起，有人难免对我们的价值定义产生怀疑，他们以为市盈率或价格/账面价值比率就是价值评估的全部。其实，价值评估本身就充满了不确定性，因为价值评估涉及到未来。我经常提醒分析师，你们拥有的企业资讯，百分之百地代表着过去。价值评估则百分之百地取决于未来。"

销售的未来自由现金流量

如果必须采用单一衡量标准对"便宜股票"进行定义，米勒会选择未来自由现金流量的一个便宜的当前数值。对于他来说，这项衡量标准具备一切，显然胜过了市盈率、价格/账面价值比率或其他衡量标准。能够按照便宜的价格购买未来自由现金流量，那你就找到便宜股票了。

让我们来看看他为何要采用这种处理方式。

净利是企业支付所有账单、税金、利息费用等之后的剩余资产。自由现金流量则是净利扣减资本支出之后的剩余现金。所谓的资本支出是指采购新设备、建筑、土地改良物等的支出。因此，自由现金流量就是已经扣减了所有费用和支出之后保留在银行账户中的现金，可以自由运用于其他用途。这种进入银行账户的稳定现金流量，就是自由现金流量。

2003年2月，米勒告诉《巴伦杂志》："自由现金流量是我们强调的最重要的衡量标准之一，包括自由现金流量的生产能力与其收益率。自由现金流量的收益率就是将每股自由现金流量除以股价。"举例来说，股价如果是30美元，今年预期的每股自由现金流量为3美元，自由现金流量的收益率为10%。

自由现金流量如果相同，价格便宜的股票的收益率相对较高。假定自由现金流量为 3 美元，股价只有 20 美元，自由现金流量的收益率将是吸引眼球的 15%。就是 3 美元除以 20 美元。股价如果是 50 美元，自由现金流量的收益率就是稍为逊色的 6%。

2001 年 4 月，米勒告诉《巴伦杂志》："等到催化因素变得明朗时，股价就已经反映了。对我们来说，最主要的催化因素就是便宜的股价。我们程序的关键，就是试图用折扣价买进企业的内含价值。内含价值理论上也是未来自由现金流量的现值……我们寻找那些在统计上显示便宜的东西……理想的情形是，我们期望相关企业也是产业的领导者。在资本回报上，这类企业的盈利能力长期处于平均水平之上，或者有着极好的长线盈利能力。而这些潜质因为宏观经济因素、产业因素、企业本身的因素，在当前暂时难以发挥，或者只是因为事业不成熟。"

特立独行

米勒的成功清晰可见。他行事与众不同，敢于跟群众对抗。在投资领域，这种特立独立的人士被称为反向操作者。他的投资方式与多数人的做法截然相反。他的思考方式不同，观察角度不同，推导结论也不同，绩效也因此更为出色。

真正的反向操作者

很有趣的是，很多人都宣称自己是反向操作者。根据反向操作者的定义，这并不成立。绝大多数的价值型投资基金经理人都会宣称，他们正在寻找那些"别人忽视"的便宜股票。然而，他们建立的那些理想的投资组合，实际上与他人并没有多大差异。

米勒并非其中之一。他是真正的反向操作者。有时候他甚至反对自己的分析结论。他说："多数基金经理持有他们喜欢的股票，我们却持有让我们痛恨的股票。"

大多数投资人过分重视短期影响，对激动人心的事件反应过度，高估了那些广泛流传的新闻报道的重要性。通过这种机会，米勒试图找到那些被犯错的投资人过度抛售的股票。这也是他频繁持有他自己和他人都痛恨的股票的原因。例如，当大家普遍认为亚马逊永远只能赚取薄利时，他就持有亚马逊的股票。

米勒在 2006 年第四季度写给股东的信函里写道："我们试图在讲究短期的世界里进行长期投资。虽然与主流论调保持一致更为舒适一些，可是我们却扮演了反向操作者的角色，我们可能备受争议，可能犯错，但是，也能帮助我们超越对手。当我买进某只涉及丑闻的股票时，有位客户恼怒地质问我：'你难道没有看报纸吗?'如同我提醒分析师的，等到报纸刊登了这条新闻时，价格已经反映出来了。"

米勒认为，竞争优势有三种不同的类型：分析优势、资讯优势、行为优势。

资讯相同，你却能使用不同寻常的研究方法，得到不同的结论，你就建立了分析优势。如上文所述，米勒最明显的分析优势，就是他对价值进行了重新定义。2006 年第三季度，他在写给股东的信函里表示："股票市场最重要的问题，永远是行情反映了什么？市场有哪些预期？我们又有怎样的不同预期？"

当你获知了某些别人并不知道的重大消息时，你就拥有了资讯优势。这类信息很难获取，因为内线消息是非法的，监管机构对此有着严格规定。可是，有些合法的资讯优势依然存在。比如说，你能够观察别人无法观察的东西，接触别人无法接触的人，或者遇到某个幸运事件。例如，你在机场无意听到某个药厂老板打电话，得知某种新药已经通过了 FDA 核准，能够上市了。不要笑，这种事情确实可能发生，需要留意才对。

行为金融学

如果你对人类行为有着过人的理解力，你就建立了行为优势，并且通过这种理解力，去解释股价的波动。米勒对于行为优势最感兴趣，因为行为优势最为持久。

2012 年 2 月，米勒对我表示："行为金融学、决策理论与认知心理学的发现，是投资人能够获取的最重要的工具，能够帮助投资人理解并解释市场行为，提升了投资人的洞察力，能够发现那些创造超额报酬的重复形态。技巧是双重的:既需要识别这类偏差,又能够把握时机获利。这两类技巧的难度都不小,尤其是后者。有时候,你明明知道某件事情注定会出现,但是它的出现时间却远远超出你的预期,因此,你必须忍受很多痛苦,耐心等待。"

在 2006 年 9 月致股东的信函里,米勒写道:"除非众人能够改变心理模式,如果无法改变,我们就可以通过前景理论赚到钱。"本书无意深入披露行为金融学,不过,有必要探讨前景理论——它揭示了人类痛恨亏损的程度是喜爱获利的两倍。

丹尼尔·卡尼曼与阿莫·斯特沃斯基在 1979 年发表的研究报告显示,人们可以同时受到保险和赌博活动的吸引,他们在寻找原因时,发现了相当有趣的现象,毕竟保险和赌博看起来是彼此冲突的。

受试者被告知,从两种前景中,挑选其中之一:

前景一:100%的机会产生 3000 美元的损失。

前景二:80%的机会产生 4000 美元的损失,20%的机会毫发无损。

请问你会挑选哪个?根据研究显示,92%的人挑选前景二。毫无损失的情形难以产生,却有足够的吸引力,让人们乐意承担更多的亏损风险。

接下来,受试者需要在两种前景之间做出选择。

前景一:100%的机会,能够获得 3000 美元。

前景二:80%的机会,能够获得 4000 美元,但 20%的机会一无所获。

你会选择哪一种前景呢?研究显示,80%的受试者选择了前景一。一定要获得某物的保障感,和"获得更多"相比,其吸引力更大。实际上,前景二能让你获得更多。

当收益受到威胁时,人们痛恨风险。当亏损得到阻止的话,人们就喜爱风险。人类真是奇怪的生物。当获利概率对我们有利时,我们还不够勇敢。甚至面对很低的风险,我们也会露怯,不愿意承担轻微的风险。这就是卡尼曼和特沃斯基的前景理论的简洁版本,也是行为金融学的一个原则。米勒认为这种观点非常实用。

在 2006 年 9 月写给股东的信函里，米勒说："人们过度厌恶风险，因此，风险性商品经常产生系统性的定价错误。亏损是痛苦的，在金融事件中，亏损造成的痛苦程度大约是获利快感的两倍。因此，一般来说，只有当报酬/风险比率达到 2 : 1，人们才愿意承担风险。可是，即便是微小的优势，经过长期持续的积累，也足以创造财富，这也是赌场赚钱的方法。当价格上涨时，人们更倾向于看涨后市；价格下跌时，人们更倾向于看跌后市。他们过于重视当前趋势，却经常忽略更为长期的影响。事件越激烈，投资者的情绪反应就越大，甚至与这类事件的发生概率无法保持一致。对于信念影响行为的这类特质，如果能够系统地整合在投资程序中，就是可以利用的工具。"

米勒还喜欢行为金融学里的另一个概念——"短视的亏损规避"。芝加哥大学的理查德·泰勒试图通过这个概念，解释股票溢价的谜题。扣除通货膨胀之后，股票的回报率每年平均为 7%，债券不到 1%。谜题是：从长期看，既然股票的报酬率明显超过了债券，为什么长期投资人却选择债券呢？

泰勒解释说，因为投资人普遍"近视"，把注意力集中在短期。同时，我们在天性上厌恶风险。这样，你就理解了人们为什么持有长线表现欠佳的投资，因为它的短期表现更为稳定。短期稳定性造成了安全错觉，实际上，却隐含了更高的长期风险。

在 1995 年 3 月申报的 N-30D 材料里，米勒写道：

越是短期导向的人，近视程度越严重，对于亏损风险的反应越强烈……

人们对于股票风险的感知，可以从他们观察投资组合的频率看得出来。观察市况越多，犯错的可能性越大。"一无所知，反蒙祝福，如若精明，不如守拙。"数百年前，吟游诗人这样唱道。他们当时就懂得不要近视，不要把注意力放在短期，足足比教授们领先了数个世纪。

　　假定你在礼拜一买进一只股票。在礼拜二，你的注意力完全放在 O. J. 辛普森的审判案上，结果忽略了这只股票的坏消息。礼拜三，股价反弹，收盘价甚至高于你的买入价。礼拜二，你如果紧盯着 CNN 的财经新闻，听到股票的坏消息，又看到股价下跌，你可能会因为听到了新闻，就想迅速认赔卖掉股票，特别是这类新闻刺激了股价，推动股价下跌时。如果你忽略了这类新闻，直到礼拜三才了解了新闻内容，当时价格已经反弹，你很可能不会卖掉股票。公司的基本面与之前相同，你的操作结果却不一样。

　　这就是典型的"短视的亏损规避"现象。再举个例子，假设你持有 IBM 的股票。在今天的纽约盘，IBM 上涨了两个点，正在看盘的你就会感到淡定，就算昨夜东京盘出现了下跌，你也不会感到担心。可是，如果 IBM 的股价在今天的纽约盘出现了下跌，正在看盘的你就会感到焦虑，即使昨夜东京盘时段 IBM 已经上涨了两个点，也无法让你平静下来。

　　泰勒认为，对于多数投资人来说，适当的建议就是"按兵不动，稳坐如山"。

　　我们的价值信托基金的投资方法，就是通过其他投资人的短视亏损规避现象，来创造长期的效益。对于打算投资的股票，我们会评估其内含的经济价值，然后设法按照便宜的价格买进。当市场人气旺盛，好消息不断，投资人十分乐观时，股价不会便宜的。我们的研究成果显示，当市场与新闻媒体认定股票的前景展望极其渺茫时，往往就是我们的理想进场时机。当你看到新闻媒体正在大肆渲染那些短期的最佳买进机会时，我们通常就会卖出。

资金管理

　　米勒相信"因子分散"，他既持有高市盈率的股票，也持有低市盈率的股票。他认为，这是一种优势，因为"持有这些股票的理由都是相同的，那就是市场定价出现了错误"。有时候，成长因子受到热捧，有时候价值因子更受青睐。同时持有不同因子的股票，就能缓和投资组合的波动。

至于集中性和分散性的投资组合理论，米勒不认为存在本质上的优势。这完全取决于个人的理解。他在 2006 年第四季度致股东的信函中写道："如果我考虑买进 3 只股价都是 10 美元的股票，我认为其中两只股票的价值是 15 美元，最后一只股票的价值是 50 美元，那么我会集中火力买进最后一只股票，因为分散投资于 3 只股票，将导致期望报酬率下降。可是，如果我认为 3 只股票的价值都是 15 美元，我就会买进 3 只股票，通过分散化投资来降低风险。"

米勒对他看中的企业进行了深入彻底的研究，而且相信自己的结论，所以，他会趁着股价下跌时，继续买进更多的股票。他通常不会一次性就投入全部资金买进股票。他说，第一次买进股票之后，他希望股价立马下跌，最好迅速发生大幅的暴跌，因为价格迅速下跌之后，他就买进股票，摊平股票的成本价。他不希望股价在两年之后才会下跌。

米勒有一句名言："平均成本最低的投资者是赢家。"2003 年 2 月，他告诉《巴伦杂志》："我们很少追买股票，而是在买进股票之后，如果股价出现了下跌，还会继续买进更多的股票。逢低买进是我们一贯的操作手法。"

2008 年经济衰退的反思

价值信托基金在 2008 年遭遇了 55% 的亏损，米勒随后就调整了投资组合，不再聚集在部分领域集中下注，例如，他不再局限于金融股与高科技股等少数股票，而是进行了更为广泛的投资，兼顾股息与自由现金流量。

他在 2009 年 1 月的评论中写道："过去的四分之一世纪以来，我们一直投资于银行股和其他金融股。1990 年发生了金融危机，我们把募集的新资本投入到这类股票，结果整体表现相当理想。在本次金融危机中，我们也将一部分私人资本投入到金融股，结果证明对于你我都是一场灾难。如果我们是典型的投资人，现在就很难动用私人资本买进银行股,除非政府政策朝着有利于资本的方向做出改革。"

作为基金的掌舵人,他的立场十分坚定:

我对于新政府深具信心,内阁成员都具备了第一流的财经素养,再加上美联储的配合,相信能够迅速拟定稳定金融体系的政策,并让市场信用流量迅速恢复。

虽然起步艰难,对于股票投资人来说,我相信今年将是十分美好的一年。去年是美国(以及大多数其他国家)股票市场自20世纪30年代以来表现最差的年份。悲观阴暗的气氛随处可见。短线交易取代了长期投资,一般认为,经济状况会在今年下半年复苏,但这事能不能发生,当然没人知道。可是,我认为企业迟早会恢复成长,届时股价将涨至更高。价值导向的策略在12月与1月初表现抢眼,这种发展也符合市场预期。金融股与整体市场在过去的两个礼拜出现了下跌,中断了前述涨势。标普500指数正处于最为糟糕的开年水准。恐怖气氛再度迅速弥漫。

可是,这些都会成为过去。

目前的市场价值偏低,按照米勒的预期,绩效将会提升:

第四季度,我们基金增添了15项新的投资。目前各产业的风险暴露程度相当平均,这也是多年来首次发生的现象。具有投资价值的股票俯拾可得。我们相信今年可以进行更为广泛的分散投资,同时,也不会牺牲未来的报酬潜能。按照我的观点,基金目前持有的投资组合呈现出前所未有的长线机遇,整体素质也提升到史无前例的高度。而金融股市值占整体市值的比例,目前不足10%,这也是1992年以来首度发生的现象。现在是买进金融股的大好时机。这也是我的投资生涯里最好的投资时机。股价没法更便宜了。我们会继续寻找财务健全、股利大幅增长、在产业里居于领导地位的股票。它们正处于最近5到10年的低价区，而企业估值也是历史的低值。我们相信，未来5年到10年，这个投资组合的表现应该很好。

回顾经济复苏

米勒是对的。次贷危机毕竟还是过去了。各种价值投资的机会，也确实创造了买进好股票的大好时机。投资绩效令人满意。2012年2月，当米勒和我通过电子邮件和电话沟通时，标普500指数已经从早先的低点翻涨数倍。他写出上述评论后不久，标普500指数的低点就出现了。

回顾2008年到2009年的崩盘，我向米勒请教，在管理投资组合时，停损是否应该扮演重要角色。他说停损只是管理风险的方法之一，有时有效，有时无效。他的团队总结教训并得出了一项结论：时间止损的效果应该优于价格止损。"如果某项投资在两三年内未见成效，就应该结束部位，另外寻找机会。"他依然主张买进价格大跌的好股票。"我仍然相信，对于一般的长期投资来说，平均成本最低的投资者是赢家。"

他认为，普通股投资的最为无效的建议，就是"编造故事来解释特定的价格行为，这种讲故事的做法，也被称为'叙事谬误'。当某些事件或者行为发生时，我们就会编造故事进行解释。故事永远跟在价格后面。"其实，价格才是真正的故事。

实在太不幸了，当代投资中弥漫着噪音与短线理念。高频交易大概占据了近70%的交易量，这些都跟企业的基本面无关。对冲基金是市场的一个重要组成部分，基金客户大多抱着短线心态。显然不同于15年前的一般机构和个人投资者。每周7天，每天24小时的新闻传播，再加上倡导短线交易的CNBC之类的节目，都放大了噪音。所以，现在的市场环境，已经日益困难了，不仅是当日交易，甚至是年度交易，都面临着挑战。

虽然米勒没有提及，但是我应该补充一点——这类编造的故事通常有害无益。当价格下跌时，媒体就会编造出大崩盘的艰难世事，从而激发大众的恐惧情绪；当价格上涨时，又会编造牛市暴富的故事，刺激大众的贪婪情绪。对于投资人来说，真正重要的事情是价格本身，也就是投资人需要在崩盘之后买进股票，飙涨后卖出股票。我们早先见识过这种理念。沃伦·巴菲特说："在别人贪婪时，我们要恐惧，在别人恐惧时，我们要贪婪。"

我向米勒请教，在现代市场中，价值的基本面衡量标准仍然有效吗？未来自由现金流量的现值还属于价值的最佳衡量标准吗？他的回答毫不含糊："未来现金流量的现值，是衡量价值的唯一正确标准。"可是，他承认这项数据很难精确评估，对于短线交易也不切实际。正因为不易操作，人们才会"通过五花八门的方法，试图预测证券价格的走势"。虽说如此，"自由现金流量的收益率依然是超额报酬的最佳预测工具"。

我说："假设我们一起通过股票筛选器，寻找一些股票深入研究。你会使用哪些筛选条件？"他说："我可能会综合使用以下变量：高自由现金流量的收益率、根据预估一年盈余计算的市盈率、超过市场水准的股息收益率、超过市场水准的股息成长率、超过市场水准的股权报酬率。"稍后他又补充："就任何因素与风格而言，自由现金流量与企业回购自家股票，此两者是市场超额报酬的最佳预测工具。就这两项基准而言，排序处于股市前10%的那些企业，其股价表现比大盘指数年均超出大约1200个基点，是市场中影响力最大的计量因子。"

基点是绩效差异的计量单位，主要用来避免其他累赘的表达方式。以0.02%为例，就可以说成"两个基点"。很多投资人已经习惯了基点的表达方式，对于较大的百分率，也用基点来表达。对于米勒描述的情况，涉及的算术很简单。1%就有100个基点。所以，米勒说的1200个基点，就是相当可观的12%的年度绩效优势。在本章前文，彼得·林奇也强调了企业买回自家股票的重要性，本书下一章将更为深入地予以探讨。

米勒和他的团队在总结次贷危机时，获得的主要启示是：某板块的价值评估一旦达到历史评估区间的最低十分位时，接下来将有非凡的绩效表现。根据这项发现，他们创造了一项新法则："当某板块的历史评估参数一旦落到最低十分位时，该板块在投资组合中所占的权重至少必须达到平均水准。"低价股板块最终会成为高价股板块。所以，为了避免被打压股价的利空消息吓跑，凡是处于最低价的十分位的板块，都将自动标记为"必须持有"的板块。历史显示，不必理会该板块的抛售原因，只要价值达到最低价的十分位水准，就是买进的时机。

可是，对于历史评估参数，米勒和他的团队是怎样定义的呢？"我们将使用所有主要的评估因子，例如，市盈率、价格/账面价值比率、价格/现金流量比率、股息收益率，等等，然后针对每种板块，观察哪种因子是其未来绩效的最佳预测工具。举例来说，金融股比较适合选用价格/有形账面价值比率，科技股适合选用自由现金流量收益率。"通过主要衡量标准，评估所有市场板块的当前价值，然后，按照从上到下的次序，编制出十分位表格，这样就能迅速观察并得出结论。"以预测较长期绩效的最佳衡量标准为例，当它显示某板块已经下落至最低十分位，我们就买进。"

他对行为金融学上的一种现象提出警告，也就是理查德·泰勒说的"禀赋效应"。和尚未买进的股票相比，投资者对于已经持有的股票容易心生好感，更为包容。出于风险厌恶，我们对于已经持有的股票产生了忠诚感，并因此心怀期望，持股过久。一家公司从行为金融学的角度，对米勒团队的投资组合进行了分析，并发现了禀赋效应的证据。通过这方面的研究，米勒发现"禀赋效应的确使我们遭受了更大的损失。如果我们采用纯粹的时间停损——三年之内，股票如果表现不佳，就结束部位——就能让我们避免很多不必要的失败。"

从米勒身上学到的东西

比尔·米勒把当前股价与企业的未来前景进行比较，用来判断股价是否便宜。他并非仅仅依靠过往的历史数据判断股价是否便宜。这使他不同于传统的价值型投资人。他是反向操作者，与大众背道而驰，经常买进那些因为误解而招致痛恨的股票，或者买进那些被恐惧情绪遮蔽了巨大投资机遇的股票，其他要点还包括：

√ 向前看，而非向后看。投资人不能只依据过去的价值，来判断股票的目前价值。过去无法决定未来，需要展望未来的发展潜能，用来判断目前的价格是否便宜。

√ 他说："问题不在于成长型和价值型，而在于最佳价值在哪里。"如果传统的成长型股票显得便宜，那就应该买进。如果传统的价值型股票显得便宜，也要买进。

√ 价格低并不意味着便宜。价格低意味着缺乏价值，用股票术语来说，这叫"价值陷阱"。多数情况下，价格下跌是因为市场发现企业的未来前景出现了恶化。当前股价比过去便宜，通常都是有理由的。投资人必须向前看。他经常提醒分析师："价格完全取决于未来。"

√ 通过未来自由现金流量的现值来判断价格是否便宜。米勒称此为"价值的唯一正确衡量标准"。他也说过："自由现金流量的收益率是超额报酬的最佳预测工具。"

√ 反向操作者，要从长期角度，观察短期世界。

√ 竞争优势有三种不同类型：

　·分析优势：根据其他人也拥有的相同资讯，使用不同的处理方法，得到不同的结论，你就建立了分析优势。

　·资讯优势：当你知道了其他人尚不知道的重大资讯，你就建立了资讯优势。

　·行为优势：在理解和解释股价走势时，如果你对人类行为有着过人的理解力，你就建立了行为优势。

√ 前景理论显示，人们痛恨亏损的程度超过喜爱获利的程度，从而造成人们过度地厌恶风险，使得人们"过度重视当前趋势，忽略了长期影响"。人类对于重大事件过度重视，以至于"过度重视的程度，经常超过了重大事件的发生概率"。投资人应该运用这类现象，寻找便宜的股票。

√ 多数投资人普遍存在"短视的亏损规避"现象，对于短期因素过度重视。其实，从长期的角度看，很多短期信息都缺乏意义。如果买进健全的企业，最好的建议往往是"按兵不动，稳坐如山"。

√ 如果你按捺不住，就挑选那些价值良好的股票，当股价下跌时，趁机买进股票。米勒希望他买进股票之后，股价立即大幅下跌，这样他就可以通过更低的价格买进更多的股票。"平均成本最低的投资者是赢家。"

√ 识破那些流行故事，只从价格寻找依据。当价格显示一家优质企业或板块的价值被低估，买进。当价格显示一家优质企业或板块的价值被高估，卖出。屏蔽那些噪音刺耳的媒体。

√ 避免禀赋效应的影响：和尚未持有的股票相比，你对于已经持有的股票心怀宽容。客观地分析你的投资组合，放弃那些失效的想法。

各位投资大师的共同意见

这六位投资大师提供了很多建议，需要在此总结。在探讨投资策略之前，我们还需要继续阅读一些内容。不过，我们先在这里中途休整，回顾早先的收获。

用已证实的准则，将您的策略自动化

长久以来，无论你创建何种投资策略，都必须有清晰的定义，并且能够衡量。这样，你就能够迅速识别一家企业，并且屏蔽掉编造的企业故事、当前的渲染消息以及你内在的人性弱点。每个人都无法避免情绪的影响，但我们通过理性的信念去控制情绪，并且拟定良好的决策。每

位投资大师，无论是最坚定的价值型投资人，还是最积极的成长型投资人，都会依靠特定的准则，寻找优质企业。你也应该如此。

寻找强劲的财务表现

任何企业都会受惠于高利润率、大量的现金、债务微少甚至没有债务。每位投资人都希望看到这些有利因素。对于价值型投资人买进的那些濒危企业来说，它们能够确保企业获得复苏的资金。对于成长型投资人买进的明星企业来说，它们能够确保企业持续成长。

高利润率意味着公司拥有更多的收入，这个道理清楚简单。如果两家企业的销售额都是 1000 万美元。第一家企业的销售成本是 800 万美元，第二家企业的销售成本是 400 万美元，你当然希望投资第二家企业。

你更倾向于投资现金充裕的企业。这是现金匮乏的企业无法相比的。当企业拥有很多现金时，它很容易扩张，能够购买更好的设备，支付意外的费用，并且回购自家的股票。

避免债务。这个建议几乎适用于人生旅途的全程。不要投资那些负债严重的企业，你自己也要避免负债。债务是一头怪兽，它会吞噬追求繁荣的企业，也会吞噬你我的未来。当一家企业没有负债时，它就不会破产。债务和死亡的英文发音听起来很像，绝不是巧合。你甚至不需要阅读财经类书籍，就能得出结论。你所需要的只是一本优秀的文学经典——爱默生的《5 月与其他诗作》。诗人写道："你会阻断通向罪恶的道路吗？务必还清每一笔债务。你要对债务心怀敬畏，就像上帝是你的债权人一样。"你在买入股票之前，也需要阻绝所有通向罪恶的道路。

强调内部人士的持股与企业回购股票

并非每位投资大师都重视这个问题，不过，其重要性也备受肯定。当管理者和员工拥有了自家的股票之后，工作就会更努力，推动企业繁荣发展。另外，没有人比内部的管理者和员工更为了解公司的命运和蠢行。如果一种热门产品将要击败所有的竞争对手，公司的内部人士将最先知道。如果一项新服务拿到了史上最高的关键分，公司的内部人士也会最先知道。

菲利普·费雪希望管理团队能够诚实地对待股东，愿意牺牲眼前利益，换取长期利益。和费雪一样，巴菲特也希望管理团队能够诚实沟通，所有决策都优先考虑股东的权益。如果企业管理者本身也是股东，当然更有理由这样做。彼得·林奇认为："内部人士买进自家公司股票，只有一个动机：他们认为股价被低估了，最终将会上涨。"

除了公司内部人士持有股票之外，你也希望公司买回自家股票。如果投资了自家股票，代表企业对于自己的未来有信心。买回股票也会减少在外流动的筹码，从而增加每股盈余——前提当然是企业盈余保持不变或增长。总之，企业买回自家股票之后，外部流通的股票将变得更有价值。林奇解释："企业假定买回半数自家股票，整体盈余如果维持不变，则每股盈余将翻了一倍。企业无论如何削减成本或销售更多产品，都很难获得这种效果。"

比尔·米勒发现，企业的自由现金流量收益率与企业买回自家股票的排序，如果同时处在前10%之列，该企业的股票将比大盘指数的年均收益超出 12%，效果非常明显。

用久经考验的衡量标准评估股票

除了以上因素，投资人还应该使用久经考验的衡量标准对股票进行评估。沃伦·巴菲特与比尔·米勒较为重视未来自由现金流量的现值，彼得·林奇强调市盈率、价格/账面价值比率等衡量标准，威廉·欧尼尔则强调盈余加速成长。本书稍后会列出一组准则，供读者参考。

进行深入的研究

每位伟大的投资大师都很重视深入的研究。沃伦·巴菲特表示，当你投资一家公司的股票时，就像买进整家公司一样，需要深入的研究。研究时不要忘记自己的能力圈。你服务于某个产业，日常生活需要消费产品，你会跟其他消费者交换心得，这些都是你的优势。你的生活经验也是一种研究，务必运用这些知识。这些基础知识是找到投资线索的绝佳方法。找到了投资线索之后，你可以通过图书馆、网络、上市公司的相关部门、杂志、报纸，还有其他投资人进行更为彻底的研究。

研究风格会因人而异，这取决于你的个性和目标。菲利普·费雪会拜访企业的客户、供应商、前任和现任员工，还有竞争者，用来收集重要资讯。彼得·林奇喜欢吃墨西哥卷饼，踢踢路旁汽车的轮胎，观察商店里的消费者，感受下酒店的亚麻制品，从而确认他对于企业的兴趣。

无论你的研究方法如何，都必须做到用最彻底的研究来获取所需信息。一旦收集了信息，你就能拟定决策，确定是否投资。然后，你就能预备妥当，开始阅读本书的后续内容⋯⋯

了解买进的理由

你必须清楚自己买进股票的理由，这样，你才能知道正确的卖出时机。你如果不清楚买进的理由，市场价格将是你决定是否卖出的唯一资讯。但市场价格可能受到上百万个神秘因素的影响，用华尔街的当前说法，其可靠性相当于幼儿园小朋友的恋爱罗曼史。想想沃伦·巴菲特、彼得·林奇、威廉·欧尼尔与比尔·米勒。如果我问他们，为什么持有某股票？他们能在一秒钟内回答我。

你拥有某只股票，是因为企业盈余加速成长，未来展望乐观，那很好；是因为企业受到市场不公平的惩罚，市盈率低得离谱，那很好；是因为市场误解了该企业的未来发展，那很好——你对买入股票的原因心里有数，这才是关键。这样，你就能知道应该追踪什么：盈余、市盈率，还有股票故事。随着这些因素的变化，你可以重新评估持有股票的决定。如果你像巴菲特一样，关键因素就跟价格无关。若是如此，那很好。你要观察企业管理团队、股权报酬率，以及其他非价格因素，确定它们没有恶化。

我认为，强迫自己理解投资理由最有效的方法，就是彼得·林奇建议的两分钟对白。在这两分钟里，你能找到股票吸引你的因素。这样，你就能知道买进股票的理由，从而避免做出草率的买卖更多股票的决定。

一旦知道自己投资某家企业的理由之后，你就可以尝试⋯⋯

买进价格要低于企业潜能

乍看之下，这个建议似乎只适用于价值型投资人，实则不然。任何投资人——无论是价值型还是成长型——的买进价格，都应该要低于卖出价格。价值型投资人试图低价买进，并在高价卖出；成长型投资人试图高价买进，并在更高价卖出。两者都会关注目前股价，并将目前股价与他们看到的企业的潜力相比较。这两类投资人的差异，在于他们判断企业潜力所运用的资讯不同。

价值型投资人强调企业资产、销售、净利与其他类似因素，用来判断股票价格和企业价值之间的关系。成长型投资人则强调每股盈余，盈余的加速或减速、分析师的预期和正面的意外之喜。沃伦·巴菲特与比尔·米勒则是脚踏两只船，价值与成长兼顾，强调未来自由现金流量。

威廉·欧尼尔依靠他的 CAN SLIM 系统，挑选制胜的股票。这套系统的一个组成部分——N 准则，强调股价必须创新高。然而，他买进股票时，还要满足其他六个条件：盈余必须加速成长、在外流通筹码有限、需求高、产业领导股、有限的法人机构、市场趋势向上。这六个条件凸显的是什么？企业的成长潜能。欧尼尔并不是简单地翻阅报纸就去寻找那些价格昂贵的股票。昂贵有昂贵的理由，理由就是企业有潜力继续成长，能够推升股价继续走高。

沃伦·巴菲特在融合价值型与成长型投资时，无人可与之匹敌。GEICO 的股价由 60 美元跌到 2 美元时，他买进股票，因为他看到 GEICO 的潜力尚未得到回报，该公司的价值远远超过 2 美元。1988 年，当可口可乐已经在过去 6 年内上涨 5 倍，大家都认为价格被高估时，他动用 10 多亿美元，买进可口可乐。因为他看到该公司还拥有大量未实现的成长潜能。在这两个案例里，他的判断都正确，说明他把价值型投资和成长型投资并列起来使用。可是，再深入思考，你会发现实情并非如此。实际上，巴菲特是始终如一的。在两个决策中，他预测了企业未来的表现，确定了公司的潜能，然后，以低于该潜能的价格做投资。至于 GEICO 走上复苏之路，可口可乐超常增长，则纯属巧合。两者的未来潜能都超过了股价所反映的。

比尔·米勒也不理会成长与价值的标签。如他所言:"问题不在于成长型还是价值型,而是最佳价值究竟在哪里。"股价有时候看起来很昂贵,只是价值评估的幻觉。因为和企业的光明前途相比,股价很便宜。他以微软和沃尔玛为例。使用传统的衡量标准,它们的股价从来没有便宜过,但是每只股票都产生了巨大的回报。企业前景反映出的价值,胜过股价所反映的。

无论你偏爱价值型还是成长型投资,都必须去估计投资的未来潜能。当然,你不可能做到完美,但通过深入的研究,了解企业的优势,你可以形成一个合适的预测。一旦你把股票纳入投资组合之后……

保有和追加有效投资

企业老板会持续对企业的不同部门进行评估,看看哪些业务的效率高,哪些效率低。他们会向成功的部门追加投资,并把失败的部门慢慢缩减。最终,企业业务就变成了一组精简的赢家产品的组合。投资组合的管理也一样。可是,什么是有效的投资?每个人的见解未必相同,这往往才是关键。

对沃伦·巴菲特来说,如果公司的基本面优势保持健全,企业就样样都好。他关注的是公司的利润率、股权报酬率、管理层与股东沟通的诚实态度。巴菲特不关注股价的每日或每周的波动,因为股价变幻莫测。他写道:"对于我们持有 100% 股权的 See's 或 H. H. Brown,我们不需要了解每天的价格来验证我们的权益。既然如此,对于我们只拥有 7% 的股权的可口可乐,我们还有必要了解报价吗?"他如果买进一家优质企业,而且该企业继续保有全部的优质属性,巴菲特就认为它是成功的投资,让这只企业的股票继续保留在投资组合内。他不认为自己是企业的投资人,而把自己当成企业的所有者。他写道:"投资人就算是只持有杰出企业的一小部分股票,其坚韧的心态,也应该像拥有整整一家公司那样。"

对威廉·欧尼尔来说,成功股票的唯一衡量标准就是它的绩效。他观察持有股票的价格，采用金字塔加仓的方法，为盈利的股票注入更多资金，并且抛弃亏损的股票。欧尼尔表示，投资的目的，不是证明自己一直正确，而是在判断正确时，能够赚到大钱。

你希望自己持有的每一家强大企业的股票都能上涨，但情况未必总是如此。顶尖的投资者也做不到这点。每位投资者都能回忆起一连串的失败，并得到教训。我在科罗拉多长大。当地有个说法——"有人曾经摔下马背，有人将要摔下马背，有人却从不骑马"。那些从来不会摔下马背的人，就是从不骑马的人。股票没有赔过钱，就代表他从不投资股票。好消息是：如果你已经挑选了优质企业，你就能……

利用价格下跌的机会

利用价格下跌的机会，这貌似是一个奇怪的建议。因为我刚刚强调了专家们会持有盈利的股票，或者对盈利的股票加仓。现在我又建议你追加亏损部位。请听我稍加解释，你就能理解这两种看似矛盾的智慧可以彼此相容，就像黑夜与白昼、民主党与共和党。

当你读到"了解买进的理由"的时候，你当初买进了优质企业，明确了买进的理由。你买进的理由是企业推出新产品、高净利、盈余加速成长，并且这些成功投资的特性仍然保持着，就没有卖出的理由。实际上，有充足的理由买入更多——无论价格如何变化。如果股价继续稳定地上涨，并且企业依然是一家杰出的企业，前一节建议投资者追加资金，从中获利。本节强调的是，如果该企业仍然杰出，而股价却下跌了，就有理由买入更多的股票。现在可正是折扣价呢！记住，你买进股票的理由必须仍然适用。如果股价下跌是由于利润率下降、销售下降、员工罢工、管理层抛售了全部股票，从公司离职，前往尼哥瑞尔度长假……你就不能再向这只下跌的股票里投钱了。总之，你只应当投资优质企业——当初买进股票时如此，随后加仓也是如此。

本杰明·格雷厄姆在这点上态度坚决。他强调没有人知道市场会做什么，但投资者可以针对市场行为，做出明智的反应来赚钱。我们每天都能看到优质企业的股价没有来由地下跌，或许是由于法律诉讼，或许是生产故障，或许是股市本身就古怪透顶，如果不是为了挣钱，你才懒得去呢。股市在短期是投票机，长期是称重机。

沃伦·巴菲特指出，时间可以帮助优质的企业，但会摧毁平庸的企业。即使今天的股价稍有下跌——或者本周，或者本月，或者今年——只要你当初购买的公司仍然是优质企业，那么，短暂的股价下跌就意味着机会，以低廉的价格，继续投钱，买进股票。罗伯特·海格史壮在《胜券在握》一书中提到，你观察市场，当愚蠢的事情发生了，让你以极好的价格做了一笔好生意——对于你持有的优质企业的股票，你轻松买进了更多。

比尔·米勒说过，他希望股票价格下跌，从而能够以更低的价格买进，摊平持股成本。"平均成本最低的投资者是赢家。"他这样解释。你如果对于自己的研究有信心，当价格下跌时，就要买进更多的股票。

现在，各位应该很清楚本节与前一节强调的理念了：你必须理解企业的优势，了解自己当初买进某种股票的理由。在这种情况下，看到股价上涨，你就知道自己拥有了赢家股票，可以追加买进；或者看到价格下跌，仍然相信自己持有赢家股票，应该用折扣价格，买入更多的股票。

这些话说起来容易，操作起来却并非易事。

各位应该从本节学到什么？

当几位风格各异的杰出投资人都认可一些基本真理时，这些共同之处就值得我们重视。本节总结了上述六位投资大师的睿智建议：

√ 用已经证实的准则，将您的策略自动化。选股不该受到自己的情绪、市场炒作，或者朋友散布的小道消息的影响。通过可衡量的信息和一组在过去验证有效的核心测量工具，对股票做比较，挑选赢家股票。

　· 有强劲的财务表现，收益表和资产负债表展示了健康的财务状态。

- 内部人士与公司本身买进自家股票。
- 使用经过验证的准则，评估股票。

√ 进行最彻底的研究。关于这点，巴菲特解释得很清楚，对投资的股票进行研究时，详细审核的程度，应该像购买整家企业。

√ 了解买进的理由。对一家企业进行了彻底的研究之后，恰当地勾勒出你期望投资的理由。然后，继续监控企业，查看你的买入理由是否恶化。

√ 买进价格要低于企业潜能。这同时适用于价值型投资与成长型投资。因为这两类投资人都观察目前价格，判断推动股价继续走高的潜力，并将目前价格和未来潜力进行比较。这两类投资人的差异，在于他们判断股票潜在价值的方法不同。沃伦·巴菲特与比尔·米勒强调未来自由现金流量，威廉·欧尼尔强调盈余加速成长。读者应该自行做彻底的研究，估计企业的潜在价值。当价格低于潜在价值时，买入股票。

√ 保有或追加有效的投资。企业经营者会留意企业的不同部门的表现，你也应该持续评估投资组合里每只股票的表现。看看哪些股票代表有效的投资，哪些却无效。对成功的股票，应该追加更多的资金，对无效的股票，应该逐渐停止投资。

√ 利用价格下跌的机会。碰到股价下跌的情况，如果你当初买进该股票的理由仍然存在，那么价格下跌就是买入更多股票的好时机。如同比尔·米勒强调的"平均成本最低的投资者是赢家"。可是，你必须确认这是一家优质企业。如果因为企业衰落导致股价下跌，就不该买进更多的股票。

第三章　来自历史的投资观点

1946 年，本杰明·格雷厄姆谈道："我们惊奇地发现，华尔街从证券的行为历史中归纳的系统知识非常有限……由历代分析师持续积累并传承给下一代的知识和技巧，究竟在哪里呢？"多年之后，我们终于看到了格雷厄姆渴慕的那些知识与技巧了。

自从格雷厄姆得出上述观察结论以来，对于股市的研究不计其数。有一项研究卓尔不凡，并由詹姆士·欧沙纳西写成了 650 多页的巨著《华尔街股票投资经典》（第四版）。他研究探索了证券价格研究中心（CRSP）从 1926 年至 2009 年的 83 年中股市的表现，以及 Standard&Poor's Compustat 资料库里的 1963 年至 2009 年的 46 年中股市的表现。

欧沙纳西运用一些常见的股票衡量标准，例如市盈率、股价/账面价值比率、相对价格强度等，来观察这些衡量标准在寻找大型与小型企业上的多年表现。然后，他把有效的衡量标准应用于投资大师的策略。他的发现——也是我很高兴与大家分享的——让各位享有最新获取的投资优势。作为股票投资的后来者，你将享有这份 80 多年的研究成果，帮助你养成正确的投资习惯。

现在，让我们来看看《华尔街股票投资经典》究竟说了些什么！

测试常用的衡量标准

我不会带领你费力地研究欧沙纳西测试的每种衡量标准，而是直接使用其结论。在我开始之前，你必须先了解这些研究成果的基本法则。另外，如果有些复杂，请保持耐心。理解了细节，有助于你提升对于结论的信心。

根据企业规模，欧沙纳西把股票划分为两大类。第一类称为"所有股票"，由经过通货膨胀调整的资本市值超过 2 亿美元的全部企业组成。"通货膨胀调整"意味着，使用 2009 年的美元币值计算，任何特定年度的企业市值都达到或超过了 2 亿美元。毕竟，使用 1935 年的币值衡量，一家企业的资本市值达到 2 亿美元就算得上是巨型企业了。可是，使用 2009 年的币值来算，2 亿美元的资本市值只能算小型企业。2009 年的 2 亿美元相当于 1935 年的 1300 万美元。所以，"所有股票"的类别，就代表本项研究中所有值得研究的股票。

第二类属于规模较大、名声较好的企业。它们的资本市值超过了资料库的平均值。这类股票通常由资料库中的特定年度的资本市值最大的17%的股票构成。这类股票归入"大型股"类别，同时，也归入"全部股票"类别。大型股类别的行为与标普 500 指数非常相似。因为标普500 指数是由 500 家大型的、名声显赫的企业股票组成的指数。

请注意，"所有股票"类别既包含小型股票，也包含"大型股"类别里的那些大型股。"大型股"类别里，却只包含大型股。

对于接受测试的每个单一衡量因子，欧沙纳西假定开始的投资金额为 1 万美元，从"所有股票"类别与"大型股"类别里，分别取出10%的最为符合衡量因子的股票。至于对照组，是从两大类别里，分别取出 10%的最不符合衡量因子的股票。欧沙纳西将此称为最佳与最糟十分位。关于投资组合的成分股，并非每年调整一次，而是每个月进行调整；换言之，投资人是每个月都进行投资，而不是每年 12 月 31 日做投资。然后，再把这个复合计算的结果作为全年结果。用他的话说，这一技术"解决了投资者全年都在投资的现实，而不限定在12月31日"。

以市盈率为例，欧沙纳西针对"所有股票"类别与"大型股"类别，分别取出10%的市盈率最低的股票，构成投资组合。然后，每个月根据市盈率重新调整。并依据全部十二个月的绩效，经过复合计算，得出年度绩效。这就创建了一个虚拟场景，模拟一个人采用低市盈率的技术在这一年度里的某时进行股票投资的表现。

欧沙纳西的研究，采用了1927年1月1日至2009年12月31日期间的数据。这段时间，"所有股票"类别的平均年度报酬为10.5%。"大型股"类别的年度报酬为9.7%。"大型股"与标普500指数的同期表现9.8%几近相同。在进行较长期间的研究时，欧沙纳西有时也采用较小的时间框架来测试因子。

最佳价值衡量标准

在《华尔街股票投资经典》的最初三版，欧沙纳西只采用了Compustat资料库的资料，测试各种价值衡量标准，通过12月底到12月底的数据来追踪绩效。当他引入了更庞大的资料，改用更为复杂的"月度复合追踪方法"时，最佳价值衡量标准也发生了变化。

批评者会说："如果更多的资料与不同的观察方法，会导致不同的结论，那还有什么用呢？谁敢说后面的结论不会再变化？"虽然言之有理，但请注意，欧沙纳西的测试结论显示出有益的一致性。采用不同的数据集合、不同的时间架构、不同的测试方法，寻找顶级目标的具体价值衡量标准会发生变化，但结论的精神却始终不变——买进价格便宜的股票。本节准备讨论历史版本与当前版本的最佳价值衡量标准。稍后，我们还会讨论不同衡量标准的组合效果。要知道，组合能够胜过单一衡量标准。在欧沙纳西的研究中，他还讲解了最佳因子组合，让我们有效地管理投资组合。

股价/销售金额比率

股价/销售金额比率是过去的最佳价值衡量标准。从"所有股票"

类别中，取出股价/销售金额比率最低的 50 只股票，其年度报酬率为 15.95%，胜过了"所有股票"类别的同期报酬率 13%。从"大型股"类别中，取出股价/销售金额比率最低的 50 只大型股票，年度报酬率为 14.3%，胜过了"大型股"类别的同期报酬 11.71%。反之，不论是"所有股票"类别或"大型股"类别，从中取出股价/销售金额比率最高的 50 只股票，其表现明显落后于各自所属的类别。

新近展开的研究确认了这个趋势。从 1964 年 1 月 1 日到 2009 年 12 月 31 日，从"所有股票"类别中，取出股价/销售金额比率最低的 50 只股票，年度报酬率为 14.5%，胜过了"所有股票"类别的 11.2% 的同期表现。反之，从"所有股票"类别中，取出股价/销售金额比率最高的 50 只股票，表现同样很差。

欧沙纳西总结说："股价/销售金额比率虽然不再是指标之王，但是，低股价/销售金额比率的股票长期、稳定地击败市场。"有趣的是，欧沙纳西发现股价/销售金额比率比市盈率更可靠。市盈率是最受欢迎的股票衡量标准。

结论：挑选股价/销售金额比率低的股票。

EBITDA/企业价值比率

谁是目前的指标之王呢？一个奇特的衡量标准——EBITDA/企业价值比率，简称 EBITDA/EV。搞不明白它们的含义？不用担心，很多人同样迷惑。EBITDA 和 EV 都不是日常谈话里的主流词汇。

EBITDA 是指扣除利息、税金、折旧与摊销费用之前的盈余。换言之，这项数据是把净利重新加上利息费用、税金、折旧与摊销费用。在比较企业时，由于会计和做账方法的广泛差异，这四种费用类别可能造成误解。所以，直接比较 EBITDA，就剔除了那些变幻无常的方法，从而可以更加客观地衡量企业的获利能力。

企业价值不是柯克船长的船价，而是一家企业价值的完整图谱，比单独的资本市值更为深刻。企业价值（EV）是资本市值减去现金，加上债务、少数权益与优先股。相较于单独的资本市值，它更为精确，原因在于购买整家企业的人买的是企业价值，而不是市值。他们会把现金存入银行，但要对其债务负责。这些都需要作为因子，计入企业价值。

把两个因子加入，就得到了 EBITDA/EV 比率。EBITDA/EV 是衡量每 1 美元企业价值所能够赚取的利益。这个比率数据当然越大越好。根据欧沙纳西的研究，相较于股价/销售金额比率、市盈率或股价/其他衡量标准，EBITDA/企业价值比率在反映企业价值时，更加细致入微。另外，当我们考虑股价/XXX 的比率时，总希望该数据越小越好，因为这意味着我们只需要支付较少的金额。EBITDA/EV 是价值衡量标准，它把"股价"和"收益"颠倒了位置，所以，数值越大越好。

从 1964 年 1 月 1 日到 2009 年 12 月 31 日，从"所有股票"类别中，取出 EBITDA/EV 最高的 50 只股票，年度报酬率为 16.6%，胜过了"所有股票"类别的 11.2% 的同期报酬率，也胜过了股价/销售金额比率最低的十分位股票的 14.5% 的同期报酬率。与股价/每股销售比率反映的一样，EBITDA/企业价值比率最低的十分位股票表现很差，大约只有5.3% 的年度报酬率。

不幸的是，很多资料库并不提供 EBITDA 和企业价值的资料，EBITDA/企业价值比率更难寻觅。但是，你可以采用其他更常用的衡量标准，得出近似的结果。"自由现金流量"就能相当好地取代 EBITDA。如果找不到企业估值，把资本市值稍加处理，也能替代使用。如果其他方法都不奏效，就考虑"自由现金流量/资本市值"比率，得到一组股票进行深入的调查研究。在本节后文，你将发现将各种衡量标准组合起来，就能实现最佳效果。

结论：挑选 EBITDA/企业价值比率高的股票。

最佳成长衡量标准——相对价格强度

下一步，欧沙纳西探讨了成长型的衡量标准。"一般而言，成长型投资人喜欢偏高的数据，价值型投资人喜欢偏低的数据。"他说，"成长型投资人希望盈余、销售成长越高越好……代表前景光明……成长型投资人通常愿意支付更高的价格，购买盈余成长速度快的股票。"欧沙纳西对成长型与价值型投资人特征的总结，与本书前一章对投资大师们的描述相仿。

我们可以充分地体会欧沙纳西的研究——比如，每股盈余变动、利润率或股权收益。但是，真正有用的衡量标准只有一个，那就是相对价格强度。让我们深入探讨一下这个衡量标准。

我们使用相对价格强度对股价历史进行了研究：股价在去年上涨或下跌了？动能成长型投资人希望挑选股价已经上涨的股票，价值型投资人则希望挑选股价已经下跌的股票。

从 1927 年 1 月 1 日到 2009 年 12 月 31 日，从"所有股票"类别中，取出相对价格强度最高的 50 只股票，年度报酬率为 14.1%，胜过了"所有股票"类别 10.5% 的同期报酬率。最近 6 个月价格表现最差的十分位股票，可以组建一家"匿名输家"俱乐部。其报酬率只有 4.2%。

怎么样？就短线而言，牛顿第一运动定律既适用于物理界，也适用于股票市场：价格"动者恒动"。赢家继续赢，输家继续输。

欧沙纳西总结说："相对价格强度是唯一纯正的成长型因子，它确实能够稳定地击败市场，并且大幅领先。"因为，相对价格强度"和盈利成长率等因子相比，更为有效地传递了股票未来前景的与众不同的信息"。很多人买进了盈余增长最高的股票，股价表现却大失所望。盈余增长最高的股票与涨得最好的股票的差别是什么呢？他们对此不解。事实上，第一，价格动能反映了市场资金流向的风口。第二，虽然有观点普遍认为，相对价格强度偏高的股票通常也具备了最高的市盈率或盈余成长。但是这种观点并不正确。我们如果长期观察那些涨得最好的股票，就会发现它们很少拥有最高的市盈率或股价/销售金额比率。

只有在泡沫牛市的顶部与熊市的底部，价格动能才会失效。当大家都认为股价将永远上涨时，最强的飙涨股里却暗藏了崩盘的危机。同样，当大家都认为股票已经没有指望时，那些跌得最凶的股票，即将展开最为强劲的反弹。关于后者，欧沙纳西解释说："这是因为投资者集体醒悟了，那些貌似濒临倒闭的企业，虽然股价极其低廉，但是并不会真正倒闭，于是投资人大量抢进，导致这些股票大涨。"举例来说，2009年2月到12月之间，股票市场经历了次贷危机的崩盘危机，之后就展开了急剧的反弹。在"所有股票"类别中，最近6个月价格表现最差的10%的股票大幅反弹了132.2%。2月投入的10000美元在11个月之后就变成了21647美元。反之，最近6个月表现最佳的10%的股票，同期涨幅只有32%。2月投入的10000美元在11个月之后仅仅变成了12868美元。

结论：除了极度乐观的市况，以及极度悲观的市场发生的初期反弹外，应该买进最近6个月内相对价格强度表现最好的股票。

综合衡量

通常，人们并非依据单一因子拟定决策。当女人挑选晚礼服时，她可能优先考虑颜色。她或许认为黑色礼服胜过红色礼服，但是，在黑色礼服里，仍然有很多选项——剪裁、风格、材质、整体式样等。她很快就展开了一系列的选择，并做出最终决定。

选择股票也是如此。单一的衡量标准只是起步，并非全部。把数种衡量标准结合起来考虑，能够降低风险或提升绩效。欧沙纳西组合了不同的衡量标准，并找到了一组最佳的价值型策略和一组最佳的成长型策略。然后，把两者合而为一，形成了单一超级策略。我不准备讨论整个研究程序，而是重点讲解这个单一超级策略，也就是欧沙纳西的"趋势价值"策略。

价值型配方

欧沙纳西的制胜配方包括下列价值衡量标准：

· 价格/账面价值比率

· 价格/现金流量比率

· 市盈率

· 价格/每股销售比率

· EBITDA/企业价值比率

· 股权收益率

　　欧沙纳西把这组衡量标准，称为第二价值因子。至于第一价值因子，因为效果不好，我就不讲了。根据第二价值因子，我们对股票进行六项衡量，从而取得六项分数。如同欧沙纳西解释的："某股票的市盈率如果属于最低的1%之列，将得到100分；市盈率如果属于最高的1%之列，将得到 1 分。所有因子都做类似的衡量。对于股权收益率与EBITDA/企业价值比率，如果属于最高的 1%之列，将得到 100 分，如果属于最低的 1%之列，将得到 1 分。一旦所有六项因子都有了评分，我们就把所有的排名分数加总。然后，按照最高十分位的整体排名，买入股票。"

　　所以，通过这些衡量得到的最佳十分位的股票，市盈率最低、股权收益率最高、EBITDA/企业价值比率最高……最糟十分位股票的情况则刚好相反。

　　股权收益率是什么来头呢？很高兴你问起这个话题。这项衡量标准结合了股息的价值与企业买回自家股票的效益。在本书第二章中，彼得·林奇曾经提到，公司买回自家股票，将减少在外流通的股票。这样，股票的每股盈余比买回股票之前增加了。另外，比尔·米勒也在第二章提到企业买回自家股票的效益。现在，我们又第三次遇到这个概念。这就值得我们重视吧？股息和企业买回自家股票都能让投资人受惠，因此，可以把它们结合起来，形成单一的衡量标准。这是欧沙纳西的解释：

　　……股权收益率就是当期的股息收益率，加上最近一年的股票净买回的活动。如果某只股票的价格为40美元，年度股息为 1 美元，那么，该企业的股息收益率为2.5%。假定这家企业最近一年内没有买回自家股票，那么股权收益率就是 2.5%，与股息收益率相同。假定该公司在外流通股票年初为 100 万股，年底为 90 万股，所以买回收益率为 10%。这种情况下，股权收益率等于 12.5%，也就是股息收益率加上买回收益率。这个衡量标准可以反映企业向股东"支付"的所有收益。而且，不论是通过现金股息，还是企业买回的活动，对于投资人来说都没有差别。这点很重要，和一般生活中的流行趋势一样，华尔街也有潮流盛衰一说。有时，企业买回自家股票流行一时，有时候，现金股息大行其道。股权收益率反映此两者。

在印刷刊物或网站上，难以看到股权收益率这个衡量标准。它是由两部分构成：股息收益率和买回股票。依据这种理念进行投资，程序很简单。有一种方法，先观察股息收益率高的最大型的绩优股，然后再观察其中有哪些企业正在计划积极买回自家股票。

关于这点，欧沙纳西表示："投资人如果想采用股息收益率作为唯一的价值决定因素，就应该留意那些著名的大型企业。因为这些企业通常具备强劲的资产负债表，经营历史也悠久……当你把其他的标准考虑在内，例如，强劲的现金流量、庞大的销售额、大量的流通股数，那么，拥有高股息回报率的大型股，就提供了杰出的风险调整后报酬……我们发现，那些强调高股息收益率的投资人，一般都会先选择市场领导股，然后，再从中挑选出股息收益率最高的市场领导股。

各位或许想知道，如何挑选市场中这些最为庞大、最为优质的企业？毕竟，你无法在客厅里使用 Compustat 资料库。送你一个惊喜，有一个小的市场类别包含了 30 只市场领导股，我们随处都能看到它们的信息。这个市场类别的平均回报每天都会在全球公布。我说的是哪些股票呢？没错，正是道琼斯工业指数里的成分股。在后文，你将学习到一些方法，将高收益率策略应用于道琼斯工业指数。

接着，让我们看看欧沙纳西的第二价值因子的绩效表现。请记住，它是六种价值衡量标准的组合，如同本节开始展示的那样。从 1964 年

1月1日到2009年12月31日，从"所有股票"类别中，取出这六项价值衡量标准的整体分数最高的10%的股票，其年度报酬率为17.3%，胜过了"整体股票"类别的11.2%的同期报酬。具有最高的**价格/XX 比率**和最差的 EBITDA/EV 比率的10%的股票几乎完全掉队，回报甚至不及3%。

趋势价值

我们已经知道了诀窍，仅仅通过价值衡量标准，就能寻找到表现最好的股票。对于通过第二价值因子发现的股票，我们再加入一个成长型因子，结果会如何呢？能识别出具备最高潜力的估值最低的股票吗？能。

最近6个月的相对价格强度，代表最佳成长型因子。欧沙纳西针对第二价值因子挑选的10%的最佳股票，通过相对价格强度，进一步筛选，将产生超级策略。来看欧沙纳西的介绍：

在我的研究里，一贯的主题就是价值型与成长型因子的结合效率。通过这种操作，你能够通过最出色的价值策略的优势，弥补纯粹的动能策略的缺憾。从长期来看，数据证实了价值型优于成长型。可是，也有充分的证据显示，价值型策略被狂奔的牛市完全甩开，无法同步上涨。当市场青睐企业的"概念"时，如同20世纪90年代末期的互联网泡沫热潮展示的那样，很多拥有绝佳的财务条件、股价合适的股票有被市场忽略的倾向。举例来说，从"所有股票"类别中，根据第二综合价值因子筛选出分数最高的10%的股票（具备最佳评估结果的那些股票），1999年的价格只涨了4.12%，而6个月期间相对价格强度最佳的10%的股票的同期表现却飙涨超过100%。因此，我们试图让下一个策略既能发现具备了最佳价值的股票，也能反映强劲的股价趋势。我们称此为"趋势价值"策略。

第二综合价值因子，也就是第二价值因子。最佳趋势价值策略从第二价值因子筛选的 10% 的最便宜的股票中，挑选了最近 6 个月价格表现最好的 25 只股票。这 25 只被选中的股票表现十分出色，难以置信。

从 1964 年 1 月 1 日到 2009 年 12 月 31 日，趋势价值投资组合的 25 只股票，其年度报酬率为 21.2%，远远好过"所有股票"类别的 11.2% 的平均表现。开头投资的 1 万美元增长到了 69098587 美元。和"所有股票"类别相比，趋势价值投资组合的风险不仅较低，最大回撤也更小。通过"所有股票"类别投资的 1 万美元，只增长到 1329513 美元。在单一年份里，趋势价值投资组合在 85% 的时间里，表现优于"所有股票"类别。在 3 年期间里，趋势价值投资组合在 99% 的时间里，表现优于"所有股票"类别。至于 5 年期、7 年期和 10 年期，趋势价值投资组合在 100% 的时间里，表现都优于"所有股票"类别。另外，就 5 年期的投资而言，这个策略从来没有赔过钱。

趋势价值投资策略虽然具备优异的长期绩效，但欧沙纳西也对实施策略的难度提出了警告——需要经年累月地坚持执行这项策略。这也是重点。

某些异常时期将考验你的耐心。1998 年与 1999 年就是典型的例子。这两年是 1967 年以来投机气氛最浓的年份。在这人气炽热的两年里，投机股飙涨——在"所有股票"类别中的最近 6 个月价格涨幅最大的股票已经飙涨超过了 100%，而我们的 25 只趋势价值投资组合的股票两年涨幅只有 14.12% 和 7.41%。所以，趋势价值策略属于有效的长期策略。我是指 1999 年底，这个策略的玩家想必深感挫折，因为该策略的回报不多，而其他成长型与动能型股票却是飙涨之势。

……作为投资人，我们的成功所面临的最大威胁，就是自己的人性。通过事后观察，我们或许很容易说服自己坚持这项策略，使自己成为系统、理性的投资人。但是，根据我长期与众多客户打交道的经验，能够系统理性投资的概率实际上并不大。很不幸的是，为了让一套策略能够在整个市场周期里有效工作，我们就是自己最大的敌人。因此，我强烈要求每位读者，当各位碰到下一个"新新"事物，引发投资人想象时，三思而后行。面对这些魅惑时刻，即使是最佳策略，投资人也最难坚持。

……我虽然不知道哪些股票会在将来大涨或大跌，但非常清楚这些股票由什么因素界定。毫无疑问，我们将看到新的流行热潮将推升某些股票或产业到达难以维系的高度。市场评论家与投资人将创造各种激荡人心的、看起来无懈可击的故事，来说明这些股票或产业"这次"为什么不同。可是，我相信——就如同"过去每次发生"的那样——当这些讲故事的股票从高空急坠地面时，就会伤害到无数投资人。

还有一个问题，如果采用趋势价值策略建立投资组合，你对其中所包含的大多数股票并不熟悉。经常盘踞媒体版面的那些著名企业，很少能够入选我们的投资组合。而入选的那些籍籍无名的股票可能缺乏投资乐趣，或者让你难以获得正确的持仓感受。持有这些股票，和持有众人热议的那些股票不同。欧沙纳西写道："或许，这正是投资组合表现很好的原因——大多数情况下，大型的知名企业都无法实现现象级的年复一年的增长。"可是，阅读领会是一回事，情绪激荡时的心理感受又是另一回事。我们需要事先注意到这点。

下表是趋势价值投资组合与三个基准的单独对比，涵盖了从1965年8月31日到2009年12月31日的44年时间，以回报率排序：

策略	复合年度回报率	从1万美元变为	标准差
标普500	9.33%	$522661	15.31%
大型股	10.06%	$701190	16.75%
所有股票	11.01%	$1025389	19.26%
趋势价值25	21.08%	$48246947	17.66%

标准差是衡量投资回报率偏离常态或标准回报率的程度。标准差的数值低，意味着稳定的回报，数值高，意味着回报的变化范围大。因此，标准差的数值高，就意味着策略的风险高。从上表可以看出，趋势价值25种股票的回报率是"所有股票"类别的47倍，并且风险更小。欧沙纳西的工作见到了成效。

对于那些想在股市找到取胜之道的人，这份表格就像是贝多芬的"欢乐颂"，美妙动听，音调渐强，声声悦耳。如果你心潮澎湃，擦拭喜悦的泪水，我当然理解你的心情。这毕竟是人生难逢的罕见场合。

各位应该从历史教训中学到什么？

本杰明·格雷厄姆希望人类对于股市能够形成历史观点。我们现在已经获得这些观点，这要感谢詹姆士·欧沙纳西的巨著，还有证券价格研究中心和标准普尔提供的数据。欧沙纳西在其著作《华尔街股票投资经典》的最后部分写道："数据证明，股市按照它的意图运行。但价格运动绝非混沌，随机，漫无目的。股市稳定地奖励特定的策略，并且惩罚其他策略。"以下是按照自己意图运行的股市的普遍启发：

√ EBITDA/企业价值是最好的全方位价值衡量标准。其数值与"自由现金流量/企业资本市值"大致相近。

√ EBITDA是指扣除利息、税金、折旧与摊销费用之前的盈余。换言之，这项数据是把净利重新加上利息费用、税金、折旧与摊销费用。在比较企业时，由于会计和做账方法的广泛差异，这四种费用类别可能造成误解。所以，EBITDA剔除了这些变幻无常的会计和做账方法，客观地衡量企业的获利能力。

√ 企业价值（EV）是资本市值减去现金，加上债务、少数权益与优先股。企业价值比单独的资本市值更为精确，原因在于购买整家企业的人需要买下企业价值，而非市值。

√ 对于大型的市场领导股，股息收益率是一项重要的价值衡量标准。

√ 相对价格强度是最佳的成长型衡量标准。具体是：

  · 最近6个月的相对价格强度是最佳衡量标准。

  · 在极度乐观的市况下，不要根据相对价格强度买进。

  · 相对价格强度的输家仅适用于熊市底部极端悲观情况的最初反弹期间。

√ 制胜价值配方。通过下述衡量标准，寻找便宜股票：

  · 股价/账面价值比率

  · 股价/现金流量比率

  · 市盈率（股价/盈余比率）

  · 股价/销售金额比率

  · EBITDA/企业价值

  · 股权收益率

√ 股权收益率将股息的价值与公司回购股票的好处结合在一起。拥有高股权收益率的企业，胜过拥有低收益率的企业。

√ 最简单也是最为有效的一种策略，就是买进高股息收益率的大型领先企业的股票。我们在下一章将实现该策略的自动化。

√ 通过制胜价值配方，筛选最为便宜的股票，再通过最近6个月的相对价格强度，筛选具备价格上涨动能的股票，从而得到最佳的风险调整后报酬。这种超级策略把价值型与成长型投资结合起来，称为趋势价值策略。

√ 对于经过验证的策略，一定要坚持到底，度过完整的市场周期。在某些年月里，即使这些策略的绩效不佳，也要坚守策略。

第四章　永久性投资组合

我们的目标是长期击败市场。本章将探讨多种方法，建立投资组合的核心。

"价值平均法"（也称定期固定成长投资法）提供了一种框架，试图锁定来自市场的持续增长的利润。我们将"价值平均法"应用于一个小型股指数，确保每个季度实现 3% 的增长目标。每个季度赚 3% 的绩效比标准普尔 500 指数的长期平均水平还要高出 20%。

一旦完成每个季度赚 3% 的目标，我们将采用其他的永久性技巧，继续提升绩效。"道琼斯股息策略"投资于价值被严重低估的那些成分股，能够击败道琼斯工业指数。这仅仅是起点，我们还会将杠杆应用于道琼斯工业指数，从而使日均绩效翻倍。在大多数的市场，启用杠杆之后，绩效都能超越"道琼斯股息策略"。接下来，我们再把这种方法应用于代表中型企业的标普 400 中型股指数，从而取得更好的绩效。最后，我们将探讨杠杆的风险，通过图表分析限制损失，增加回报。

追求稳定成长的"价值平均法"策略

市场波动不止。我们需要接受市场波动，并且找到一种从市场波动中获利的投资方法。这样，我们就不会沦为市场波动的受害者。

我成功地找到了这种方法。

我发现，最好的方法就是"价值平均法"（简称 VA）。1988 年，麦克·艾德森在他的论文中提倡使用"价值平均法"。后来，他在《"价值平均法"——寻求更高投资回报的安全易行的策略》一文中，对"价值平均法"的理念进行了拓展。

最常见的定期投资方法是"成本平均法"（也称定期定额投资法，简称 DCA）。它在每个特定期间，有规律地投入相同的金额进行投资。例如：每周投资 50 美元、每个月投资 100 美元，或者每个季度投资 500 美元。采用"成本平均法"，你会在股价便宜时买进更多的股票。当股价变贵时，你会买进较少的股票。1 月份，你投资 100 美元，股价是 20 美元，你买进了 5 股。3 月份，你投资 100 美元，股价是 10 美元，你买进了 10 股。随着时间的推移，由于持续买进了数量较多的便宜股票和数量较少的较贵股票，成本得以向下摊平，降低了投资的平均价格。

"成本平均法"简洁易行，能够自动化执行。你可以指示经纪人在每个月都固定地转账 100 美元，直至你发出新的指示。操作起来十分简单。

"价值平均法"的效果更好。它稍微复杂一些，但是你值得付出努力，并且能够掌握它。

"价值平均法"处理的问题是：既然股价便宜时应该买进更多的股票，这时投入更多资金岂不是更好？事实上，这正是"价值平均法"的操作方式，除了投入更多资金逢低买进更多的股票，当股价很高时，甚至可以卖出股票落袋为安。

在前述的"成本平均法"案例中，无论行情如何，你在每个月都会固定投资 100 美元。1 月份，股价 20 美元，你买进 5 股。3 月份，股价 10 美元，你买进 10 股。还有更好的方法吗？例如，1 月份的股价是 20 美元，你的投资金额低于 100 美元，只买进 2 股，3 月份的股价是 10 美元，你的投资金额多于 100 美元，买进 15 股。这样，股价高时，买进更少的股票，股价低时，买进更多的股票，成本可以继续摊平。

　　在某个特定期间，你期望达成怎样的资金增长率？"价值平均法"需要设定一个资金增长率。所谓的特定期间通常是月份，但我个人更偏爱以季度为单位，这样不需要经常调整，让市场有充足的时间运行。

　　我希望投资组合每个季度能增长3%，相当于年度报酬率为12.6%，比标普500长期报酬的10.5%高出20%。通过复利效应，这种绩效差异能够拉开距离。

　　不同于"成本平均法"的定期定额投资，"价值平均法"有时甚至会卖出股票。举例来说，当股票投资组合在第一个季度增长5%时，你就需要卖出一些股票，毕竟已经超额完成了3%的增长目标。反之，如果第一个季度的表现不及预期，增长率低于3%，你就需要动用多余的资金买进更多数量的股票，从而推动股票投资组合的价值增长3%。

　　对于"价值平均法"，你需要挑选合适的投资工具，才能实现每个季度增长3%的目标。举例来说，银行存款显然并不合适。如果以银行存款为投资工具，为了让你的资金在每个季度增长3%，你需要在每个季度都向银行存入新的存款。这只是储蓄，而非投资。

　　所以，这项计划需要火力支援。"价值平均法"的理想投资工具，应该具有合理程度的价值波动，费用还要低廉。举例来说，先锋整体股票交易所交易基金（Vanguard Total Stock Market ETF，代码VTI）就是费用最低的ETF。它试图追踪MSCI美国大盘市场指数，其报酬率与道琼斯工业指数以及标普500指数相似。

　　我们可以使用另一种更好的工具——ishare标普600小型股指ETF（代码IJR）。它的费用稍高，但是威力更大。它的费用虽然高于VTI，但是仍然显著低于ETV费用的中位数0.5%。IJR还有另一项好处，很多经纪商都能提供零佣金交易，包括富达与TDAmeritrade。你如果在先锋开户，使用小型股ETF（代码VB）就能取代IJR，因为其绩效与IJR近乎完全相同，费用只有0.12%，而且先锋还提供零佣金交易。不过，为了保持计划的整体适用性，我们的投资工具还是选定IJR。

　　回顾前文，我们懂得了中小型股的表现优于大型股。IJR与VTI的历史表现印证了这项事实。从 2002 年 4 月中旬至 9 月底，VTI 下跌了 28%，IJR 下跌了 30%，跌幅相当。从 2002 年 9 月底到 2007 年 7 月初，VTI 上涨了 103%，IJR 上涨了 144%。从 2007 年 7 月底到 2009 年 2 月底，两者又大约下跌了 48%。从 2009 年 1 月底到 2012 年 1 月底，VTI 上涨了 74%，IJR 上涨了 93%。小型股的绩效通常更为出色，这也是我们选择 IJR 的原因。我们在探讨其他策略时，将会说明中型股的优势。

让我们通过实际案例，说明 IJR 的运作，涵盖期间为 2007 年 12 月 31 日到 2011 年 12 月 30 日，其中包括了 2008 年的崩盘与随后的复苏。假定初始投资金额为 1 万美元，下表列举了 IJR 的季度收盘价，以及完成每个季度赚3%的目标需要采取的行动。

季末	IJR 价格	持有份额	目前价值	实现3%增长所需份额	行动	现金流量	新现金余额	新 IJR 余额
2007 年 12 月	$ 65.02	0	$ 0.00	NA	买入 154 份	− $ 10,013	$ 0	$ 10,013
2008 年 3 月	$ 59.93	154	$ 9,229	172	买入 18 份	− $ 1,079	$ 0	$ 10,308
2008 年 6 月	$ 60.17	172	$ 10,349	176	买入 4 份	− $ 241	$ 0	$ 10,590
2008 年 9 月	$ 59.51	176	$ 10,474	183	买入 7 份	− $ 417	$ 0	$ 10,890
2008 年 12 月	$ 43.97	183	$ 8,047	255	买入 72 份	− $ 3,166	$ 0	$ 11,212
2009 年 3 月	$ 36.39	255	$ 9,279	317	买入 62 份	− $ 2,256	$ 0	$ 11,536
2009 年 6 月	$ 44.43	317	$ 14,084	267	卖出 50 份	+ $ 2,222	$ 2,222	$ 11,863
2009 年 9 月	$ 52.34	267	$ 13,975	233	卖出 34 份	+ $ 1,780	$ 4,002	$ 12,195

2009 年 12 月	$ 54.72	233	$ 12,750	230	卖出 3 份	+ $ 164	$ 4,166	$ 12,586
2010 年 3 月	$ 59.45	230	$ 13,674	218	卖出 12 份	+ $ 713	$ 4,879	$ 12,960
2010 年 6 月	$ 54.14	218	$ 11,803	247	买入 29 份	− $ 1,570	$ 3,309	$ 13,373
2010 年 9 月	$ 59.09	247	$ 14,595	233	卖出 14 份	+ $ 827	$ 4,136	$ 13,768
2010 年 12 月	$ 68.47	233	$ 15,954	207	卖出 26 份	+ $ 1,780	$ 5,916	$ 14,173
2011 年 3 月	$ 73.56	207	$ 15,227	198	卖出 9 份	+ $ 662	$ 6,578	$ 14,565
2011 年 6 月	$ 73.32	198	$ 14,517	205	买入 7 份	− $ 513	$ 6,065	$ 15,031
2011 年 9 月	$ 58.54	205	$ 12,001	264	买入 59 份	− $ 3,454	$ 2,611	$ 15,455
2011 年 12 月	$ 68.30	264	$ 18,031	233	卖出 31 份	+ $ 2,117	$ 4,728	$ 15,914

让我们来看看这套"价值平均法"的计划，它推动投资人在股价下跌时投入更多资金，并在价格上涨时获利了结。价格跌得越多，就需要投入更多的资金，让投资人动用更多的资金买进价格便宜的股票；价格涨得越多，投资人就需要卖出更多的股票。

首先请观察第 7 行，也就是 2009 年 6 月份。前三个月的 IJR 余额 11536 为美元，目前价值为 14084 美元。前三个月的余额 11536 美元增长 3%，结果就是 11882 美元。显然，14084 美元的目前价值已经超过了目标余额 11882 美元。目标余额 11882 美元除以 IJR 价格 44.43 美元，代表目前只需要持有 267 股就能完成每个季度赚 3% 的目标。当前实际持股为 317 股，需要卖掉 50 股，从而只需持有 267 股，让目标余额正好满足 3% 的增长目标即可。

即使处在艰难时期，这套计划在2009年6月份依然能够自给自足。从2009年6月份开始，这套计划始终保持正值的现金余额，不需要投入新资金。到了2011年12月，该计划的账户总余额达到20642美元（15914+4728），相对于2007年12月到2009年3月投入的资金17172美元来说（10013+1079+241+417+3166+2256），获利达到20.2%，按照当时的市况，这个结果很不错了。另外，IJR还分配了514美元的股息。所以，实际期末余额为21156美元，相当于获利23.2%（以17172美元为基数）。

请注意，IJR的季度增长率并非是精确的3%，原因是对IJR的基金份额进行了四舍五入的取整。基金份数必须取整，在实际操作中需要考虑这点。

如果不幸遭遇2008年12月份的暴跌，你可能就缺乏资金，难以维持计划所需。面临这种资金不足的情况，你应当努力保障计划的运行。类似于2008年的空头市场极其罕见，你在当时想必有些积蓄，可以趁着IJR价格非常低迷时，把部分积蓄投入进来，继续买进IJR。例如，IJR在2009年3月的价格低至36.39美元。

请参考本书的附录三，我重新编制了该计划的表格，涵盖期间从2005年底到2011年底。除了初始投资之外，这套计划在随后的两年期间基本自给自足。次贷危机期间，为了维持该计划，需要投入新资金。此时，你或许还能投入更多资金用于投资。你如果购买了本书，想必有储蓄习惯。

以IJR为投资工具，并且在每个季度让股票价值固定地增长3%，这是个相当不错的核心投资策略。它能够自动地低价买进，高价卖出，并且屏蔽了媒体的激情渲染，让你冷静客观地进行投资。

一旦有了核心投资组合，就要想方设法提升获利能力，这也是我在下文准备探讨的主题。

短暂又甜蜜的回顾：道琼斯工业指数

道琼斯工业指数（简称 DJIA）是查尔斯·H. 道在 1884 年创立的。他当初挑选了 11 只交投最为活跃的股票作为成分股，其中有九只属于铁路股。每天交易结束，他就把这 11 只股票的收盘价加总，然后除以 11，得出的结果就是当天的道琼斯工业指数。1896 年，《华尔街日报》首次公布了真正的道琼斯工业指数，由 12 只大型股组成。通用电器就是其中之一，它在当前仍是道琼斯成分股。1916 年，指数的成分股增加至 20 只。1928 年又增加至 30 只。

道琼斯工业指数是整体股票市场的基准，虽然并不完美，却因为简单，得到了最为广泛的应用。其他的如标普 500 指数、纳斯达克综合股价指数、威尔夏 5000 种指数代表着更广泛的市场，更适合用于衡量共同基金、对冲基金与其他投资组合的绩效。虽说如此，但道琼斯工业指数仍然是最受欢迎的指数，大多数大型媒体每天都会报道。经纪商更是每隔几分钟就会更新指数资料，当道琼斯工业指数首度突破 3000 点大关时，全世界的人都众所周知，突破 4000 点、5000 点、6000 点、12000 点时，也是万众瞩目。可是，很少有人知道标普 500 指数的当前状况。

令人惊叹的是，道琼斯工业指数的长期表现大致与标普 500 指数相当。过去 75 年来，两者的年度报酬率都是 10.5%。近期以来，道琼斯工业指数的表现似乎稍好。2007 年 12 月 31 日结束的 10 年期间，标普 500 指数上涨了 51%，道琼斯工业指数则上涨了 68%。在空头市场中，截止至 2008 年 12 月 31 日的 10 年期间，标普 500 指数下跌了 27%，道琼斯工业指数则下跌了 4%。2008 年的经济衰退情况相当严重，影响了多年的报酬。截止至 2011 年 12 月 30 日结束的 10 年期间，标普 500 指数只上涨了 10%，道琼斯工业指数同期上涨了 22%。所以，最近以来，无论是多头还是空头市场，道琼斯工业指数的表现都更好，凸显了道琼斯 30 只成分股的重要性，每只股票都是产业的龙头股，足以代表没有上市的同行。

不妨把道琼斯工业指数视为小型国会，每位议员都代表美国经济的某个层面。国会议员每天对市场状况进行投票，有些议员代表着电脑产业（惠普、IBM、英特尔、微软），有些议员代表着食品业（可口可乐、卡夫食品、麦当劳），医疗保健业（强生、默克、辉瑞），零售业（家得宝、沃尔玛），娱乐业（迪斯尼），汽车业（通用），航空业（波音），金融业（美国运通、美国银行、花旗、摩根大通）等。

以下是道琼斯工业指数目前的 30 只成分股与报价代码。

Alcoa AA	DuPont DD	McDonald's MCD
American Express AXP	Exxon Mobil XOM	Merck MRK
AT&T T	General Electric GE	Microsoft MSFT
Bank of America BAC	Hewlett-Packard HPQ	Pfizer PFE
Boeing BA	Home Depot HD	Procter & Gamble PG
Caterpillar CAT	Intel INTC	3M MMM
Chevron CVX	IBM IBM	Travelers TRV
Cisco Systems CSCO	Johnson & Johnson JNJ	United Technologies UTX
Coca-Cola KO	JPMorgan Chase JPM	Verizon Communications VZ
Disney DIS	Kraft Foods KFT	Wal-Mart WMT

听说过他们吗？如果没有，放下这本书，拿起你的木棍回到你山顶的洞里去吧。你已经上升到超越商业和利润需求的生存层面了。

道琼斯成分股最大的特色，就是规模庞大。以沃尔玛为例，该公司2011 年的销售金额为 4500 亿美元，相当于美国 GDP 的 3%。该公司聘用的员工人数超过 200 万。沃尔玛在全世界拥有将近 9000 家店面。每一家道琼斯成分股企业的年度销售金额都以十亿美元计，经常横跨数个不同行业，大多属于国际性企业。公众在这些巨头企业中消费的资金超乎你的想象。

举例来说，你使用含有英特尔芯片的惠普电脑，通过微软的

Windows 操作系统，使用微软的 Words 编制女儿生日派对的邀请卡。确定参加派对的小朋友人数之后，你到沃尔玛购买了所需用品，用美国银行的信用卡付款。生日派对当天，你通过威讯手机接听了小朋友家长的电话，但是你的通话意外中断，你就改用 AT&T 的电话予以回复。派对过程中，有两位小朋友打翻了可口可乐的饮料瓶。你为小朋友点了麦当劳的快乐儿童餐。小朋友吃完了快乐儿童餐之后，跑到外面玩，你趁着这个空当，使用 Mr. Clean 清洁厨房。在小朋友打球的半场休息期间，你拿出一盒奥利奥饼干送给小朋友当零食。小朋友膝盖受伤了，你拿出 Band-Aids 帮他们清洁伤口，并用 Bengay 药膏帮助一些小朋友按摩肩部。你感觉自己有点头疼，就吞了几颗 Tylenol 药片。奥利奥饼干是卡夫食品公司 Nabisco 部门生产的。Band-Aids、Bengay 和 Tylenol 都是强生公司不同部门的产品。然后，你的女儿打开礼物，开心地安装上金顶电池。在派对的最后阶段，大家一起观赏迪斯尼制作的 DVD 影片。小朋友回家之后，你把剩余的食品用 Reynold Wrap 锡箔纸包起来。这些都是美铝公司的产品。你的女儿用高露洁牙膏刷完牙上床。你把她脏兮兮的衣服泡在水中，加入一些汰渍洗衣液，拿些 Iams 狗食与 Eukanuba 猫食分别喂了狗和猫。自己则喝了一杯麦斯威尔咖啡。然后，你用欧蕾洗脸，用 Oral-B 刷牙。麦斯威尔属于卡夫食品，Mr. Clean、金顶电池、高露洁牙膏、汰渍、Iams 与 Eukanuba、欧蕾、Oral-B 都是宝洁的产品。

我敢打赌，我的儿孙辈继续与这些道琼斯成分股打交道。我如此笃定，是因为《华尔街日报》的编辑会定期更新道琼斯工业指数的成分企业，剔除一些被时代淘汰的企业，并纳入新的行业领导者。举例来说，2004 年 4 月 8 日，AIG、辉瑞与威讯分别取代了 AT&T、伊士曼柯达和国际纸业，而成为新的道琼斯成分股。2005 年 12 月 1 日，AT&T 与先前的道琼斯成分股 SBC Communication 合并之后，也重新成为道琼斯成分股。2008 年 2 月 19 日，雪佛龙与美国银行取代了奥驰亚（Altria Group）与汉威联合（Honeywell）。2008 年 9 月 22 日，卡夫食品附属的奥驰亚取代了 AIG。总体来说，道琼斯成分股代表着美国最为重要的大型企业。

道琼斯成分股企业都是一些庞然大物，它们的产品充斥着我们生活的每个层面。这些国际巨头是强有力的存在。如果你想在一群船里面寻找超级战舰，那就是道琼斯成分股了。

在 2008 年的历史中，即使是超级战舰也会遭遇灾难。通用汽车曾经是道琼斯成分股企业，它的股价从 2007 年 10 月至 2008 年底下跌了 91%。另一只曾经的道琼斯成分股 AIG，股价也在前述期间下跌了 98%。AIG 在 2008 年 9 月 22 日就退出了道琼斯成分股的行列。在 2008 年 9 月 8 日到 9 月 22 日的短短数天之内，AIG 的股价就暴跌了 78%。

"道琼斯股息策略"

道琼斯工业指数的成分股企业虽然不是所向无敌的，但是十分强大。由于其实力强大，如果能够趁着价格偏低的机会买进，通常就是相当牢靠的投资。对于体质比较弱的企业来说，你如果趁着低价买进，可能面临巨大的风险，因为价格低通常也表明企业很可能倒闭。可是，对于道琼斯成分股来说，倒闭的可能性很低——虽然不是零，但倒闭的风险确实太低了。

通过股息收益率寻找股价便宜的投资机会

如何判断道琼斯成分股的股价是否便宜呢？观察股息收益率！如同各位在本书第三章读到的，詹姆士·欧沙纳西针对华尔街 83 年历史所做的研究显示，买进收益率偏高的大型绩优股，是一种有效的策略。

套用在道琼斯成分股身上，就形成了"道琼斯股息策略"。这种策略理念虽然存在了数十年，但麦可·欧西金与约翰·道尼斯在 1991 年出版的《击败道琼斯工业指数》更为清晰地勾画出了这种策略。

道琼斯成分股能够稳定地支付股息，因此，股息收益率就成为相当可靠的指标，能够显示股价的便宜程度。我们知道，股息收益率就是"年度股息"除以"股价"，以百分率表示。所以，股价如果是 100 美元，年度股息为 5 美元，股息收益率就是 5%。股息收益率的计算方法虽然简单，但是仍然不必自行计算，道琼斯工业指数的信息不止每天刊载于主要报纸，网络上也时常可见。

股息收益率是由两项数据决定的。如果一项数据保持不变，那么股息收益率将由另一项数据决定。道琼斯成分股分配的股息金额相当固定，这些大型企业不会随便调整股息。对于道琼斯成分股来说，股息收益率只会受到一种变数影响——股价。股价每天都会发生变动，所以股息收益率也是如此。

道琼斯 30 只成分股的价格频繁波动，以 IBM 为例，假定股价是 86 美元，每季股息为 0.35 美元（年度股息相当于 1.4 美元）。你查阅报纸、上网查询或者自行计算，就能得出 IBM 的股息收益率为 1.6%（1.4/86）。数月之后 IBM 股价跌至 42 美元，年度股息仍然是 1.40 美元，所以股息收益率是 3.3%。股息收益率之所以升高，完全是因为股价下跌的缘故。对于同一家企业来说，股价降低，通常代表较好的投资机会。如果股价跌了一半，你就认为 IBM 面临倒闭吗？倒闭的概率极低。道琼斯工业指数成分股的股价通常不会长久低迷，这些股票不会长期无人问津。所以，IBM 的股价迟早会反弹，重新回到应有的水准；如果你趁着低价买进，就会因为股价上涨而获利。等到股价回升时，股息收益率也因为股价升高而出现了下降，因此，你就明白何时应该抽离资金，开始投资其他的股息收益率偏高的道琼斯成分股。

如何投资高收益率的道琼斯成分股？

如果你信赖道琼斯成分股的可靠性，也理解了股息收益率能够充分地反映股价的便宜程度。我们该如何将"道琼斯股息策略"应用于实战呢？

根据我设计的计划，你只需要花费 15 分钟时间，就能找到股息收益率最高的 10 只道琼斯成分股，然后向每只股票分别投入 10% 的资金。往后的每一年，你都重复这个程序，重新调整投资组合。换言之，每年只要花费 15 分钟，你就能完美执行"道琼斯股息策略"。欧希金表示，对于"道琼斯股息策略"，你"需要在每年的特定时点仔细地评估与更新投资组合，然而，在此期间你却完全不需要理会"。为了方便说明，我们追踪的资料都是从 1 月 1 日起，但你的操作可以从任意时间开始。

首先，我将说明挑选 10 只股息收益率最高的道琼斯成分股的方法，然后再对五种最为常见的"道琼斯股息策略"进行评估。

在运用"道琼斯股息策略"时，请登录 Finance.Yahoo.com，点选道琼斯工业指数，然后，点选成分股。这个时候，你能够查看全部的 30 只道琼斯成分股。点选每只股票，就可以查阅进一步的资讯；你需要分别记录每只成分股的股价与股息收益率，从中挑选出股息收益率最高的 10 只股票。如果股息收益率相同，挑选股价较低的股票。对于这 10 只股票，按照股价由低到高的顺序进行排列，分别标示为 1—10；换言之，将股价最低者标示为 1，股价次低者标示为 2，依此类推。

读者如果觉得上述程序过于烦琐，可以直接访问 www.dogsofthedow.com，可以查看每家公司的股息收益率、股价与其他资讯。你也能查看股票排序。

整理一份清单，列出这 10 只股票的名称、代码、股息收益率与价格。2011 年 12 月 30 日，我列举的资料如下：

排序	公司名称	代码	股息收益率	股价
1	通用电气	GE	3.8%	17.91
2	辉瑞	PFE	3.7%	21.64
3	英特尔	INTC	3.46%	24.25
4	AT&T	T	5.82%	30.24
5	卡夫食品	KFT	3.1%	37.36
6	默克	MRK	4.46%	37.70
7	威讯	VZ	4.99%	40.12
8	杜邦	DD	3.58%	45.78
9	强生	JNJ	3.48%	65.58
10	宝洁	PG	3.15%	66.71

所有的"道琼斯股息策略"都是根据这 10 只股票构成。

让我们稍微讨论一下 2 号股票（上述表格内，辉瑞是 2 号股票）。麦可·欧希金称这只股价次低的股票为"获利潜能次低的股票"。根据历史资料显示，这只股票的回报超过了其他道琼斯成分股。价格最低的股票经常面临着真正的麻烦，从而导致股价跌至低谷。反之，股价次低的股票，通常没有遭遇大麻烦，既有高股息收益率，股价又相当便宜，因此可以期待后市上涨。可是，如同各位将要看到的，当这只股票差时，将会非常差。

以下是四种常用的"道琼斯股息策略"。初始资金是 10000 美元，投资于 10 只股票。

● **"10 只道琼斯股"策略**：等量买进 10 只股票。向 10 只股票中的每只股票都投资 1000 美元。

● **"5 只最高收益率道琼斯股"策略**：买进 10 只股票中股息收益率最高的 5 只；换言之，向 AT&T、威讯、默克、通用电气与辉瑞分别投资 2000 美元。

● **"5 只最低价道琼斯股"策略**：买进 10 只股票之中价格最低的 5 只股票。欧希金推荐这种策略，因为低股价低通常意味着后市有良好表现。编号 1 至 5 的股票，分别投资 2000 美元。

● **"单只道琼斯股"策略**：所有的资金都投资于 2 号股票，也就是获利潜能倒数第二的股票。将 10000 美元都投资于辉瑞。

绩效表现

下表显示了前述四种"道琼斯股息策略"截至 2011 年 12 月 30 日为止的 40 年期表现，资料取自投资顾问马克·潘金的网站 www.pankin.com。相关数据只反映价格变动，不包括股息在内：

策略名称	平均年度报酬率	最佳年份	最差年份
"10 只道琼斯股"策略	7.9%	48.1%	−41.6%
"5 只最高收益率道琼斯股"策略	7.3%	61.2%	−48.8%
"5 只最低价道琼斯股"策略	9.6%	60.8%	−51.5%
"单只道琼斯股"策略	4.6%	183.4%	−87.1%
"道琼斯工业指数"策略	6.8%	38.3%	−33.8%

长期而言，在这四种策略之中，有三种能够明显胜过"道琼斯工业指数"策略。唯一没有胜过"道琼斯工业指数"策略的是"单只道琼斯股"策略，原因在于后者于 2008 年持有了通用汽车、2009 年持有了美国银行。通用汽车的股价在 2008 年下跌了 87%；美国银行从 2008年底到 2009 年 2 月，股价下跌了 82%，甚至在股价大幅反弹的年底，股价也只回升了 7%（道琼斯工业指数同期反弹了 19%）。2010 年的单只道琼斯股为卡夫食品，2011 年为英特尔。这两只股票同期的表现分别为 16% 与 15%，而道琼斯工业指数的同期表现为 11% 与 6%。可以将部分资金投入到"单只道琼斯股"策略中进行投机，但是不宜使用该策略建立投资组合。最佳策略是欧希金最初建议的"5 只最低价道琼斯股"策略。

相关资料显示，股息收益率是挑选价值被低估的道琼斯成分股的理想指标。

"双倍道琼斯绩效"策略

"道琼斯股息策略"的表现虽然很好，我们还是能找到方法，击败前述的全部"道琼斯股息策略"。首先，让我们查看一些背景资料。

当我刚开始研究"道琼斯股息策略"时，我发现，使用杠杆可以让投资绩效轻松超越道琼斯工业指数。所以，似乎没有理由通过高股息收益率去挑选某些道琼斯成分股。换言之，只要使用杠杆，就能轻松提升绩效，实在没必要特别强调股息收益率。

可是，本书第一版发行时，个人投资者还没有可靠的办法直接投资于道琼斯成分股。虽然你可以直接买进所有 30 只道琼斯成分股，并且随时进行必要的调整，但是，工作量很大。你也能投资于某些指数基金，但绩效将落后于"道琼斯股息策略"。所以，为了击败道琼斯工业指数，"道琼斯股息策略"仍然是个人投资者能够获得的最好方法，因此，它也是本书第一版推荐的唯一策略。

金融市场随后推出了两种产品，可以方便地将杠杆应用于道琼斯工业指数。这两种产品分别为：

√ ProShare 的 Ultra Dow 30 ETF，报价代码 DDM。和普通上市股票一样，投资人可以通过保证金账户，直接买卖这种产品。绩效能够达到道琼斯工业指数的两倍。

√ ProFunds 的 Ultra Dow 30 共同基金。多数经纪商都提供这种产品，报价代码为 UDPIX。同样可以通过保证金账户操作，绩效可以是道琼斯工业指数的两倍。

通过这两种产品，都可以实现双倍的道琼斯工业指数绩效，通常也能胜过"道琼斯股息策略"。

接下来，我准备说明杠杆的功能，讲解实现双倍道琼斯绩效的三种方法。

杠杆的优点与缺点

很多人都熟悉杠杆的功能。举例来说，你购买房子时房价为 20 万美元，首付款为 4 万美元，五年之后，你按照 25 万美元的价格卖掉房子。通过这笔交易，你赚了 5 万美元。对于你投资的 4 万美元来说，投资报酬率高达 125%。

这是怎么回事呢？你通过房地产抵押贷款启动杠杆，扩张了信用，投资 4 万美元买进新房子，并且利用房子作为抵押，从而取得 16 万美元的贷款。换言之，你已经通过 4 万美元控制了价值为 20 万美元的资产。

通过杠杆进行股票投资也是如此，你通过融资方式，买进了 250 股通用汽车的股票，或者通过保证金账户买进了 250 股通用汽车的股票，换言之，你买进了 250 股通用汽车的股票，以此为抵押，向经纪商借钱买进通用汽车的股票时，你只需要支付半数的资金，就可以用剩下的资金取得融通，所以你只需要支付 5000 美元，就能控制价值 1 万美元的通用汽车股票，这种情况下，如果通用汽车的股价上涨 20%，就你支付的半数价款来说，报酬率就有 40%。

这意味着什么？信用扩张会扩大投资盈亏，继续引用先前的例子，如果通用汽车的股价下跌 20%，你将会产生 40% 的亏损。除此之外，你还必须支付融通借款的利息。举例来说，富达 10000 美元以下的融资，利率为 8.6%。

我通常并不赞成杠杆投资。每个人在投资时通常都会犯下或大或小的错误，如果使用杠杆，伤害将非常严重。

既然如此，我为何建议使用杠杆投资于道琼斯工业指数呢？因为这不是一只股票，而是 30 只股票，还是 30 只最为稳健的股票。当然，这并不是说使用杠杆买进道琼斯工业指数能够稳赚无忧。不过，由于这项指数长期处于涨势，使用杠杆投资于道琼斯工业指数，获利可期。

道琼斯工业指数的三种扩大信用的方法

如前述案例所示，你可以通过杠杆操作道琼斯工业指数。通过保证金账户买卖 Diamond 信托基金（代码 DIA），和买卖普通股票一样简单。这是一只追踪道琼斯工业指数的 ETF。开始时，你不必使用杠杆买入这只基金，先体会一番行情波动的感觉。等到充分了解其股性之后，再考虑是否进行杠杆交易。

可是，我建议各位采用 ProShare 的 Ultra Dow 30 ETF 或 ProFunds 的 Ultra Dow 30 共同基金。不要直接向经纪人融资。你可以直接买进这两只基金并让基金经理去处理杠杆问题。

就这两种产品来说，如果你经常做短线操作，我建议你使用 Ultra Dow 30 ETF。反之，如果你通常进行长期投资，则应该买进 Ultra Dow 30 共同基金。很多人可能每月或每季度都会固定投资，这样，买进 Ultra Dow 30 共同基金时就不会产生额外佣金。换言之，加码买进是免费的。如果选用了 Ultra Dow 30 ETF，每笔交易都会产生佣金，就如同买卖普通股票一样。

Ultra Dow 30 共同基金是通过期货、期权与互换交易撬动杠杆。这类交易工具已经超出了本书的内容范围，也与我们的探讨无关。你只需要知道基金的每日表现——不论盈亏——大约是道琼斯工业指数的两倍。

基金的绩效并不精确，但是短期绩效相当接近。长期而言绩效的表现较差，因为亏损会慢慢累积。为了抵消这方面的亏损，需要防范极端损失。

以下是"道琼斯工业指数"策略、"单只道琼斯股"策略与"双倍道琼斯绩效"策略在 2002 年 12 月 31 日到 2011 年 12 月 30 日的绩效对比，初始投资为 1 万美元：

日期	"道琼斯工业指数"策略（DJA）	"单只道琼斯股"策略（每年不同）	"双倍道琼斯绩效"策略（UDPIX）
2002 年 12 月 31 日	$ 10,000	$ 10,000	$ 10,000
2003 年 12 月 31 日	$ 12,427（+24%，2003）	$ 14,479（+45%，2003）	$ 15,094（+51%，2003）
2004 年 12 月 31 日	$ 12,776（+3%，2004）	$ 14,312（-1%，2004）	$ 15,906（+5%，2004）
2005 年 12 月 30 日	$ 12,710（-0.5%，2005）	$ 12,412（-13%，2005）	$ 15,265（-4%，2005）

2006 年 12 月 29 日	$14,805 (+17%, 2006)	$13,779 (+11%, 2006)	$19,642 (+29%, 2006)
2007 年 12 月 31 日	$15,752 (+6%, 2007)	$11,432 (-17%, 2007)	$21,097 (+7%, 2006)
2008 年 12 月 31 日	$10,401 (-34%, 2008)	$1,470 (-87%, 2008)	$7,905 (-63%, 2008)
2009 年 12 月 31 日	$12,368 (+19%, 2009)	$1,573 (+7%, 2009)	$10,835 (+37%, 2009)
2010 年 12 月 31 日	$13,741 (+11%, 2010)	$1,823 (+16%, 2010)	$13,251 (+22%, 2010)
2011 年 12 月 30 日	$14,480 (+5%, 2011)	$2,102 (+15%, 2011)	$14,451 (+9%, 2011)

关于这份表格的最新更新信息，请登录 www.jasonkelly.com/resources。

首先，各位应该留意 2008 年经济衰退的影响。"单只道琼斯股"策略当时持有通用汽车的股票，结果股价下跌了 87%，濒临破产。仅仅通用汽车这一只股票就破坏了"单只道琼斯股"策略，这一年期造成的损失就抵消了长达十年的累积投资获利。为了对比，我继续追踪"单只道琼斯股"策略，但我并不建议将其作为投资组合的核心。经过 2008 年的事件之后，你应当深深明白其中的道理。

Ultra Dow 30 共同基金在 2008 年也表现不佳，损失高达 63%，损失超过了过去 5 年累积的获利，这说明下档保护是十分必要的。就表格涉及的 9 年期间来说，最好的投资工具是通过 DIA 投资于道琼斯工业指数，绩效远远胜过 Ultra Dow 30 共同基金，波动也更为平缓。可是，我们的目标是击败道琼斯工业指数，而不只是某种类似于道琼斯工业指数的表现。请注意，如果没有发生 2008 年的损失，Ultra Dow 30 共同基金表现最好。如果我们能找到某种方法避开 2008 年行情的影响，我们的投资就能充分受益于杠杆的威力。我们稍后继续探讨这一话题。

与通过保证金账户进行融资交易相比，Ultra Dow 30 共同基金提供了杠杆效应，并且效率更高。富达的融资交易，对于 1 万美元以下的借款，利率为 8.6%。Ultra Dow 30 共同基金的年度费用仅为 1.7%。

相较于个人保证金账户，Ultra Dow 30 共同基金更为安全。为什么？因为共同基金投资不需要借款。通过个人保证金账户做交易，损失可能超过 100%。因为借款部分也可能发生损失，甚至还要支付利息。至于 Ultra Dow 30 共同基金，顶多发生 100% 的损失。

当然，道琼斯工业指数不会跌到零，因为所有的道琼斯成分股企业都宣布破产的情况，实在是匪夷所思。如果发生了这类集体破产的事件，投资损失已经不是最为重要的考虑了，而是出现了惊天巨变。

"最大化中型股投资" 策略

前面讨论了道琼斯成分股的性质。通过"道琼斯股息策略"，我们可以挑选出最适宜的进行短期投资的道琼斯成分股，从而击败了道琼斯工业指数。我们甚至通过杠杆创造出两倍于道琼斯工业指数的绩效。

现在，让我们将相同的杠杆，应用于不同的股价指数。我们的目标仍然是击败道琼斯工业指数，但是，我们的投资不再局限于道琼斯成分股，而是投资于全然不同的股票。

我们希望在空头市场中，这些股票的损失程度低于道琼斯工业指数。在多头市场中，它们的获利程度高于道琼斯工业指数。我发现一种股市指数确实具备了这种特质——标普 400 中型股指数。它由资本市场中的 400 只中型企业的股票构成。换言之，这些中型股的资本市值低于道琼斯工业指数成分股，也低于标普 500 指数的成分股，但是它们的市值又高于罗素 2000 小型股指数和标普 600 小型股指数的成分股。总之，这类中型股的规模处于合理的中等水平。

为了击败道琼斯工业指数，我尝试了很多方法，对各种股市指数的长期和短期绩效都进行了比较。我发现，绝大多数指数的绩效时好时坏，只有标普 400 中型股指数的绩效最为稳定，似乎永远都能名列前茅。举例来说，互联网泡沫破灭期间，它的绩效并不是特别糟糕，而在随后的复苏期间绩效却十分优异。

以下比较了标普 400 中型股指数与道琼斯工业指数的绩效（截止到 2011 年 12 月 30 日）。

指数	3 年期	5 年期	10 年期
标普 400 中型股指数	63%	9%	73%
道琼斯工业指数	39%	−2%	22%

标普 400 中型股指数也不免遭遇空头行情的冲击。近年来，最恶劣的空头市场莫过于 2008 年。标普 400 中型股指数在这一年下跌了 37%，而道琼斯工业指数的同期损失为 34%。下表列出了截止到 2008 年 12 月 31 日的总回报：

指数	3 年期	5 年期	10 年期
标普 400 中型股指数	−27%	−7%	37%
道琼斯工业指数	−18%	−16%	−4%

长期而言，中型股的表现优于大型股。大型股企业都是相关产业内规模最大、通常也是历史最为悠久的企业。大型股企业的发展已经成熟，成长速度不能与早期相提并论。

小型股企业的成长潜能可观，但也很危险。这些企业虽然有望成为星巴克、微软或辉瑞，但是更多的企业将最终消失或倒闭。小型股的投资充满了风险，如果碰到企业倒闭，投资人将一无所有。

至于中型股企业，这类企业基本上已经站稳脚跟，而成长潜能却从未完全消失。换言之，这些企业已经证明了其生存能力，但是尚未到达暮年。

现在，我们来探讨使用杠杆投资这项指数。

对于道琼斯工业指数的杠杆投资，我们建议采用 ProFunds 的 Ultra Dow 30 共同基金（代码 UDPIX）或 ProShare 的 Ultra Dow 30 ETF（代码 DDM）。对于标普 400 中型股指数的杠杆操作，我们建议采用 ProFunds 的 Ultra Mid-Cap（代码 UMPIX）或 ProShares 的 MidCap400（代码 MVV）。

另外，和道琼斯工业指数一样，共同基金允许后续的加码投资不必支付佣金，至于 ETF 也有一个好处，你可以像买卖普通股票那样交易。

根据我追踪《凯利快讯》的资料显示，将 Ultra Mid-Cap 应用于"最大化中型股投资策略"，将 Ultra Dow 30 共同基金（代码 UDPIX）应用于道琼斯工业指数的"双倍道琼斯绩效"策略，两种策略的绩效对比如下（2003 年 12 月 31 日到 2011 年 12 月 30 日）：

年份	"最大化中型股投资"策略	"双倍道琼斯绩效"策略
2003	60%	51%
2004	29%	5%
2005	19%	-4%
2006	10%	29%
2007	6%	7%
2008	-68%	-63%
2009	65%	37%
2010	50%	22%
2011	-13%	9%

仔细研究上述资料，你最希望剔除哪一年？是的，正是 2008 年。

让我们继续深入探讨。

下档风险

上述资料清晰地显示，一旦遭遇大熊市，这些策略的情况就不容乐观。任何杠杆操作的最大敌人都在于下档风险。事实上，造成 2008 年经济衰退的罪魁祸首，正是启用杠杆扩张了信用。商业银行陷入困境，也是源于在房地产市场启用杠杆扩张了信用。

防范杠杆造成的伤害，最简单的方法就是放弃杠杆，单纯地投资于道琼斯工业指数或标普 500 指数。很多投资顾问都是这样建议的，虽然不能击败市场，但起码能取得和市场相同的绩效。

可是，我们的目标是击败市场，只能想办法克服杠杆的缺陷。

最近，市面上出现很多杠杆类投资产品。标的指数已经不再局限于道琼斯工业指数或标普 400 中型股指数，涵盖市场涉及多种市值规模的企业的股票，甚至有海外股票、金融或能源类股票、石油或黄金商品，甚至还有外汇。这些产品的绩效也不再局限于两倍。有些商品提供标的指数的三倍绩效，甚至还提供标的指数的反向的两倍或三倍绩效。总之，针对特定的行情走势，目前已有多种不同绩效的产品可供运用。相关资料请参考本书（附录二）。

这些杠杆类投资产品，主要用于短期投资。它们大多追踪标的指数的逐日走势，导致较长期的绩效通常与标的指数之间产生落差。特别是在行情波动剧烈，而最终净变动不大时，即便投资人对中、长期的预测完全正确，而且也选中了正确的杠杆产品，但是在绩效上却不及标的指数。

假定你持有 MVV，这项投资工具追踪标普 400 中型股指数的逐日报酬。假定在某一周的礼拜一至礼拜五，中型股指数的报酬分别为：−5%、−3%、+4%、+3% 与 +2%。而股指在整个星期上涨了 0.7%。由于 MVV 的绩效理论上是股指的两倍，所以你的投资报酬率应该是

1.4%，对吗？可是，实际情况并非如此。因为 MVV 追踪的是股价指数的逐日行情，而非整个星期的绩效。将每天的绩效进行两倍的加总，结果这一周的绩效是 0.7%——与股指相同，但是价格波动却是两倍。如果一个星期就可能发生这样严重的误差，数月或数年的累计偏差不难想象。

杠杆并非全然无用。股票市场在三分之二的时期是上涨的，通过杠杆投资，报酬绩效应该会超过股指本身。我们将 Diamond Trust（代码 DIA）应用于"最大化中型股投资"策略、"双倍道琼斯绩效"策略，以及道琼斯工业指数本身，对比其中的绩效。假定初始投资为 1 万美元：

日期	"最大化中型股投资"策略	"双倍道琼斯绩效"策略	道琼斯工业指数
2002 年 12 月 31 日	$ 10,000	$ 10,000	$ 10,000
2003 年 12 月 31 日	$ 16,035	$ 15,094	$ 12,427
2004 年 12 月 31 日	$ 20,604	$ 15,906	$ 12,776
2005 年 12 月 30 日	$ 24,418	$ 15,265	$ 12,710
2006 年 12 月 29 日	$ 26,961	$ 19,642	$ 14,805
2007 年 12 月 31 日	$ 28,495	$ 21,097	$ 15,752
2008 年 12 月 31 日	$ 9,168	$ 7,905	$ 10,401
2009 年 12 月 31 日	$ 15,173	$ 10,835	$ 12,368
2010 年 12 月 31 日	$ 22,768	$ 13,250	$ 13,741
2011 年 12 月 30 日	$ 19,754	$ 14,450	$ 14,481

截至 2007 年 12 月 31 日为止的 5 年期间，使用杠杆的"最大化中型股投资"策略的绩效比道琼斯工业指数高出 81%，比"双倍道琼斯

绩效"策略高出34%。2008年的冲击也凸显了杠杆造成了重大的下档损失，"最大化中型股投资"策略的整体绩效落后于道琼斯工业指数12%，而"双倍道琼斯绩效"策略比道琼斯工业指数也落后24%。绩效追踪的精确程度随着时间的推移误差增大，截至2008年12月31日为止的6年期间，道琼斯工业指数增长了4%，而"双倍道琼斯绩效"策略按道理应该增长8%，实际却亏损了21%。

可是，各位正式放弃杠杆操作之前，需要考虑截至2007年底的五年期间的"最大化中型股投资"策略的突出表现。从2008年到2010年，它实现了高达148%的增长率。在这五年期间坚持这项策略效果非凡，所以，如果我们能够避开类似2008年的年份，杠杆的效益将十分明显。

运用技术指标协助限制下档风险

我们可以设法限制下档风险，从而提升永久性的投资组合的长期绩效。我们将探讨极具争议性的主题——择时。对于择时，有人认为"没有人能成功挑选买卖时机"，有些人则反驳说："你在胡扯!"

我们准备探讨三种技术指标。我个人认为，这三种技术指标彼此配合的功能颇为不错。对于它们能否正确地挑选时机，读者恐怕要自行判断。对于这类择时的动作，有人认为可行，有人认为行不通。双方见解都各有道理。我相信就算实现了择时，想必也很困难。但是，如果择时真的有用的话，还是值得探索择时的技巧的。

这三种技术指标并不完美，但聊胜于无。它们分别为简单移动平均线（SMA）、移动平均线收敛发散指标（MACD）与相对强弱指数（RSI）。我们先分别讨论这三种指标，最后再综合运用它们。

简单移动平均线（Simple Moving Average）

简单移动平均线（简称SMA）是一种显示主要趋势的平滑技术。假定某只股票最近5天的收盘价分别为32美元、36美元、34美元、35美元与31美元，则5天平均值为33.6美元，也就是取5天的总和

168，除以天数 5。我们隔天继续这样操作，继续计算最近 5 天的平均数，从而得出了 5 天期的移动平均线。事实上，我们可以得到任何周期的移动平均线，20 天、50 天与 200 天的移动平均线最为常见。

　　SMA 能够显示主要趋势。一般来说，SMA 如果向上，并且股价处于 SMA 的上方，就代表着上升趋势。反之，SMA 如果向下，股价处于 SMA 的下方，就代表着下降趋势。

　　通过 SMA 观察买卖机会，最简单的方法，就是观察股价与 SMA 的关系——通过股价向上或向下穿越 SMA 来判断买卖信号。当行情处于上升趋势，SMA 能够发挥下档支撑的功能，价格在跌破 SMA 之后重新向上穿越 SMA，通常被视为买进信号。以下是道琼斯工业指数 ETF（代码 DIA）的日线图，其中含有 20 天 SMA。

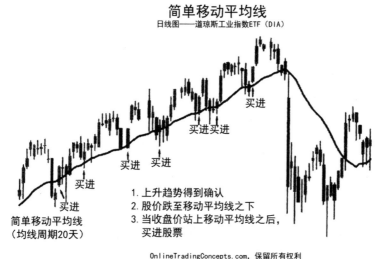

简单移动平均线
日线图——道琼斯工业指数ETF（DIA）

OnlineTradingConcepts.com, 保留所有权利

　　请注意，相较于股价图表本身，SMA 更为平滑，能够更清晰地显示主要的上升趋势，然后……向下反转。这种提示很有价值。

　　当趋势向下时，SMA 承担着上档压力的功能，当股价向上穿越 SMA 之后重新跌破 SMA，代表着卖出信号。请参考下列情形：

日线图——道琼斯工业指数ETF（DIA）

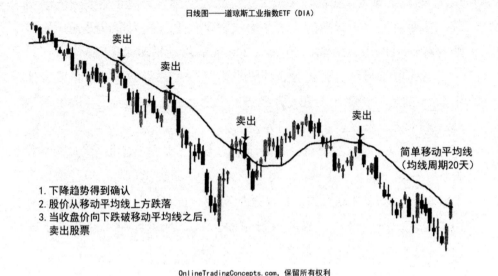

卖出

卖出

卖出

卖出

简单移动平均线
（均线周期20天）

1. 下降趋势得到确认
2. 股价从移动平均线上方跌落
3. 当收盘价向下跌破移动平均线之后，
    卖出股票

OnlineTradingConcepts.com，保留所有权利

　　有些投资者同时使用数条不同周期的 SMA，例如，20 天、50 天与 200 天 SMA，并通过 SMA 的穿越信号来判断时机。

　　在 2008 年的范例中，为了单纯起见，我们只采用了 50 天移动平均线，通过股价与 SMA 的穿越信号来判断时机。

移动平均线收敛发散指标（MACD）

　　MACD 通过收盘价的快速与慢速指数移动平均线而判断趋势。同前述的 SMA 一样，指数移动平均线是计算移动平均线的另一种方法，更为重视近期状况（配置了较大的权重）。慢速与快速是指周期而言，快线的周期较短，慢线的周期较长。这两种移动平均线都会收敛和发散，从而提供了方向信号。所以，这种技术指标被称为"移动平均线收敛发散指标"，简称 MACD。

　　MACD 指标由三部分构成：

- MACD：12 期 EMA 减掉 26 期 EMA，得到差值，就能绘出 MACD。这两条 EMA 也就是前文所述的快线和慢线。此处的"周期"，可以是小时、天、周、月或任何时段，通常是指"天"而言。

- MACD 信号线：这是 MACD 的 9 期 EMA，也就是"12 期 EMA 减

掉 26 期 EMA 的差值"。

- MACD 柱状图：MACD 减去 MACD 的信号线，得到差值，就能绘出 MACD 柱状图。这项指标通常是以柱状图表示，显示 MACD 位于信号线之上或之下。

下述图表说明了 MACD 的三个部分：

它说明了 MACD 的走势图，需要与股价图表结合起来判断。

MACD 怎样使用呢？主要是观察两条移动平均线的交叉穿越关系。当 12 期 EMA 快线向上穿越 26 期 EMA 慢线时，使得 MACD 穿越零线之上，代表着买进信号。反之，12 期 EMA 快线向下穿越 26 期 EMA 慢线时，MACD 就会穿越到零线之下，就代表着卖出信号。

另外，我们也可以观察 MACD 与 MACD 信号线之间的穿越关系。当 MACD 向上穿越 MACD 信号线时，此时柱状图向上穿越零线，就代表着买进信号。反之，当 MACD 向下穿越 MACD 信号线时，此时柱状图向下穿越零线，就代表着卖出信号。

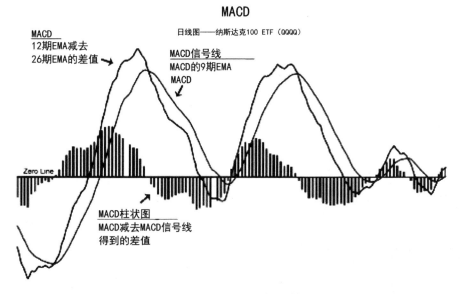

OnlineTradingConcepts.com，保留所有权利

一图顶千言，通过下方图表，详细说明 MACD 的各个组成部分：

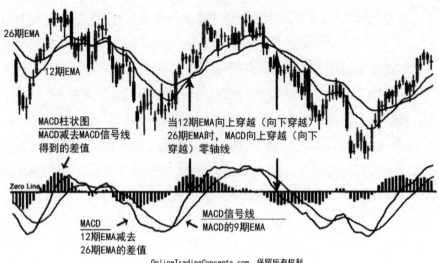

MACD

日线图——纳斯达克100 ETF（QQQQ）

26期EMA

12期EMA

MACD柱状图
MACD减去MACD信号线
得到的差值

当12期EMA向上穿越（向下穿越）
26期EMA时，MACD向上穿越（向下
穿越）零轴线

Zero Line

MACD
12期EMA减去
26期EMA的差值

MACD信号线
MACD的9期EMA

OnlineTradingConcepts.com，保留所有权利

　　我个人觉得，MACD柱状图最好用。柱状图的结构很单纯，其高度与深度可以显示投资处于有利或不利的状态。当柱状图向零线发展时，显示市况发生变动，当柱状图穿越零线时，代表出现了新趋势。

　　请注意，无论是通过哪种方式追踪 MACD，都无法精确地判断行情的头部与底部，但是，我们可以通过 MACD 掌握趋势的大部分波段。这就是我们使用 MACD 的目的。如果你执着于精确地找到市场的绝对顶部与底部，无异于痴人说梦。饶了自己吧，你能拿到趋势的大部分波段就很强悍了。

相对强度指数（RSI）

　　相对强度指数（relative strength index，简称 RSI）将目前价格与历史价格进行对比，用来衡量目前的价格强度。请注意，RSI 比较的是某项投资的目前状况与历史状况。另一种衡量标准与之接近，就是相对强度指标，它比较了某只股票与其他股票的价格行为强度。本书第三章曾经讨论过相对强度指标，在第六章的《投资人经济日报》中，我们也会提及这项指标。

　　通过某项投资的历史资料显示，当价格趋势即将反转时，无论是从低点向上反转，还是从高点向下反转，都可以通过 RSI 看出征兆。RSI 的概念易于理解，它的读数介于 0 到 100 之间，当读数超过 70 时，代表着超买状态，股价倾向下跌。当读数不及 30 时，代表着超卖状态，股价倾向上涨。但是，当 RSI 进入超买或超卖状态时，投资人需要等待趋势确实反转了，然后才能买进或卖出。因为你无法知道超买或超卖状况会持续多久，只有当 RSI 跌破 30 并且反转，并且重新向上穿越 30，才代表着买进信号；当 RSI 向上穿越 70 然后反转，并且重新向下跌破 70，才代表着卖出信号。RSI 属于振荡指标，它在 0 到 100 之间来回振荡。

　　与 SMA、MACD 一样，RSI 需要设定周期。RSI 的预设周期是 14，所谓的"周期"可以是小时、天、周、月或任何时段，通常是指"天"而言。周期越短，RSI 提供的信号越多，反之亦然。

　　以下图例显示 eBay 的 RSI：

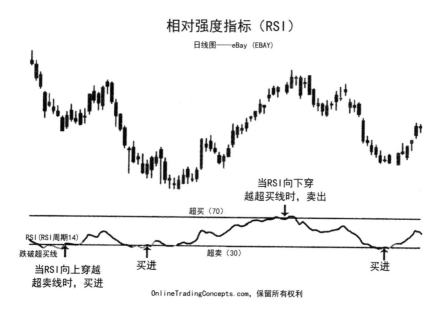

相对强度指标（RSI）

日线图——eBay（EBAY）

　　请注意图形下方最左侧的情况。我们看到 RSI 跌破了超买线，但是 eBay 继续下跌。所以，如果想买进 eBay，需要等到 RSI 重新向上穿越超买线。有时，RSI 会出现相当极端的超买或超卖状态。上涨趋势出现之前，RSI 甚至能低达 15，下降趋势出现之前，RSI 甚至能高达 90。

综合运用

现在，我们将综合运用 SMA、MACD 与 RSI，使"最大化中型股投资"策略避开 2008 年的冲击。一般来说，在这三种技术指标中，如果有两种技术指标发出了警报信号，就充分地提示了股价下跌的风险。

下图显示了 UMPIX 从 2006 年 12 月 29 日到 2008 年 12 月 31 日的图表，其中包括了 SMA、MACD 与 RSI 三项技术指标。它们都采用了默认周期。

2007 年 2 月底，MACD 与 RSI 都出现了卖出信号，虽然股价本身与 SMA 仍然呈现上升趋势。我们看到，MACD 向下穿越信号线，RSI 向下穿越 70。股价虽然曾经跌破 SMA，但很快又回升反弹，还没有出现趋势变动的明显征兆。到了 4 月份，MACD 与 RSI 又提示了买进信号。请注意，从 3 月初到 6 月初之间，MACD 与 RSI 出现了彼此冲突的信号，但 SMA 显示的上升趋势没有变化。这也是我们同时采用三种技术指标的原因。

2007 年 6 月初是 2008 年崩盘之前的最佳卖出时机。UMPIX 在 6 月 4 日创下 62.4 美元的高价。当天，RSI 出现超买读数 70，然后开始回档——这正是 RSI 的卖出信号。三天之后，MACD 跌破信号线，柱状图向下穿越零线——这是第二个卖出信号。价格本身也跌破 SMA——这也是股价下跌的警告信号。

7 月底，RSI 发出买进信号。直至 8 月份的第三个星期之前，都没有得到 MACD 买进信号的确认。

10 月 9 日，RSI 逼近超买 69，然后回档——几乎是卖出信号，并且得到了 MACD 的确认。一个礼拜之后，MACD 跌破信号线，柱状图向下穿越零线，卖出信号得以确认。11 月初，股价明确跌破 SMA，显示趋势向下反转。到了 2007 年第 4 季度，情况更加明朗：

MACD 与 RSI 在 2007 年 11 月底同时发出买进信号之后，直到 2008 年初行情崩盘之前，两者并没有同时发出卖出信号。12 月底，MACD 显示卖出，但没有得到 RSI 的确认。然而股价在 12 月份跌破 SMA，显示趋势向下反转，这代表着另一个卖出信号。所以，在跨度为两年的图表上，在这三种技术指标之中，有两种技术指标显示了卖出信号，足以促使投资人在当年 12 月份至来年 1 月之间卖出 UMPIX。

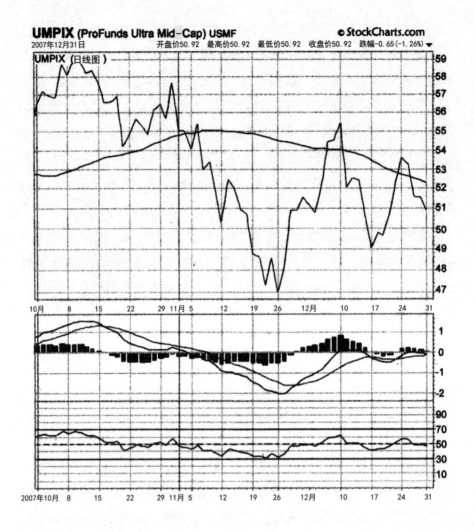

回顾早前的两年期图表。2008 年 1 月的低点，MACD 与 RSI 都提示买进，然后在 2 月份的高点，MACD 与 SMA 都提示卖出。在 3 月份出现 25%的反弹之前，三种技术指标都提示买进。过了不多久，MACD 与 RSI 都出现了快速下跌，在 6 月底股价下跌 16%之前，这两个指标就清楚提示了卖出信号。

7 月初，RSI 显示买进，并在 7 月中旬得到 MACD 的确认。可是，SMA 却清晰地显示出相反的信号。9 月初，MACD 也呈现卖出信号，此两者应该促使投资人卖出。让我们来看看 2008 年下半年的情况。

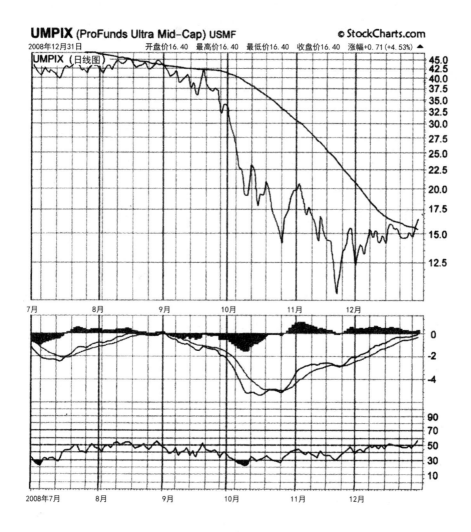

请注意，2008 年 8 月底，MACD 与信号线几乎纠缠在一起，柱状图沿着零线发展，UMPIX 价格回升到 SMA 之上，但很快就反转向下。同时，我们知道 RSI 为何没有进入超买，UMPIX 已经呈现下降趋势。SMA 向下发展，情况越来越糟。价格并非由高点下降至较低的高点，而是由低点下降至较低的低点。RSI 没办法反映这点，因为读数已经由超买状态进入到超卖状态，所以，UMPIX 的价格走势无法让 RSI 处于超买状态，并在 2008 年夏天提示卖出。

可是，另外两种技术指标确实发出了卖出信号。随着信用市场陷入恐慌，UMPIX 从 8 月份的高点跌至 10 月份的低点，总共下跌了 77%。到了 10 月份与 11 月份的低点，MACD 与 RSI 都显示买进，但 SMA 不同意。

如你所见，在这两年期间里，SMA、MACD 与 RSI 联合提示了多个行情转折点，足以让投资人避开 2008 年的冲击。至于 10 月份与 11 月份的买进信号，多数投资人恐怕很难遵守，因为当时的市场气氛非常悲观。不过，如果投资人能够果断进场，就能很快看到效果。

多数时候继续持有

精确地掌握进场和出场的时机，无疑非常理想，这正是股票市场的圣杯：在行情崩盘之前及时脱身，并在行情大涨之前及时进场。实际上，能够完美地看准市场一次，就足够困难了，更别提长期如一地掌握市场脉动。我可以保证，那些在电视财经频道说得头头是道的专家们，他们那些貌似精确的价格预测，迟早会出现错误。我怎么知道这一点的？因为我曾经就是这样的专家。

我相信，你如果想精确地看准进场和出场的时机，最多只能偶尔成功——如果你能稳定精确地判断出市场转折点，请务必寄份电子邮件给我，我将向你虚心请教。

有一个好消息——投资人在多数时候应该继续持有 MVV 或 UMPIX，因为股市上涨的时候明显多于下跌。熊市虽然不时出现，却并非主流。在牛市坚定地持有投资，就能充分享有复利效应，让财富持续积累。（译注：国情不同，某些国家的股市牛市短熊市长，务必注意识别。）

在持有投资时，还要注意 SMA、MACD 与 RSI 的发展，尤其要警惕重大麻烦的征兆。当麻烦真正来临之前，我们很难判断它究竟是大麻烦还是小麻烦，我们的判断难免出错。所以，必须了解我们能力的极限，不要强求。不过，只要我们使用上述工具，就能够合理地处理各种状况，起码胜过那些在 2008 年宣布倒闭的企业。

有何期待

使用杠杆持有道琼斯工业指数或标普 400 中型股指数,就有坐上云霄飞车的感受。享受行情飙涨的乐趣,就要忍受价格暴跌的痛楚。使用杠杆之后,波动将明显超过股市指数。一般人难以承受。

改变心态之后,你能把行情低点当成危机中蕴含的机会,你就会喜爱这种杠杆策略。反之,你把行情低点视为不幸的失败,就像世界末日一样,杠杆策略就不适合你。对后果要心中有数,不要觉得意外。

当股票下跌时,"价值平均法"会买进更多数量的股票,当行情恢复上涨时,策略的效益就会显现。关键是行情能够复苏上涨。行情如果持续下跌,任何买进策略都是错误的。无论如何向下摊平,最终都将一无所有。你可能通过低价买进一些濒临倒闭的股票。但愿这种做法很明智。很多投资人持有一些"大到不能倒"的金融机构的股票,结果它们在 2008 年纷纷坠落尘埃。

通过一项基准指数创建的永久性投资组合,有一个好处,那就是行情必定复苏无疑。因为是针对 400 种股票进行投资,而不是单一股票。毕竟,400 家企业不可能同时倒闭。

不妨把杠杆策略看成是折扣商场的倾销商品,价格偶尔会低到离谱。"相同产品"迟早会复苏。举例来说,从 2002 年 6 月到 2002 年 10 月之间,应用"最大化中型股投资"策略与"双倍道琼斯绩效"策略的投资下跌了 40%,而道琼斯工业指数本身下跌了 20%。

看到这种结果,很多人认定不使用杠杆,投资效果较好。可是,对于长期投资而言,使用杠杆的策略更好。原因在于,行情迟早能够复苏,投资人能够有机会在价格暴跌期间,通过低到离谱的价格买进股票。

不需要太久,这种策略的效应就能显现。从 2003 年 3 月到 2004 年 3 月之间,"最大化中型股投资"策略实现了 127% 的增长,道琼斯工业指数只涨了37%。

从2006年5月初至2006年7月中旬，"最大化中型股投资"策略下跌了25%，道琼斯工业指数只跌了6%。面对这种状况，你的本能反应是"后悔了，真应该用全部资金购买棒球卡片"，可是你懂得理性操作的方法，对吧？随后12个月内，"最大化中型股投资"策略增长了58%，道琼斯工业指数只增长了28%。

2008年崩盘过后，市场开始复苏，走势更为极端。从2008年6月份的高点，到2009年3月份的低点，"最大化中型股投资"策略下跌了84%，道琼斯工业指数只下跌了49%。随后经过25个月直至2011年4月份的高点，"最大化中型股投资"策略上涨了493%，道琼斯工业指数只上涨了100%。2009年3月份的低点是最佳时机，如果当时投资1万美元，到了2011年4月份的高点，"最大化中型股投资"策略将增长至59300美元，而投资于道琼斯工业指数，只能增长至2万美元。

需要强调一点，极端波动的市场，加上清晰的上涨行情，真是威力无比的组合。所以，我相信无论市场行情是好是坏，"最大化中型股投资"策略都是一种好策略。当行情走坏，人们都在抱怨股票市场时，你就应该掏出支票簿买进股票。市场虽然大跌，过后必定复苏。

总之，你的核心投资组合需要包含以下两部分：

- 通过IJR标普600小型股指数，让你的股票基金在每个季度都能实现固定的3%的增长。（译注：如果股市无法满足3%的增长目标，就需要调动其他资金买进更多的股票，从而让股票基金的价值达到3%的增长目标。）
- 通过MVV或UMPIX启动杠杆，投资于标普400中型股指数。在大多数时候，你都继续持有这项投资，让复利效应发挥效果。但是，你必须特别警惕SMA、MACD与RSI联合提示的重大卖出信号。一旦探测到前方有重大麻烦出现，就应该出场，并等待股市大跌之后，价格再度恢复上涨时的买进信号。

　　除了上述核心投资之外，我们还能挑选那些前景光明的股票，这正是我们即将探讨的主题。

　　如果你期望理解这些策略的当前表现，请访问我们的网站：www.jasonkelly.com/resources。

第五章　投资之前的预备

本章进述了投资之前的预备工作，包括通过经纪商开通账户、存入资金和设置交易订单。

选择折扣经纪商

在本书第一章，我探讨了折扣经纪商的优势。等你读完本书，就具备了自行研究企业的能力，也就不必花大价钱去购买综合经营商的研究报告。这样，你可以用省下来的钱加强投资，并持续提升自己的研究能力。

经纪业务的变化很快，所以，本节不准备逐一讲述具体细节。多数经纪商收取的佣金处于 5 美元到 30 美元之间。它们也随时提供各种佣金的优惠方案。多数经纪商都免费提供来自标普等公司的重要证券研报。要了解具体细节，请访问各家经纪商的网站。

如果你的经纪商在你家附近设立了办公室，例如：富达或 Scottrade，你就可以登门造访，与经纪商的工作人员面谈。有些客户倾向于面谈。

E * Trade

E * Trade 是一个大型金融超市，提供种类繁多的产品与服务，包括银行业务、票据管理、各种金融产品与税务的服务。当然，E＊Trade 也提供股票与共同基金的交易服务。

联络资讯：www.etrade.com

富达（Fidelity）

构建由共同基金和股票组成的投资组合，富达就是最佳选择。该公司的 FundsNetwork 项目提供了很多一流产品，不需要缴纳手续费或者交易费用。与其他的金融超市相比，FundsNetwork 的优势在于它也提供了富达的自家基金。这点意义重大。富达毕竟是美国最大的基金公司，办事处遍布全美。

联络资讯：www.fidelity.com

Firstrade

Firstrade 按固定的费率收取费用。根据调查，Firstrade 收费最低、平台界面简单、客户服务备受推崇，在客户当中赢得了好口碑。Fisrtrade 可以免费转户，账户也没有最低资金要求，交易不活跃的客户也不必缴纳管理费。这是一家相当友善的经纪商。

联络资讯：www.firstrade.com

Schwab

Schwab 有一个买卖共同基金的金融超市——Onesource，规模与富达不相上下。Schwab 虽然无法销售富达基金，但是能够提供品质更好的其他基金产品，包括 Schwab 的自家基金。它的办事处同样遍布全美。

联络资讯：www.schwab.com

Scottrade

Scottrade 的收费低廉，分支遍及全美，联络方便。如果你没有多少资金，买卖并不活跃，同样能够选择 Scottrade 开户，它对此并不介意。Scottrade 的网站加载速度在同行中是最快的。根据调查，Scottrade 是排名居前的经纪商。

联络资讯：www.scottrade.com

TD Ameritrade

TD Ameritrade 广获赞誉。它有灵活的交易界面、数量庞大的共同基金、创新的研究工具，以及极具竞争力的价格。它的交易平台能够迅速地显示出你正在监控的投资组合和股票。

联络资讯：www.tdameritrade.com

TradeKing

在调查中，TradeKing 位居前列。费用低廉，每笔股票的买卖只需要 4.95 美元。这就是 TradeKing 的核心竞争力。用 TradeKing 的话说："我们没有定价结构，我们只依靠低价取胜。"

联络资讯：www.tradeking.com

Super Discounters

BuyandHold、ShareBuilder 和 Zecco 都属于超级折扣经纪商。它们对每笔交易只收取极为低廉的费用。当满足条件时，甚至会免除某些交易的费用。它也提供按月订阅的交易套餐。对于它的各种促销计划的条件，务必了解清楚，如果费用低廉，适合你的投资管理，那就值得一试。

联络资讯：www.buyandhold.com

www.sharebuilder.com

www.zecco.com

下单

选好折扣经纪商，把资金存入交易账户之后，你就可以投资了。本节将讲解买入价、卖出价和"报价点差"；探讨各种交易订单以及通过电话、电脑或者下单员下单。

买入价、卖出价、"报价点差"

"买入价"是在某一特定时刻买方愿意为某只证券支付的最高报

价。"卖出价"则是指在同一特定时刻卖方愿意为那只证券支付的最低报价。当你买进股票时，需要使用卖出价。当你卖出股票时，需要使用买入价。"报价点差"就是买入价和卖出价之间的差价。"报价点差"是由交易商来维持的。在 OTC 场外市场，交易商被称为"做市商"；而在交易所，交易商被称为"专家"。为了维持公平有序的交易，交易商必须持有相关股票的存货。当买方和卖方的需求不匹配时，就需要动用这些存货来满足需求。交易商相当于中介，就像你在购买本书时的书店老板那样。所有的中间商的存货买入价都低于存货卖出价，这样，在买入价与卖出价之间的差价当中，就能赚取一些利润。如果股票的买卖稀少，"报价点差"就会很大，因为只有少数交易商能够满足报价需求。交易商的数量越少，竞争就越少，"报价点差"就越大，利润就越高。这样，你就能给孩子们提供一项职业建议：加把劲，成为那些交易稀少的股票的交易商。

让我们深入探讨买入价、卖出价和"报价点差"。假定"杂志先生"的买入价为 15.5 美元，卖出价为 15 美元，"报价点差"为 0.5 美元。通过市价单买进股票，成交价格将是 15.5 美元。在买入股票的瞬间，股票只值 15 美元，因为其他卖方提供的卖出价，正是 15 美元。在我的投资研讨会里，有人问，他能不能拿回购买股票时额外支付的 50 美分？这是行不通的。首先，股票不是强买强卖的生意。市场通过供求关系就确定了买入价和卖出价。其次，就算你想用更高的价格卖出股票，可是没有人愿意掏钱。因为除了你以外，其他人提供的卖出价都是 15.5 美元，谁愿意用 16 美元从你这里买入股票呢？

如你所见，如果你想迅速卖出股票，"报价点差"就成了重大成本。以"杂志先生"为例，50 美分相当于买入价 15.5 美元的3.2%。一般来说，买卖 1 股股票，佣金为 18 美分，这仅仅是买入价 15.5 美元的1.2%而已。所以，"报价点差"是佣金的 2.5 倍！切记，除非你想迅速卖出股票，否则就不要白白支付"报价点差"的成本。这样你就不会沦为经纪商的猎物，并因为成本损耗而恼羞成怒。我们希望股票上涨最终超过"报价点差"的成本，这样，"报价点差"就无足轻重了。永远要警惕"报价点差"。当股价上涨超过"报价点差"与佣金的总和时，你才不会亏损。

交易订单

初次通过经纪人下单，你会高度兴奋。你已经做足了研究功课，评估了自己的情况，准备采取行动了。我们先探讨两种类型的交易订单：市价单和限价单。

市价单

市价单是最简单的交易订单。它会指示经纪人按照当时的买入价买进股票。换言之，当交易订单进入市场时，无论市场情况如何，都会立刻撮合成交。今天的通信速度非常迅捷，当市价单成交时，通常精确地符合你下单时的市场价格，或者非常接近市场价格。以"杂志先生"的股票为例，每股交易价格为 15.5 美元时，如果你设置了买入 100 股的市价单，这时的成交价就是精确的 15.5 美元，或者是介于 15.4 美元至 15.5 美元之间的其他价格。

限价单

限价单会指示经纪商以指定价格或者更好的价格买卖证券。如果你指定在 10 美元的价格卖出股票，那么，你的经纪商会帮你把股票卖在 10 美元，或者卖得更高。如果你指定在 20 美元买进某只股票，实际的成交价格就是 20 美元或者更低的价格。

限价单和停损单（下一节会探讨停损单）都有时效限制。当你设置限价单的时候，这些交易订单或者是"当日有效单"，或者是"长效单"（简称 GTC 或"取消之前持续有效单"）。当日有效单，意味着该交易订单在当天交易结束之后就失效，无论成交与否。而"长效单"会持续有效，直至满足了该订单的条件。而这种条件可能不会发生。

我喜欢使用限价单，绝大多数情况下，都会在交易中使用限价单。限价单能够让我们在交易中保持心境的平静。我们需要评估企业，给股票确定一个公平的价格，然后通过"长效单"要求经纪商按指定的价格买卖股票，然后就会忽略这笔买卖。如果股价到达你的买入价，经纪商就会替你买入股票，并且向你发出确认信息。如果没有成交，你就不会收到确认信息。卖出股票也是同样的程序。当你的股票上涨时，你只需要登录你的交易账户，设置你的卖出价和股票数量，然后就忽略它。经过一些天，股价有望急剧上涨，并且到达了你设置的卖出价位。这时，你会收到经纪商的信息，确认股票已经卖出。

当然，你不会真正地遗忘你的限价单。当你的核心账户中已经用光了所有资金时，你只能盼望这只股票的价格能够击中你的限价买入单，这样你才能买进这只股票。如果这样的情形发生，意味着你的经纪商挺有实力。当我说起"忽略你的限价单"，是指你可以休整，然后顺应市场的力量，让市场决定是否击中限价单。我的限价单十之八九能够成交，并且，我从来不会挥汗如雨，苦苦地寻求精确的进出场时机。通过限价单，我就能指定买卖股票的价格。限价单能够成交，很好，不能成交，也就算了。

有些人认为我纯粹是在胡扯。他们认为，设定限价单之后再遗忘它，正是精神病的做法。这些人自认为通过观察股票就能掌握正确的买卖时机。如果你在 15.5 美元买进了"杂志先生"，然后，当股价上涨到 30 美元，你是否会卖出呢？你需要重新评估。如果你认为"杂志先生"还会走高，你可以先设定卖出价为 31 美元的限价单，等股价达到 31 美元时，卖掉一半。有些人认为，31 美元就卖出股票的做法未免太蠢了，因为股价"可能"上涨到 35 美元。可是，在股票市场，什么事都可能发生！我卖出股票时，如果比限价卖出单设定的价格高出 1 美元，我就很高兴了。我会继续持有余下的一半股票，并且设置卖出价为 36 美元的限价单。有人说，股价涨到 40 美元再卖也不迟嘛，可是如果涨不上去呢？

事实上，你不应当按照上述方式交易。你需要持续地检视企业的价值，判断其股票是否值得拥有。不必在意市场对企业价值的看法。如同沃伦·巴菲特的理念，你持有股票，就相当于持有了一家企业，这是你完全拥有或者部分拥有的自家企业。当你买卖股票时，可以使用限价单。限价单能够驱散交易压力，当你买入股票时，通常让你省下几块钱，在卖出股票时又能多赚几块钱。

停止单

停止单是另外一种类型的订单。停止单会设定一个价格，当市场到达这个设定价格时，停止单就会成交并且转化为市价单。和限价单一样，停止单可以是当日有效单或长效单。如果你指示经纪商按照低于当前市价的价格卖出股票，这种订单称为停损单，因为你是想通过停损单来截断潜在的损失或者保护已有的获利。理论上，你也可以向相反的方向设置停损单。从技术上来说，这可以称为停利单，但是没有人喜欢这个称呼，听起来有点蠢嘛。这种情形下，你真正期望的是价格攀升，到达你理想的卖出价格。

当市场到达停止单设置的价格时，停止单将转化为市价单。这意味着经纪商将按照当时的市价为你买卖股票。如果市场变化很快，实际的成交价格可能高于或低于停止单设定的价格。这就是限价单和停止单之间的重要区别。使用限价单买卖股票，将按照你指定的价格成交，或者胜过你指定的价格；使用停止单，意味着当市场到达你指定的价格之后，按照当时的市价进行交易。所以，使用停止单，成交价格就存在两种可能：比停止单指定的价格要好；比停止单指定的价格要差。

为了避免停止单的这个内在缺陷，我们可以采用"停止限价单"。顾名思义，这种交易订单既包含了停止单，也包含了限价单。首先，你指定了通过停止单实现的价格。随后，你又指定了通过限价单实现的价格。如果你通过限价单设定的价格从未出现，则交易订单永远不会生效。这就可以确保一点——成交价格起码优于限价单指定的价格。

让我们来看一个例子，假定"杂志先生"的当前股价为 15.5 美元。你决定，股价如果开始大幅上涨，将买进 100 股。于是，你把停止单设定在 17 美元。这意味着，如果"杂志先生"的股价瞬间上冲至 19 美元，你的停止单将转化成买进 100 股"杂志先生"的市价单。如果股价变化迅速，这张订单可能不会以 17 美元的价格成交，而是当"杂志先生"的卖出价达到 18 美元时，才让你成交。或许你能够接受这种情况，因为你只是希望股票突破时，能够建立股票部位。对你而言，买进 100 股股票更为重要，而不是具体的买进价位。

另外，如果买进"杂志先生"的股价高于你的期望值，这可能让你恼火。你希望股价向上突破时买进 100 股，同时又不能在股价过高时买入。这时，你可以采用停止限价单。把停止限价单里的停止单的价位设定在 17 美元，把限价单的价位设置在 17.5 美元。当股价触及 17 美元时，你的停止单将生效，转化为买入 100 股"杂志先生"的限价单，买入价格是 17.5 美元，或者是低于 17.5 美元的更好价格。如果你的经纪商只能拿到 18 美元的买入报价，这张停止限价单将不能成交。

假定当你买进 100 股"杂志先生"之后，股价上涨到 30 美元。为了保护现有的获利，你可以在 28 美元设定停止单。当股价滑坠到 28 美元时，你的停止单将在 28 美元成交，或者在另外一个价位成交，可能低于 28 美元。这也让你抓狂。怎么办呢？你决定取消停止单，改用停止限价单——把停止限价单里的停止单的价位设定在 28 美元，限价单的价位同样也设定在 28 美元。这种情况下，如果"杂志先生"的价格暴跌至 18 美元，你可能仍然持有股票。为什么？因为当股价跌到 28 美元之后，如果迅速下滑并且毫无反弹，而你的限价单需要把股票卖在 28 美元或者更高的价位，这时，你的限价单将不能成交，"杂志先生"的股票就无法出场。所以，你需要明白自己的意图，然后设置正确的订单类型。

跟踪型止损单

这是另外一种类型的停止单，之所以单独讨论，是因为它值得区别对待。我对跟踪型止损单这种工具钟情多年。它能把利润最大化，同时，又能把交易的压力降至最低。

假定你持有的股票正在上涨，但你觉得股价已经抵达顶峰。你会怎样做？如果现在卖出股票，股价还会继续上涨，你就感到难过。如果你现在不卖，股价就可能反转并且下坠，你也会难过。

如果股价的上行趋势在持续，你就希望继续持有股票。这正是跟踪型止损单的特性。这种订单会在股价上涨时，持续"跟踪"股价；而当股价下跌时，它又能及时锁定利润。在跟踪型止损单中，你只需要设定一个与当前价格保持的距离。当股价向下跌破这个距离之后，就会卖出股票。和所有类型的停止单一样，可以按照市价立即卖出股票，也可以通过限价单，指定在某个价位卖出股票。

设定与当前价格保持的距离时，可以按照金额或者百分比来设置。我喜欢百分比。设置的金额越大，或者百分比越大，跟踪型止损单就越不易触发。但是，触发之后的损失也会比较大，所以，需要你有良好的心理承受力。典型的跟踪型止损单的跟踪距离是10%。

下面来看跟踪型止损单的工作原理。假设你在15.5美元买进了2000股"杂志先生"，总资金是31000美元。6个月之后，股价上涨到26美元。太棒了！不过，如你所知，当股价在6个月里涨幅高达68%时，它就变得脆弱起来，容易下跌。同时，由于企业盈利正在增加，你认为后面公布的盈余数据将会很好，在股价下滑之前可能会推动股价做最后的上冲。所以，你决定设置一个10%的跟踪型止损单，并通知经纪商。

"杂志先生"公布的盈利数据确实很好，远远超过媒体刊载的各种预期。于是，股价扶摇直上，涨到了31美元。很明智！你继续持有部位，但你也知道上升趋势不可能永远持续。最初，当仍然设置10%的跟踪型止损单时，触发这种订单的价格是23.4美元，比26美元的当时市价低10%。现在，公布盈利数据之后，价格上涨到31美元，跟踪型止损单的新的触发价格是27.9美元。你认为，当企业盈利推升股价迅速走高之后，股价变得更加脆弱，决定采用"紧缩型"的跟踪型止损单，把追踪的距离调低为5%来锁定利润。这样，新的触发价格将变成29.45美元。

隔天，股价上涨到32美元，你的跟踪型止损单也跟着上行到30.4

美元。随后股价突然下跌到 29 美元，之后跌到 26 美元，然后又跌到 20 美元，最后，行情开始盘整走稳。你的股票在哪个价位出场了？30.4美元。正好是 5%的跟踪型止损单锁定利润的价格。

这就是我钟情于跟踪型止损单的理由。

顺便提一点，你随时可能采用跟踪型止损单，而不需要必须等到获利时才使用这种订单。有时候，你进场之后股价迅速下跌，你想限制损失，但是在砍仓之前，希望保留一些余地。举例来说，股价下跌已经造成了 10%的亏损，这时候，你设定了一个 5%的跟踪型止损单，希望把最大损失限制在 15%。不过，这毕竟是交易者心态。在大多数情况下，最好还是秉持投资者心态。假定你对企业进行了彻底的研究并且信任它，当股价下跌时，最好是继续买进股票，而不是把第一批股票抛掉。

当你希望截断损失时，得以保持继续盈利或缩小损失的空间，跟踪型止损单就是你的选择。

第六章　研究致富

　　现在，我们准备探讨研究方法和研究资源，这是投资最为关键的部分。每位投资大师都非常倚重这些方法与资源。你的投资报酬将直接取决于你买进的股票的质量。而这又依赖于你的研究。

　　不用担心！你可以获取大量的信息，足足超出你的使用范围。彼得·林奇在《战胜华尔街》一书中写道："我相信业余投资人能够找到全部的有用信息。所有重要事实都在等待着被挖掘。"阅读本章之后，当你遇到那些声称无法获得信息进行投资的人时，你就能调侃他们了。我相信现在的麻烦问题是信息过多而非信息不足。到处都是信息来源：从你的圣诞节购物清单，到图书馆，再到本地百货商店书架上的杂志。投资研究的材料等待着被你拾取、归档，转化为利润。

　　本章将探讨如何获得信息。下一章将说明如何处理这些信息。

个人经验

　　追踪自己的花费，就能找到卓越的企业。这种方法适用于彼得·林奇，也适用于你。为了增强记忆，你可以查阅最近的信用卡账单或者支票的明细账目。你最为频繁地把钱花在了哪里？要知道，日常必需品能够成就伟大的企业。以饮食为例，你可能不希望投资本地的连锁杂货店，可是有一家连锁餐厅呢？你的所有朋友都喜欢这家连锁餐厅，报纸也给了四颗星的评级。在连锁餐厅里，永远人潮汹涌，食物美味可口，价格也公道。这类机会值得进一步研究。这家连锁餐厅正是星巴克。1992 年 8 月，星巴克股票分割后的每股价格是 75 美分。我的一位朋友在此时看中了星巴克。2006 年 11 月，星巴克的股价涨到 40 美元，他 1 万美元的投资，增长到了 533000 美元。

我们可能很乐于采用前一章讨论的跟踪型止损单。如同多数股票一样，星巴克的股价也遭遇了 2008 年崩盘的摧毁，变得满目疮痍。星巴克的股票 2008 年的收盘价为 9.46 美元，从 2006 年 11 月份的高点算起，股价跌幅为 76%。宽松的跟踪型止损单能够给长线赢家星巴克波动的空间。如果采用宽松的 20% 的跟踪型止损单，持股也可以卖到 32 美元。即便是一年前的 2005 年 11 月，采用了 20% 的跟踪型止损单，当星巴克的股价在 2006 年 5 月上冲到 39.88 美元之后，也能够在 2006 年 8 月份以 31.9 美元的价格卖掉股票。通过跟踪型止损单，就能把利润锁定在 31.9 美元的价格上。可是，在随后的三个月里，星巴克的股价回升到 40 美元，那些已经获利了结的投资人会觉得难过。不过，随后两年里，星巴克的股价大跌。2008 年 11 月，甚至跌到了 7.06 美元的低点。应该采取什么行动呢？当然是买进股票，而且有很充裕的时间可以去买进股票。直至 2009 年 3 月，星巴克的股价还一直在 10 美元之下盘旋。但是，2012 年初，股价回升到 50 美元。我朋友的资金也增长至让人沉迷的 666666.67 美元。"这简直是魔鬼酝酿的奇迹。"他这样点评。

服装又如何呢？我很喜欢在公共场合，例如商场，观察人们的穿着，看看他们穿着什么。有一年，我观察到越来越多的小孩喜欢 Tommy Hilfiger 的衣服，而且正变成流行的趋势。你很容易地知道这些服装来自 Hilfiger，因为每件 T 恤或衬衫上都印有该公司的标志。我进入百货商场，里面堆满了 Hilfiger 的衣服。让我很感兴趣的是，有些商店几乎都成了 Hilfiger 的专卖店。在我们当地的梅西百货，悬挂着印有大型金色文字"Hilfiger"的木质镶板。成群的小孩站在下面，拿着衣服相互比划着。对于投资人来说，这些场景相当有趣。我查询了该公司的相关数据，并且在 1993 年春天向朋友们推荐了 Hilfiger 的股票。1993 年 7 月份，有位朋友在 10.5 美元时买进 Hilfiger 的股票。到了 1996 年底，他在 48 美元卖掉了股票，大获全胜。

还有鞋子的故事。这是一个三起三落的关于命运沉浮的传奇故事。2006 年的 5 月份，我母亲和妹妹到日本来探亲。她穿着一双卡洛驰（Crocs）凉鞋。当她游览东京，或者在我的乡村居处的公园里徜徉时，她都一直穿着卡洛驰凉鞋。她告诉我，卡洛驰是在我的家乡美国科罗拉多州发明的。家乡人在返程回家时，大多穿着这种鞋，我们的日本朋友看到这种凉鞋，也纷纷试穿，并希望我下次回美国帮他们代购。这是买进股票的提示吗？你可能这样思考。没错，2006 年 5 月份，经过分割调整后卡洛驰的股价不到 12 美元，到了 2007 年 10 月，股价已经向上突破了 75 美元。不到两年的时间，涨幅已经超过 525%。到目前为止，我想彼得·林奇一定喜欢这样的故事。2008 年的股市崩盘同样重创卡洛驰，就像肆虐星巴克一样。卡洛驰的股票体量比星巴克小得多，猜猜发生了什么？到了 2008 年 11 月份的低点，卡洛驰的股价跌得只剩下 79 美分。没错，"美分"！在短短 11 个月里，股价下跌了 99%。这就提醒我们：及时保护利润的跟踪型止损单十分管用，务必重视跟踪型止损单。

你是否认为卡洛驰阵亡于此，在廉价的山寨凉鞋的群起攻击之下，走向破产？这是批评者的论断，但是，该公司继续成长，股价也从泥沼中爬起。2011 年 8 月份，股价创出了 32.47 美元的高价。由 2008 年 10 月份 79 美分的低点算起，股价涨幅高达 4010%。如果你在 79 美分时投资 1 万美元（无人能够实现这点，权当假设），33 个月之后，你将拥有 411000 美元！

饮食、服装和其他民生必需品都是很好的研究对象，需要从中找到优质企业。如果你对民生必需品类别下了很大的功夫，并且期望让你的可支配收入更换投资方向。没错，瞄准生活中的一些非必需品。也许，你痴迷于家庭电影，并留意到一些内心难以割舍的企业。租赁录像的企业就是其中之一。2002 年秋天，录像租赁企业 Netflix 的股票分割后的价格不到 5 美元，你可以按照这个价格买入股票。2011 年 7 月份，股价已上涨到 300 美元，你再抛掉股票，为时不晚。迪斯尼是另一家值得考虑的电影公司。你如果想从迪斯尼这家公司获取更多收益，而不是那些卡通版的米老鼠和一些过山车玩具的话，就要买进迪斯尼的股票。2002年夏天，你按照 14 美元的股价买进股票，到了 2012 年 2 月份，在股价达到 40 美元时卖出股票。不到 9 年，Netflix 就提供了 5900% 的报酬；不到 10 年，迪斯尼就提供了 186% 的报酬。这两只股票都是你在家庭电影上发现的投资机会。蜷在沙发里吃着薯条的懒人一样能躺赢人生。

如果你的公司打算升级办公电脑，当相关人员研究购买哪种品牌的电脑时，请他说明选择某种品牌的理由——华硕、苹果、戴尔、HP 或者索尼。如果你打算购买家用电脑，你也会进行相关研究，并且关注家庭最为重视的那些部分。你和家庭重视的，可能也是数百万人同样关心的。如果一家企业满足了你的所有需求，仔细研究它。你可能挖掘到了一家明星企业。通过深入研究，你能看出它是不是一家毋庸置疑的领导企业。如果不是，你就进行分散化的投资。

通过你的个人经验找到投资点子，从观察名单里选取适合你的股票，然后展开投资。我们将在下一章探讨这个话题。在购物时，你需要观察买进的商品，以及和你买进相同商品的人群。你的偏好经常能够代表其他人的偏好。你如果喜爱某样东西，别人可能也一样。当然，投资仍然需要理智，在投资之前，永远要进行深入的研究。你光顾过很多企业，可是不必把每家企业的股票都买进来。即便是你钟爱的企业，投资也可能发生亏损，就像卡洛驰那样。产品成功，未必会刺激股价飙涨。如同彼得·林奇指出的，如果某种产品只是公司业务中微小的一部分，就无法显著地推动股价。所以，不论你家小孩多么喜欢你送给他的月亮球，如果月亮球在 Whacky Whimsicals 的 800 种玩具中显得微不足道，你就没有充分的理由进行投资。说不定，这家企业的"火星手套"玩具还让小孩子们得了荨麻疹，正在各地蔓延呢！律师们正在预备诉讼文件，准备为难 Whacky Whimsicals。切记，除了第一印象之外，还要做深入的研究。

投资的小道消息

除了个人经验之外，小道消息也能带来机会。当 Hilfiger 的衣物柜台前人满为患时，我做了进一步的研究，确定这家公司的股票值得投资。请注意，我并没有买进，而是告诉了一位朋友。他买进股票，赚了大钱。他从哪里知道了 Hilfiger？从我的个人经验。他通过我传播给他的小道消息，买入了一家杰出企业的股票，收获颇丰。

警惕那些貌似完美的故事。吹嘘自己的胜利，夸大其词正是人类的天性。你还记得爷爷在每个圣诞节都会讲述的钓鱼故事吗？是不是奶奶听了之后直翻白眼？可是，与那些夸大的投资故事相比，爷爷的钓鱼故事反而更贴近事实真相。切记，当你听到一家企业的故事时，这仅仅是投资的开始，后面需要你继续进行深入的研究。举个例子，你打算招聘一名保姆，而你的一位女性朋友正从经理那里获得了一名保姆的信息，而经理的信息来自他兄弟看到的电线杆上的小广告。你会雇用这位保姆吗？应该不会。你的投资也应当如此谨慎。好朋友、同事，特别是亲戚们的热门消息都未必可靠。听了这样的消息，等你买进股票之后，难免立马被套牢。所以，你务必要保持警觉，动用自己的智慧进行研究。

除了成功的故事，我们也要倾听那些令人悲伤的失败的故事。某人对一家企业进行了彻底的研究，并做出判断，认为这是理想的投资。遗憾的是，他恰巧在错误的时机买进了股票。这种形势下，你的机遇就产生了。你可以通过更为便宜的价格买进这家优质企业的股票。虽然多数人更喜欢讲述成功的故事，不过作为一名听众，当你知道某人的股票下跌，比知道他买到了狂飙股更为管用。我和朋友们达成了共识，把我们的投资组合都袒露无遗地告知对方。这样，当我们之中有人在错误的时间进场时，其他人就可以利用这个信息，以更为低廉的价格买到好股票。当然，那个在错误时机进场的人，可以趁着股价下跌继续买进更多的股票，并在股价再度上涨时获利。

悲伤的故事是值得倾听的。下一次，当有人向你炫耀最近的成功时，请他们谈谈那些最令人失望的股票，询问他们是否准备在较低的价格加码。借鉴别人用金钱换来的错误经验，就能让你的投资在股价上涨时崭露头角。如果你的投资生活足够长久，相信我，你一定也和他一样遭遇过那些令人失望的股票，从而还了这次的人情。

需要付费的研究资料

投资资讯具有高度的专业性，花费了专业人士大量的时间。优质的资讯能够帮你赚到钱，这就是需要付费的理由。由于资讯的价格经常变动，我就划分了四个价格区间，用来描述本节所述的那些资讯产品的价格：

- 低——每年不到 100 美元。
- 一般——每年 100 到 250 美元。
- 高——每年 251 到 500 美元。
- 昂贵——每年超过 500 美元。

杂志

在投资研究中花费的第一笔钱，应该是订阅杂志。杂志的价格相对便宜，而且提供了很多投资方法方面的文章，还有非常不错的投资建议。只需要花费五美元，就能买到一本杂志，甚至还附赠一盒酸奶。通过这类杂志发掘到一只好股票，没有人觉得高大上。但我确实从这类杂志中找到过一些理想的投资。我最喜欢运用的一种技巧，就是观察、追踪各家基金经理人推荐的投资组合或杂志编辑精选的股票名单。这些杂志都会跟踪选中股票的绩效，从而让读者能够容易地等到低价买进的机会。

以下是我最喜欢的两本投资杂志和一本优秀的新闻杂志：

《钱精杂志》

相当于网络版的《华尔街日报》，非常棒。阅读这份杂志，你就能感受到编辑人员的专业素质。这本杂志可没有一般投资杂志的那种小报氛围。《钱精杂志》的文章涵盖了投资的每个层面，特别擅长共同基金与股票的研究。杂志编辑对于选中的股票非常负责，并且会持续改进他们的研究方法。追踪他们的进程，你就能和他们一起提升交易技巧。

联络资讯：800-444-4204。www.smartmoney.com。价格：低。

《基普林格杂志》

这份杂志的视角胜过《钱精杂志》。研究的主题不仅仅局限于投资，也涉及很多私人业务。例如：信用卡消费、贷款、大学学费、度假规划等。可是，这份杂志的真正特色在于对共同基金的调研。它提供了清晰的图表和易于理解的说明表格，年复一年地引领着行业潮流。它的专栏文章非常出色。

联络资讯：800-544-0155。www.kiplinger.com。价格：低。

《周刊报道》

投资的一大重点，就是理解趋势发展。为了理解趋势，你需要通过有效的方式汲取最新资讯。The Week 正是一份极佳的新闻杂志。它集中刊载了那些描述美国与国际事务的精华报道，内容简洁扼要。小憩片刻，你就能读完一篇。它从不提供那些冗长的深度报道，而是从多个角度提炼精华观点。

联络资讯：800-245-8151。www.theweek.com。价格：低。

新闻

绝大多数的报纸都提供有关股票的内容，但是，除了报价和成交量之外，你还需要更多的信息。这时，你可以查阅以下四种报纸：

《华尔街日报》

这无疑是全球首屈一指的投资新闻报纸，拥有海量的读者群。他们都会不时浏览《华尔街日报》。建议你也这样做。

头版的 "What's News" 栏目，专门提供新闻概要。只要快速浏览概要，你就能找到感兴趣的主题，然后翻到相应的页码去阅读全文。

最核心的内容是 C 版的 Money &Investing。你可以看到道琼斯工业指数的表现、利率走势、外汇报价、商品行情，以及其他投资资讯。你还能阅读那些重大投资报道，查阅你持有的股票的价格，追踪共同基金的绩效。

联系资讯：800-568-7625。www.wsj.com。价格：纸质版的价格高，网络版的价格一般。

《投资人经济日报》

《投资人经济日报》（简称 IBD）的创办人是威廉·欧尼尔。他认为市面上的那些媒体无法提供最为重要的股票信息，于是，他决定自行创建这家报纸。有关欧尼尔的投资哲学，请参阅本书的第二章。

《投资人经济日报》的头版左侧，概述了重大的国内外新闻。每一段落都会报道某个新闻议题。头版右侧对重大新闻进行了深度报道。头版的内页部分称为 "To The Point"，易于翻阅，其中包含了很多新闻条目，可以快速浏览。通过首页的新闻摘要和 "To The Point"，能够让你产生以下印象——"它在一页内容上展示的新闻条目，就相当于同行的两倍；它的一页内容，就能提供其他刊物 60 页内容中的半数资讯"。这份杂志具有众多特色，难以在此列举。我购买了《投资人经济日报》，里面的每项议题从来没让我失望过，总能翻到好东西。

《投资人经济日报》的股票行情报道，正是欧尼尔决定创办这份报纸的主要动机。它包含了独家的 5 种"精明筛选"的衡量标准——它们是最近 5 年的每股盈余排序、最近 12 个月的相对价格强度排序、产业类别相对强度、销售/净利与权益报酬率的综合评估、最近 3 个月的筹码集中/分配指标。这五种衡量标准又整合为单一评分，其中，权重最大的衡量标准正是每股盈余与相对价格强度。以下是 IBD 在 2012 年 2 月 10 日，对于 Chipotle Mexican Grill 提供的衡量标准的概要：

精明筛选综合评分	每股盈余	相对价格强度	产业相对强度	销售/净利与权益报酬	筹码集中/分配	股票/代码	成交量百分率变动
97	97	91	B	A	B+	Chipotle/CMG	-5

让我们深入观察 IBD 的衡量标准。

精明筛选综合比分

它代表了单只股票的综合评分，分数由 1 到 99，最高为 99 分。这个评分对 5 项衡量标准进行了综合评估，其中，它尤其重视每股盈余与相对价格强度。Chipotle 的分数为 97 分。

每股盈余排序

这项衡量标准是在比较了所有企业的盈余成长之后进行排序。分数由 1 到 99。最高为 99。因此，只要观察此数据，就能知道 Chipotle 相对于 IBM、惠普、辉瑞和家得宝的盈余成长情况。

每家企业都会取最近两个季度的每股盈余数据，然后与去年同期做比较，计算出百分比的变化。再把这个结果与最近 3 到 5 年的盈余成长记录结合起来，取平均数，最后取得的数值用于各家企业的比较。所以，如果每股盈余数据为 95 分，意味着该公司的盈余成长在整体股票的排序上，位于盈余成长最快的 5% 之列。

Chipotle 的每股盈余成长排序为 97 分，位于盈余成长最快的 3% 之列。

相对价格强度排序

这项衡量标准评估单只股票在最近 12 个月的相对价格。也就是说，它完全忽视了新闻、盈余或价格比率。通过直白的数字，它就能显示单只股票相对于其他股票的价格表现。

这方面的资料每天都会更新，分数介于 1 到 99。99 为最高分。换言之，如果某只股票的相对价格强度排序为 90，意味着这只股票在过去一年的价格表现优于 90% 的股票。Chipotle 的相对价格强度排序为 91，意味着其价格表现优于 91% 的股票。

产业类别相对价格强度排序

这项衡量标准用于比较股票所属的产业。它对比了股票所属产业类别在最近 6 个月相对于其他产业类别的价格表现。产业评级为 A+ 至 E，A+ 为最好。

通过浏览产业等级，你就能明白一只股票是处于优势产业还是衰退产业。IBD 认为，约有半数股票的表现都会跟随其所在的整体产业的表现。正所谓水涨才能船高，反之亦然。哪些产业的表现较好？电脑硬件制造业、食品加工业、零售业还是烟草业？这项衡量标准将告诉你答案。

要想获知全部产业在最近六个月的相对价格表现，可以查阅这份报纸的产业类别排序表。其中表现最佳的 10 类产业用粗体字表示，最差的 10 类产业则用底部划线的字体表示。

Chipotle 属于餐饮产业，排序为 B。

销售+净利+权益报酬率排序

这项衡量标准综合显示了单只股票最近的销售成长、净利与股权报酬率，从而快速展示了企业的健康程度。评级介于 A 至 E。A 为最高级。

Chipotle 的评级为 A，属于市场中最健康的企业。

筹码集中/分配评级

对于这项衡量标准来说，它比较了单只股票在最近 13 周的每日价格与成交量，来显示这只股票是否正在猛烈地积累筹码或者抛出筹码。评级介于 A 至 E。A 为最佳，代表该股票处于显著的积累筹码的状态，买单络绎不绝。E 代表该股票正被大量抛售，卖单络绎不绝。

IBD 试图通过这种交易趋势，显示未来的价格走向。换言之，正在积累筹码的股票，价格趋于上涨，因为买入股票的需求推升了股价；反之，正在抛售筹码的股票，价格趋于下跌，因为买入股票的需求不足。

Chipotle 的评级为 B+，说明正在积累筹码，状态不错。

成交量百分比变动

IBD 计算了过去 50 天的每只股票的平均日交易量，然后，将每天的交易量与 50 天的平均值进行比较。差异值用百分率表示。

相较于最近 50 天的平均成交量，Chipotle 的今天成交量比 50 天的平均成交量低了 5%。

联络资讯：800-831-2525。www.investors.com。价格：高。

《金融时报》

如果你渴望拥有全球视野，伦敦的《金融时报》就能满足你的需求。它的粉色页面能够为你带来新闻、社论、全球市场行情和评论。

该报纸能够对单一议题进行专业深入的报道。议题可能涉及某个国家、投资趋势、新的商业策略、产业突破，或者其他类似的主题。如果某项专门报道正好符合你的兴趣，阅读简报部分就能让你获得非常有用的信息。有时候，一些新颖的内容甚至超出你的所思所想。

这份报纸还有一个突出的优点，如果你忙碌至极，无法每天坚持阅读，不妨考虑《金融时报》的周末版，它对当周的关键事件进行了总结。

联络资讯：800-628-8088。www.ft.com。价格：高。

《巴伦周刊》

如果你不喜欢《华尔街日报》，那就阅读《巴伦周刊》吧，或许它正合你的口味。两者都由道琼斯公司发行。

这份周刊的核心内容是《每周市场》，列举了市场的必备数据。它显示了经济的重大信号，发布了各家交易所的最大赢家和输家数据。股票和基金列表都经过了精心设计。与典型报纸的那种臃肿的打印风格不同，《巴伦周刊》在印刷排版时，特意在不同信息之间留有空白。尽管内容的参考价值或许不及《投资人经济日报》，但也显示了最新盈余，并与去年同期进行了比较。共同基金则显示上周、今年截至目前以及3年期的绩效表现。最后，"市场实验室"则提供了充足的思考空间，让你能够用来研究下周的指数运行、交易量变化和各种经济指标等。

联络资讯：800-568-7625。www.barrons.com。价格：一般。

投资快讯

投资快讯就像值得托付的好朋友一样，在投资生活中亲密地与你相伴。投资快讯的编辑人品很重要。编辑必须诚实，愿意承认自己的错误，并且竭力帮助你成为市场赢家。在股票生意里，没有谁是完美无缺的。如果有人向你稳定地提供了一系列的通俗易懂的优质点子，就值得你付出订阅费用。

本节准备探讨六种高品质的投资快讯。至于其他的名单，请登录：www.jasonkelly.com 进行查阅。

《迪克·戴维斯投资文摘》

《迪克·戴维斯投资文摘》提倡一种特别的快讯理念。作为先行者，它的理念是：仅仅依靠一位投资顾问无法提供全部股票的最优建议。于是，它提供了充裕的投资资讯。对于每项议题中涵盖的股票，都按照英文字母排序，列于背页，方便投资人查询持有股票或者监控股票的最新消息。这份刊物整合了其他快讯的专家的观点，成为便利的信息源。就内容的涵盖广度来说，很少有刊物能够与之媲美。

联络资讯：800-654-1514。www.dickdavis.com。每年 24 期，每期 12 页，价格：一般。

《格兰特利率观察》

期望阅读面向专家的资料，获取品质更胜一筹的资讯，不妨试试《格兰特利率观察》。这份刊物自称为"与 CNBC 风格截然相反的金融信息媒体"。它发布了一些极具见解的市场评论。编辑们特别谨慎地评估资产负债表、CEO 评论、分析建议以及市场状况。按他们自己的话来说："虽然无法精确地预测未来，但我们尝试识别概率最高的变化：边际变动。"

联络资讯：212-809-7994。www.grantspub.com。每年 24 期，每期 12 页，价格：昂贵。

《凯利快讯》

想查看杰森·凯利，也就是我，在每个礼拜天早晨阅读的财经报道吗？通过《凯利快讯》，我管理着三个层次的投资组合。我通过"价值平均法"，管理第一层次的小型股投资组合；通过杠杆，管理第二层次的中型股投资组合，还有第三层次的单一股票交易。通过《凯利快讯》，可以将本书的所有建议应用于当前的金融市场。我会解读每个礼拜的情况，寻找一些定价错误的投资机会，进行"用数字说话"的讨论，并且维护和读者的关系。一位订阅用户见证说："在我阅读过的刊物里，《凯利快讯》提供了最易理解的市场观点。"很多人也认为："阅读《凯利快讯》，是开启新一周投资的最佳方式。"你如果喜欢本书，想必也喜欢《凯利快讯》。

联络资讯：www.jasonkelly.com。每年超过 48 期，线上刊物，价格：一般。

《晨星股票投资人快讯》

晨星是金融产业的重量级玩家。它先在共同基金领域赢得了声名，后来又扩张到股票领域。《晨星股票投资人快讯》提供积极与保守的投资组合、分析评论和卖出股票的清单。这份刊物重点介绍了那些成功投资人使用的策略，并把这些策略向实战方向转化。聪明的表格设计，认真的写作态度，使其成为市场上最受欢迎、最能赚钱的刊物之一。

联络资讯：866-910-1145。www.morningstar.com。每年超过 12 期，每期 24 页，价格：一般。

《线上展望》

由标准普尔公司发行，《线上展望》可能是读者最多的投资快讯之一。标准普尔公司的专业分析师提供了观点清晰的市场评论、股票更新、股票筛选，以及投资建议。股票筛选的依据是标准普尔 STARS 评级与公平价值评级。大多数公共图书馆都使用三孔活页夹提供这份刊物。只需要询问图书馆的引导人员就能找到它。大多数个人投资者都会订阅更为便宜的网络版。

联络资讯：800－523－4534。每年超过 48 期。线上版本，价格：一般。

《杰出投资人文摘》

关于这份文摘，沃伦·巴菲特写道："我建议各位订阅《杰出投资人文摘》，我认真地阅读每期报道。任何对投资有兴趣的人，如果没有订阅这份刊物，显然是犯了大错。"巴菲特的这段评论可能是任何刊物都深深渴慕的支持了。《杰出投资人文摘》汇总了最聪明的投资人的那些最佳观点。内容包括独家采访、股东报告书的摘要、电话会议的记录，还有从其他"内部人士"挖到的消息。内容前面的表格列举了该期投资专家的名字，也包含了以字母排序的企业名称。随后的内容表格里，还刊载了几篇主要文章的概要部分。《杰出投资人文摘》不拘一格，内容可长可短，并且不定期发布。它是一座投资金矿。

联络资讯：212-925-3885。www.oid.com。每年 10 期，每期 32 页，价格：高。

《价值线》

《价值线投资调查》是《价值线》杂志发行的主要股票研究工具。它涵盖了 1700 家上市企业。投资人想要知道某一家企业的资讯，大概都能浓缩在这份刊物的一页篇幅内。等到你熟悉了本书的策略，把股票信息填写到操作单开始交易时，你就离不开《价值线》了。

经济大萧条期间，阿诺·本哈特创办了这份刊物。据说订阅用户已超过 10 万。如果把图书馆的借阅本或经纪商的影印本考虑在内，《价值线》的用户有上百万人。这家公司的分析师在过去 70 多年的时间里，积累了值得称道的股票研究成果。让我们进一步讨论《价值线投资调查》。首先，让我们回顾 1997 年的 IBM 总结，然后再阅读 2012 年的 IBM 总结。观察一家企业随着时间不断成长的历程，对投资大有帮助。

《价值线》页面的组成部分

让我们回顾 1997 年 1 月份的情况，你从邻居那里得来消息，IBM 已经从 1993 年的黑暗时代复苏，准备卷土重来。于是，你决定阅读《价值线》有关 IBM 的资料，判断是否属实。

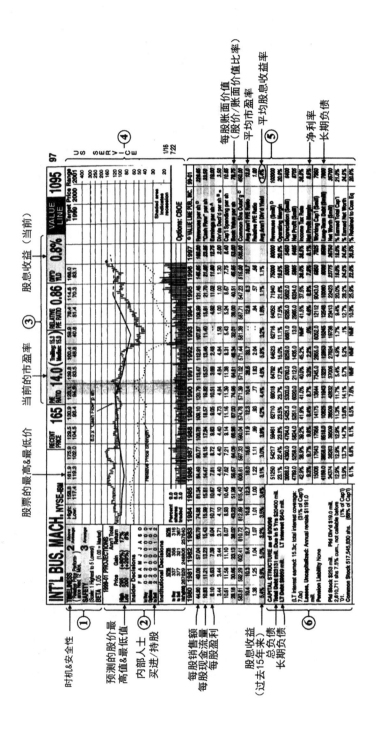

现金资产 ⑦

流动资产&负债（流动比率）⑧

五年期销售&利润回报（历史&预测）⑨

地址&电话号码 ⑩

⑪

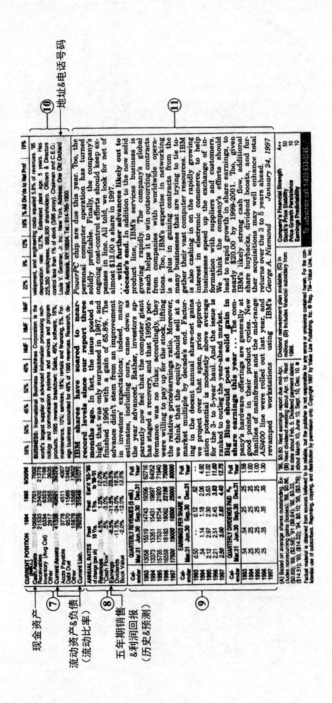

乍看之下，内容有些繁杂，不是吗？实际上，一旦熟悉了最重要的部分，就会很清楚。对于最重要的部分，我已经为你做了编号，突出了重点。现在，让我们看看《价值线》中的 IBM 评估页面。

1. 评级

《价值线》根据每只股票的时机与安全性，评定其分数为 1–5，最佳分数是 1。"时机"是衡量股票在未来 12 个月的绩效相对于其他股票的表现。这项衡量标准检查了企业的盈余动能与股票的相对价格强度。评级按照钟形曲线分布，1 分与 5 分大约占所有股票的 5%。2 或 4 的评分大约占所有股票的 17%，其余股票则为 3 分。

"安全性"衡量了股票的波动性与财务稳定性。和"时机"的评分一样，"安全性"的评分同样介于 1 至 5。评分为 1 分的股票，波动性最小，价格最稳定。评分为 5 分的股票，波动性最大，价格最不稳定。

这些评分真的万无一失吗？当然不是。否则，在股票研究中，只需要挑选评分为 1 的股票就行了。萨缪尔·艾森斯达特是《价值线》的前研究主管。从 1946 年到 2009 年，他为公司服务了 63 年。对于评分的用途，他表示："从你的投资组合里，先剔除评分为 4 和 5 的股票。这就可以了。这套系统剔除坏股票的效率胜过挑选好股票。"他又表示："你如果从评分为 1 的股票里，随机挑选，只要不集中于某个产业，我认为你的胜算蛮高的。为了降低失误，我们通常建议持有评分为 1 的股票，评分为 2 的股票也行。可是，评分一旦达到 3，我们建议你换成评分为 1 的其他股票。不要持有那些平庸的股票。"

根据前面图上的标示，你可以看到 IBM 的"时机"评分为 2，"安全性"评分为 3。《价值线》显然同意你的邻居的看法，认为 IBM 前途光明。

2. 价格预测与内部人士决策

在这一部分，对于股票在未来 3 到 5 年的股价以及相关的年度报酬，《价值线》都做了预测。你可以在操作单上，记录《价值线》预测的最高价和最低价。

在预测内容的下方，记录了企业内部人士的买卖决策。它列出了企业内部人士在过去 9 个月中买卖自家股票的活动。你将在操作单上，记录这些购买股票的活动。

未来 3 到 5 年内，根据《价值线》的估计，IBM 的股价可能上涨 80%。最糟的情况也能够上涨 20%。最近 9 个月里，三位 IBM 的内部人士买进了自家的股票。

3. 市盈率与股息收益率

市盈率与股息收益率被广泛地使用。《价值线》在本页面的顶部，使用粗体字标示市盈率和股息收益率的数值。你看到 IBM 当时的市盈率为 14 倍，股息收益率为 0.8%。为了让读者对 IBM 的典型市盈率有个参考基准，《价值线》也刊登了过去 10 年来的市盈率的中位数。IBM 的中位数是 15，所以 IBM 的股价比平时稍微便宜。

4. 股价历史图表

本图表涵盖了过去 10 年左右的股价走势。整体的趋势线是由每个月的垂直线型组成的。每支垂直线型的顶部都标示当月的最高价，底部都标示当月的最低价。图表的顶部印有每年的最高价和最低价。

除了价格的历史走势之外，图表上还有两种其他的线型。黑色实线代表现金流量图，是企业财务健全程度的一个非常重要的衡量标准。它显示多年以来，该企业的实际收入。虚线是相对价格强度。它显示该股票相对于其他股票的价格表现。其走势与股价走势大致相同。换言之，当股价下跌时，它相对于其他股票的表现也变差。有道理，对吗？

观察 IBM 的图表，你的朋友在另一件事上又对了。从 1993 年人气低迷的底部开始，IBM 的股票出现了明显的上涨。

5. 历史财务衡量标准

这是一个资料库。《价值线》提供一家企业在过去 16 年左右的财务数据，包括人人都会留意的每股盈余、每股股息、平均年度股息收益率、净利等。我将通过箭头标示，解读这些衡量标准。它们可以应用于操作单里的股票。

这部分内容能够很好地显示趋势。举例来说，如果你看到公司的净利逐年下滑，就是坏兆头。如果经营资本持续减少，而债务不断增加，这也是坏兆头。反之，如果盈余逐年稳定增长，那就是好现象。

就 IBM 来说，情况相当不错。图表显示，1995 年的每股盈余最好，1996 年只减少了 2 美分。这两年都胜过了 1993 年的亏损。而 1994 年只有 4.92。1996 年的净利率为 8.1%，比前一年增长了，这也是近五年来的最佳年份。净利润的提高总是一桩喜事。另外，1996 年的债务为 85 亿美元，比 1995 年的 90 亿美元有所下降。这也是从 1993 年的 152.45 亿美元债务稳步下降的最新情况。你的邻居确实挺明智的。

6. 资本结构

此处可以看出企业的债务与在外流通股数。如你所知，债务是评估企业财务健康程度的关键。本书第二章的投资大师们都一致强调，要避开那些债务过多的企业。操作单上必须注明企业的总债务。

IBM 的长期债务为 96.69 亿美元。

7. 目前状况

目前状况可以显示企业短期内的财务健康程度。留意那些能立即转化为现金的流动资产，还有那些在一年内到期的负债。运用本节的信息，可以在操作单上，计算得出企业的流动比率。

IBM 目前持有的现金有 70.02 亿美元，流动资产有 393.79 亿美元，流动负债为 310.71 亿美元。所以，流动比率为 1.27（流动资产除以流动负债），虽然不是很好，但也够用。理想的流动比率至少是 2.0。让我最不安的，是 1996 年的数字不如 1994 年与 1995 年。前面这两年的现金与流动资产的数据较高，流动负债较低。整体债务正在下降，也许流动资产里有一些好东西。所以，IBM 的目前状况虽然不错，但还是有瑕疵。

8. 年度比率

此处表格提供一些重要衡量标准的变动率。譬如，营业收入、现金流量与盈余。这些变动率涵盖最近 10 年、最近 5 年的变动率，还有未来 5 年的预估数据。你将把这些预估的营业收入和盈余，记录在操作单里。

根据这些年度数据观察，IBM 确实有峰回路转的迹象。过去 10 年和 5 年，盈余下降了，但未来 3 至 5 年的预估数据，则增长了 23.5%。相当不错。

9. 每季财务数据

对于最近 5 年，《价值线》刊载了每个季度的数据，包括：销售、盈余、股利。透过这份表格，各位可以观察到一家企业的业务是否有淡旺季之分，还是全年保持稳定。IBM 的多个季度的数据都稳定一致。我推测，对于技术产品和服务的购买需求全年都很稳定。

10. 业务

页面中央的小方块总结了 IBM 的基本资料。包括主营业务、辅助业务、董事的股权占有率，公司的联络方式。

阅读这部分资料，你将了解到 IBM 是一流电脑设备的全球最大供应商。营收的 18% 来自软件，10% 来自服务。海外业务占了整整 48%。你如果对美国经济感到担忧，IBM 的海外业务将缓解你的忧虑。最后，董事拥有的股权不到 1%，这不是好消息。我们希望董事们持有大量的股票，这样，他们出于最佳利益的考虑，能够更好地为企业服务。如果我们的投资之船沉没时，我们希望企业的主事者也一起落水。

11. 分析

《价值线》会指派证券分析师追踪每一只股票。在本节，分析师会对这家企业的现状与未来展望发表观点。

1997 年，负责评估 IBM 的分析师是乔治·李蒙。他表示，IBM 的经营超出他的预期。他说，IBM 在 1997 年盈利可观，应当一直保持到世纪结束。他对一件事没有刻意说明，但从他在最后一段的评论中可以推演：IBM 将因为互联网的日渐流行而受惠，占据有利的位置。李蒙指出 IBM 已经拥有了强大的全球业务网络。他相信 IBM 在互联网方面的专业优势，并强调了 IBM 对于电子商务的兴趣。这三方面的优势将帮助 IBM 占据互联网的一席之地。如果你认为互联网有前途，那么，IBM 就是好的投资对象。

阅读《价值线》起码可以让你掌握一些真正的干货，可以与邻居们分享。你的观点将基于真凭实据，而不是在割草休息时斜倚在篱笆上的那些闲聊话语。

在阅读了《价值线》的信息之后，你决定在 1997 年 2 月 3 日，按照每股 155 美元的价格，买进 100 股 IBM。到了 1997 年 5 月 28 日，IBM 进行股票分割，把一股分割为两股，因此，你将拥有 200 股 IBM。1999 年 5 月 27 日，IBM 又把股票从一股分割为两股，这样，你拥有了 400 股 IBM。到了 2012 年 2 月 17 日，IBM 的股价上涨到 193 美元，你的初始投资 15500 美元，将增长为 77200 美元，换言之，十五年来的投资报酬率为 398%，还不包括股息收入在内。标普 500 指数的同期报酬率是 73%，所以你应该相当高兴。

是否继续持有 IBM 的股票呢？需要去哪里查阅 IBM 的当前动向？不要疑惑，《价值线》能够为你带来答案。

2012 年 1 月份《价值线》提供的 IBM 概要

此时，新的分析师泰瑞莎·布洛菲取代了老朋友乔治·李蒙，开始分析 IBM 了。

在这个持续变动的世界上，看到一些东西仍然保持现状，感觉应该不错吧？

如同 1997 年的情况，IBM 的"时机"评级仍然为 2，但"安全性"评级则提升到 1。我们往下浏览，会发现安全性评级的下方，还增加了技术评级。包括过去 52 周的股价相对表现，并评估该股票相较于整个市场的近期表现。股票评级如果是 1 或 2，代表在未来的 1 至 2 个季度将优于整体市场的表现。评级如果是 3，代表该只股票的绩效与整体市场相仿。评级如果是 4 或 5，则表现不及整体市场。

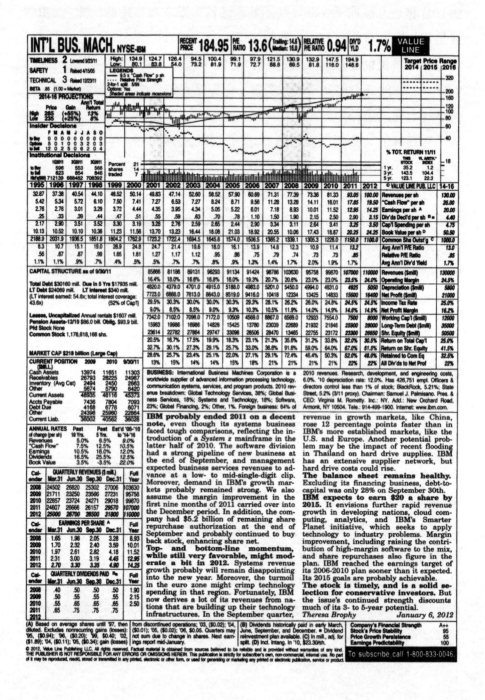

看起来，技术评级跟时机评级有很多类似之处，其实不然。时机评级是通过企业盈余来推估未来的短期表现，技术评级不是这样，它仅仅考虑股票价格的表现。哪个比较重要？当然是"时机"。从《价值线》的术语表中，直接得到这样的提示："无论在何种情况下，技术评级都不应该取代时机评级而成为投资决策的主要工具。从长期来看，时机评级拥有优异的记录。"当然，两项评级都是 1 或 2，无疑是最佳之选。

IBM 的技术评级为 3，属于中性。但时机评级是积极的。所有的评级信息显示，IBM 拿到了绿灯的通行证。

未来的 2 到 4 年，IBM 的股票价格估计会上涨 55%。最坏的情况下，股价也将上涨 25%。

IBM 的市盈率为 13.6 倍，大概跟 1997 年的情况相当。请注意发展趋势。从 1997 年以来，市盈率在 1999 年增至近 29 倍。在 2003 年之前，市盈率都保持在 20 多倍。然后从 2003 年开始下降。2008 年经济衰退期间，IBM 变成了十足的便宜货。到了 2012 年，股价也还算便宜。

浏览 IBM 的股价走势图，我们发现，在 2002 年大跌之后，IBM 的股价又上涨了一些，然后又下跌了一阵子。从 2006 年的低点到 2008 年的高点，股价上涨了 80%，然后，在 2008 年末，和股市中的其他股票一样大跌。其后，又开始了长期的复苏。在 2012 年初依然保持着动能，呈现出继续持股的绿灯通行信号。

盈余稳定增长。从 1997 年开始，直到 2000 年，每股盈余稳定增长到 4.44。2002 年下滑到 3.95。在股市崩盘后，所有的技术公司都受到了伤害。之后，随着经济的复苏，IBM 又开始成长。2002 年之后的几年里，IBM 的每股盈余分别为 4.34、5.05、5.22、6.01、7.18、8.93、11.52。2011 年预估为 12.95，2012 年预估为 12.25，呈现出漂亮的趋势。绿灯通行信号又出现了。

从数字上看，IBM 的情况很好，布洛菲也同意这种观点。她认为 IBM 2011 年的经营状况应该很不错。正在扩张的市场上，需求仍然强劲。业务动力十足。但她担心欧元区遭遇麻烦，还有泰国洪水的影响。

洪水对硬盘的供给有着挥之不去的负面影响。这两方面的因素会减缓IBM的业务动能。从资产负债表来看，财务健康。IBM聚焦发展中国家，使得管理层期望2015年的每股盈余冲击20美元。她主要担心IBM的"持续强劲表现，已经预先反映了未来3到5年的潜能"。

现实生活中的测试又如何呢？你应该持有IBM股票，还是卖掉呢？检查IBM的当前价格，看看你的做法如何。IBM在2012年2月17日的股价是193美元，标普500指数是1361点。为了方便计算，你可以在纸上写下这两个数字。将IBM和标普500指数进行比较，谁会更好呢？

如何找到《价值线》的资料？

你如果愿意花大钱订阅《价值线》，每个礼拜你都能通过邮箱接收《价值线》的报告。你会收到一个大的活页装订报告单，包含了13个章节的1700只股票的报告。每个礼拜，你都会收到一个更新的章节，用来取代13个章节中的某一个章节。每过13个星期，整个报告就会更新一次，全年能够更新4次。

或许，你不想订阅全部的1700只股票的报告，让书架纸满为患。你只是在特定时期研究某些公司。这时，你可以去当地图书馆借阅。任何稍具规模的图书馆都能提供《价值线》。找到你有兴趣的那些上市公司，停下来研究，对每一页进行复印，按照你喜欢的方式查阅。

最后，你可以订阅《价值线》的网络版。它提供了html和PDF格式的完整系统。你可以输入公司的报价代码，查询相关公司；或者采用股票筛选器，创建搜索条件，保存你的搜索结果。

联络资讯：800-833-0046。www.valueline.com。价格：昂贵。

有限的覆盖范围

《价值线》有一个缺点，它只覆盖了1700只大型成熟企业的股票。《价值线》确实也发布过一个扩展版的中小型企业调查报告，涵盖了另外1800家公司。不过，这个扩展版的报告并没有提供分析师的评论和预测。《价值线》标准版和扩展版加在一起，也只能覆盖3500只股票。还有大约17000家企业不在《价值线》的报告范围内。

因此，如果你真正挖掘到了理想的小型股，你就需要转向其他来源寻找关键信息，替代来源包括本章的全部内容，然而最关键的信息来自企业本身。财务报表会告诉你很多企业本身的关键信息。同时，定制的软件包和雅虎财经这样的在线筛选器也能够提供《价值线》包含的大量信息。

企业本身

在买进一家企业的股票之前，一些投资者强调必须看到企业总部发来的投资者报告书。里面提供了年度报告，对企业的未来远景进行了乐观的描述；你也会看到未必乐观的财务报表、最新的年度报表和季度报表、媒体报道、分析师报告以及一般信息。

对于你有兴趣的许多小型股，大部分研究成果将来自这些企业提供的投资者报告书。要想挖掘出富有潜力的小型股，你必须独具慧眼。如果《价值线》和其他人也发现了这些小型股，显然它们已经暴露在外了。

本节说明投资者报告书的获取方法和使用方法。

获取投资者报告书

首先，你需要知道企业的电话号码。从报纸、杂志、互联网、定制软件包、查号台，你都可以获得电话号码。企业网站可能会主动提供投资者信息。在网站上，你可能找到一个服务投资者的网页按钮，只要点击就能索取完整版本的投资者报告书。你起码能通过网站找到电话号码。

一旦有了电话号码，就联系企业的投资者相关部门。企业的接线员可能询问你是否需要投资者报告书，并且记录下你的邮寄地址。你的电话也可能转接到投资者相关部门，你可以向那些友好的公关人员直接索取一套投资者报告书，其中包含：

√ 年度报告

√ 年度报表和季度报表

√ 分析师报告

√ 最近的媒体报道

√ 任何免费的产品样品

免费样本不易获取——特别是福特汽车或波音公司这类企业。但其他资料都是标准文档。大约一个礼拜到十天左右，投资者报告书就会免费邮寄到你的手中。是不是很开心呢？这可是资本主义的免费福利！

如果找不到企业号码，可以联络"上市公司年报服务机构"，其网址是 www.prars.com。你可以免费获取任何一家上市公司的当前年报。这样的年报无法与投资者相关部门提供的投资者报告书媲美，不过，聊胜于无吧。

你打开信封，然后……

阅读投资者报告书

清理你的餐桌，或者其他桌子，腾出空地，把投资者报告书摊开。

年度报告

首先从年度报告开始。这份报告读起来或许十分有趣。其中的营销信息可能和财务信息一样多。有时候，新创企业的年报相当新颖，不同于循规蹈矩的学生式的报告。我个人比较喜欢这种年报。无论年报形式如何，能够让投资者以钱生钱才是王道。这也是我们在市场中的目标！

打开年报，你可能看到企业 CEO 的欢迎信。后面可能是一些图片，包括企业总部、心满意足的客户、优秀雇员，还有一大堆的产品展示。接下来可能是一篇文章，讲述了公司的发展历史、最近的成就、使命宣言，以及未来的展望。这些资料易于阅读，在末尾通常附有企业的广告，有些广告甚至是为年报专门设计的。

因为企业不同，年报的开头部分略有差异，不过，基本都在讲述企业的宏观大略。阅读了这些有趣的资料之后，紧跟着就是财务报表了。

财务报表几乎都会出现在年报的后半部分，偶尔会单独成册。

以 IBM 2010 年的年报为例，通过那些真实的年报数字，我们来研究财务报表。在稍早的《价值线》报告里，我们也研究过 IBM。

资产负债表

通过资产负债表，我们大致可以了解公司拥有哪些资产，承担哪些负债。资产与负债之间的差额部分，称为股东权益。正是股东权益，能够让资产负债表保持平衡。此处不准备讲解会计学的基础知识，而是重点讲解资产负债表的重要科目。以下是 IBM 的资产负债表。

IBM 2010 年资产负债表

（金额单位：百万）	2010 年	2009 年
资产		
现金与现金等价物	10，661	12，183
应收票据与应收账款	10，834	10，736
（不予列出的其他科目）	91，957	86，103
总资产	113，452	109，022
负债		
流动负债：		
税金	4，216	3，826
短期债务	6，778	4，168
应付账款	7，804	7，436
（其他流动负债）	21，764	20，572
流动负债总计	40，562	36，002
长期债务	21，846	21，932
退休债务	15，978	15，953
其他债务	11，893	12，380
总负债	90，279	86，267
股东权益		
IBM 股东权益	23，046	22，637
少数权益	126	118
股东权益总计	23，172	22，755
负债与股东权益总计	113，452	109，022

资产

资产分为流动资产与长期资产。流动资产包括银行存款与应收账款等。长期资产则包括建筑物、厂房等。我不准备讨论这两者的明确划分，只提供一些重要的科目加以说明。

大家都期望企业拥有充沛的现金。2010 年底，IBM 的银行存款有107 亿美元——开句玩笑，几乎是我当时银行存款的两倍。你希望企业拥有很多现金，这样才能清偿债务并利用机遇。比方说，企业可以动用现金，兼并一些规模较小的企业。

应收票据和应收账款通常是客户购买 IBM 的电脑、软件或服务而积欠的货款。这和酒友上周五欠你十块钱是一样的道理。截止到 2010年底，IBM 的伙伴们欠了 IBM 大约 108 亿美元。一方面，你很高兴看到未来有大量的资金流入 IBM，另一方面，你也不希望应收账款的增速超过了销售数据。你可以通过损益表查看销售数据。

资产的其余部分，包括有价证券、库存、工厂、财产权，以及 IBM拥有的其他东西。我把它们都归类为"一大堆我不想讨论的东西"。

负债

负债也分为流动负债和长期负债。流动负债是一年内必须清偿的债务，而长期负债是较长期的债务。

债务部分非常清楚。税金是企业要向国税局支付的款项，就像你每年都要支付的税金一样。

债务不是好东西。资产负债表上的债务金额越少越好。流动负债和长期负债都一样。你喜欢投资那些根本没有债务的企业。如同彼得·林奇指出的，没有负债的公司，就不会倒闭。截至 2010 年底，IBM 的负债高达 286 亿美元。

最后一个项目是应付账款，代表 IBM 需要向 IBM 的供应商支付的资金。IBM 先从供应商这里拿到了赊购的商品，还没有付款。

股东权益

股东权益是资产减掉负债的余额。包括对外流通的股票，以及其他类似于保留盈余与未实现利益等科目。负债加上股东权益，需要和资产相等。这样，账目才能平衡。

损益表

损益表显示一家企业的盈余与费用。你可以从这份报表看出十分重要的毛利润、企业收入与支出之间的差额。以下是 IBM 损益表的微缩版。

IBM 2010 年损益表

金额单位:百万(每股盈余除外)	2010 年	2009 年
收入		
服务	56,868	55,128
销货	40,736	38,300
融通	2,267	2,331
总收入	99,870	95,758
成本		
服务	38,383	37,146
销货	14,374	13,606
融通	1,100	1,220
总成本	53,857	51,973
毛利	46,014	43,785
费用与其他收入、所得税	31,181	30,360
净利	14,833	13,425
普通股每股盈余	11.69 美元	10.12 美元
在外流通普通股加权平均(股数)	1,268,789,202	1,327,157,410

此处不做赘述。收入展示了 IBM 每个部门的销售情况。成本展示了各个部门为了实现这些销售而花费的成本。然后，损益表把这些数字分解为以投资者为中心的内容，例如毛利润与每股盈余。

从 2009 年到 2010 年，IBM 收入的增加程度，超过了成本。这样，毛利润就增加了 22 亿美元。这是一个好的迹象。你希望毛利润逐年增加。

毛利润显著增加，每股盈余也是如此。2009 年，每股盈余为 10.12 美元，但在 2010 年，每股盈余达到了 11.69 美元，增长率高达 15.5%。现在，股东们都很乐意看到这种发展。损益表的底部还提供了附加说明，解释每股盈余为何会大幅增长。和 2009 年相比，2010 年的在外流通股数减少了 5800 万股。IBM 回购了大量的股票。对于当前的投资者来说，又是一个好消息。

你想挑战 IBM 的数学能力吗？把 2010 年的净利 14,833,000,000，除以 2010 年的对外流通股数 1,268,789,202。这样，你就得到了每股盈余数据。拿你的数据和 IBM 的每股盈余数据对比一下。如果 IBM 没有算对，请打电话给证监会……或者……计算器制造商。

年度报表与季度报表

如果你只想查看明确的数据，而不是年度报告的那些花里胡哨的营销广告，你应该喜欢年度报表与季度报表报告。每份报告都是年报里的金融信息的加强版本。年度报表报告是每年申报，季度报表报告是每季申报。季度报表报告里还包括了企业管理层对于当前议题的讨论。年度报表报告经过会计师审核。这些表格上的数字，还包括收入、成本、费用、营业利润、净收益或损失，以及其他科目。

股票筛选器

自从本书前几版发行以来，寻找好股票越来越容易了，成本也在降低。近年来，甚至有 CD 版本的股票资料库。安装了相关软件之后，可以通过网站下载更新的资料，或者每月都会收到新的 CD 版本。这些电脑程序同样很贵。有些收费超过 500 美元/年。

然而，免费的线上股票筛选器改变了整个状况。过去，专业人士常常嘲笑雅虎财经的选股工具过于简陋。时至今日，我们还能听到这样的调侃。然而，这些免费工具已经鸟枪换炮，不再简陋了。它们能够满足任何个人投资者的全部需求。根据我的观察——而且我进行了充分的观察——我认为不必继续使用付费的电脑软件。

通过股票筛选器，可以快速方便地制定最佳投资决策。出于这种目的，我会推荐以下三种股票筛选器。

雅虎财经的股票筛选器

首先推荐雅虎财经的股票筛选器。它能根据你设定的准则过滤股票，迅速得到筛选结果。如果你看中的企业过多，只需要添加更多的筛选条件，或者让你的筛选参数更加严格，就可以显著降低筛选数量。

举例来说，2012 年 2 月，我对有兴趣的企业设定了筛选条件：股价/每股销售比率（P/S）低于 5 倍，市盈率低于 10 倍，未来五年预估的每股盈余成长率超过 30%。我在股票筛选器中输入这些条件，得到了 135 只候选股。

数量太多了，于是我把市盈率降低为 5 倍，并规定最低利润至少为 20%。筛选结果变得清爽起来，只剩下 17 只候选股。然后，在这个结果列表中，我把光标放在"五年成长率"的筛选条件上，点击了两次鼠标，依据成长率对这些股票进行降序处理。整个过程花了不到两分钟时间。

这些股票包括 Cumulus Media（CMLS，4 美元）、Leucadia National（LUK，29 美元）与 SkyPeople Fruit Juice（SPU，2 美元）等。这些股票的表现不是我们关心的问题（你可以将报价代码输入雅虎财经，查阅股票的当前价格）。值得炫耀的是，我们使用雅虎财经的股票筛选器，可以极快地筛选出所需股票。鼠标轻点几下，我们就能深入研究了。

对我来说，基础的 HTML 格式的筛选工具就够用了。但雅虎财经还提供了 Java 格式的股票筛选器，来满足那些痴迷于图表的发烧友。Java 版本的界面类似桌面软件，取代了网页界面，也提供了更多的筛选条件。当然，这也是免费的。

联络资讯：screener.finance.yahoo.com/stocks.html。

FINVIZ 股票筛选器

FINVIZ 提供了相当广泛的筛选标准，并划分为三个类别：描述性标准、基本面标准与技术面标准。通过它的下拉菜单，引导用户选择典型的区间范围，而不是具体的数值。

举例来说，市盈率的选项包括"低"（小于 15 倍）与"高"（大于 50 倍）。然后是一长串的选择，例如"30 岁以下"和"超过 25 岁"。这是节省时间的方法，因为你并不需要把市盈率具体设定在 9.7 倍。只要市盈率够低就行了。通过这种方式设定筛选原则，可以快速构建起候选股的基础清单。在免费的筛选工具中，FINVIZ 的技术面筛选条件提供了一种罕见的福利待遇。同样使用下拉菜单，你可以设定以下的筛选条件：最近一个月股价上涨 20%，股价比 50 天简单移动平均线高出 10%，而且 RSI 读数低于 50，显示并未超买。相当吸引人的功能。

2012 年 2 月，我打算筛选一些美国股票，筛选条件如下：未来市盈率"低"（小于 15 倍），未来五年的每股盈余"高"（大于 25 倍），内部人士的交易"非常正面"（大于 20%），股价位于 50 天简单移动平均线之上 10% 的范围内。结果找到 6 只候选股，包括：Harman International（HAR，51 美元）、Real Goods Solar（RSOL，2 美元）与 Textron（TXT，28 美元）。

这个筛选工具提供了有益的功能。每当你添加或者变更筛选准则时，候选清单就会快速刷新。另外，当你把光标放在某个筛选准则的上面，就会弹出一个窗口，简单解释这个筛选准则的定义。把光标放在报价代码上，就会弹出一个小型的价格图表。

联络资讯：finviz.com/screener.ashx。

晨星股票筛选器

晨星的股票筛选器也很出色，提供了一些晨星特有的分析工具，例如：股票类型、股权风格与评分系统。

2012 年 2 月，我输入下列筛选准则：成长、盈利能力与财务健全程度评级为 A 或 B 的积极成长型股票，结果股票筛选器输出了 51 只候选股。然后，我点击"结果评分"按钮，又点击了下方的 1–10 的按钮，用来指定每种准则的重要性，并优先考虑"高成长分数"，"高盈利能力分数"与"低于 52 周新高"的条件，对筛选的股票进行排列。

经过筛选，排名最靠前的三只股票分别是 Discovery Communications（DISCA，45 美元）、Ebix（EBIX，24 美元）和 Gilead Sciences（GILD，47 美元）。

联络资讯：screen.morningstar.com/StockSelector.html。

互联网

最初，投资人士聚集在曼哈顿下城区的梧桐树下从事交易，后来进入纽约证券交易所。想做股票生意，就必须来到证券交易所。等到电话出现，人们开始电话下单。现在，很多成功的投资人终其一生也不必来到华尔街。互联网是全球交易的最佳渠道。

我将介绍一些互联网资源和其他资源，www. jasonkelly. com/resources 提供了链接。

投资网站

以下是我调查并总结的最佳投资网站。

巴伦在线

多年来，我一直很喜欢《巴伦杂志》。这家新闻网站承袭了书面刊物的所有优良传统，而且通过互联网还提供了很多新的功能。高品质的写作质量堪称行业标杆，主编亚伦·艾伯森才华横溢。很多交易员经历了一周的交易之后，疲惫不堪。阅读亚伦的文章可以带给他们很多欢乐。亚伦经常看错行情走势，因为他总认为市场将崩盘，尽管历史显示股市里牛长熊短。但是，你不会很在意，因为亚伦是个有趣的家伙。在

2008 年的超级大熊市中，亚伦终于成了市场明星！这家网站还提供来自著名的 Market Lab 的海量数据、评论、专家采访、突出显示的图表、专业分析师提供的研究资料、主流与非主流刊物的行情预测，甚至还有追踪投资组合绩效的服务。

联络资讯：screen.barrons.com。

Bigcharts

Bigcharts 是道琼斯公司旗下的 MarketWatch 的一个部门，提供免费的投资图表。读者可以定制适合的时间周期，通过各种基准进行比较。图表有不同的风格，并且格式也适合打印。

联络资讯：screen.bigcharts.com。

彭博社

彭博社原本是世界著名的新闻机构，其网站提供经济和金融市场的实用报道和数据，这点不足为奇。"Quick"按钮展示了最新的头条新闻。网站也提供彭博电视台录制的投资短片，以及内容翔实的专题报道。在并购了《商业周刊杂志》（其网站值得直接访问：businessweek.com）之后，彭博网站的内容更丰富了。《彭博市场杂志》服务于专业投资人。随便翻阅，你都能找到很多富有价值的赚钱的点子。

联络资讯：www.bloomberg.com。

Briefing.com

这家网站令人耳目一新，它发布的都是未经刻意渲染的新闻、评论与分析。从写作风格可以看出，网站人员的专长是金融，而不是文学。他们在发布观点时，极少考虑写作风格。通过该网站的免费部分，我们能够查看：30 分钟更新一次的图表行情、重大新闻报道、股票报道、绩效良好的积极投资组合、盘后报告与经济更新资料。

联络资讯：www.briefing.com。

FINVIZ

顾名思义，FINVIZ 代表"金融可视化"（financial visualizations）。该网站擅长把金融信息展示为易于查看的漂亮图表。在前一节，我们讨论了它的优质股票筛选器。其他工具还包括一个高效率的新闻和博客信息源。当用户把光标指向链接时，就会显示链接文章的起始句。在"市场热图"工具中，红色网格中的股票代表亏损，绿色代表盈利。通过别具一格的方式，股票板块的绩效也能清晰易懂地显示出来。例如，通过不同因子进行筛选，我们就能得到相应的颜色图谱，显示筛选的结果。

联络资讯：www.finviz.com。

谷歌金融

和谷歌的大多数产品一样，这家互联网巨头的金融网站既简洁又快捷。它的股票界面展示了常用的统计数据、出色的交互式图表，还有来自谷歌讨论版与外部博客的评论窗口。在介绍上市公司的管理层时，页面设计得尤其出色。大多数管理人员的头像都有相应的追踪链接，指向他们的履历和最新的交易活动。该网站也提供免费的投资组合追踪工具。

联络资讯：www.google.com/finance。

Jason Kelly

我几乎同意这家伙的一切，因为 Jason Kelly 就是我本人。通过我的网站，我会追踪本书讨论的投资策略，还有我发现、测试和改进的其他策略。在我的网站上，你还能查看本书的更新内容、当前投资主题的评论文章、可供打印和管理资金的操作单（包括本书讨论的那些类型的操作单），以及各种资源。你可以免费接收我的邮件，查看我的定期评论和投资策略。我承诺不会给你发送任何信用卡广告。

联络资讯：www.jasonkelly.com。

MarketWatch

MarketWatch 是道琼斯公司经营的网站，提供最新的头条新闻与评论。

联络资讯：www.marketwatch.com。

晨星

长期以来，晨星始终是共同基金的权威来源。现在，它已经覆盖到股票。晨星网站对共同基金和股票的双重关注，再配合晨星的专业研究技能，让它成了优异的投资网站。它的讨论版与投资组合追踪工具，都提供了其他网站无法提供的功能。例如"极速 X 光"——你可以输入你的投资组合，就能立即获取你的投资报告，显示资产类别、市值、股票风格、产业类别与地理区域。晨星的很多高级研究成果，都在网站上免费提供。数量之多，足以让你惊讶。

联络资讯：www.morningstar.com。

寻找阿尔法

在寻找阿尔法这家网站上，我们能看到背景各异的投资人发表的观点。这家网站对自己的名称进行了解释："Alpha 是一个金融术语，指的是一只股票相对于市场的表现。基金经理人则更灵活地运用 Alpha，用来描述击败基准指数。寻找每一只股票，都是 seeking alpha 期望这只股票能击败指数。"这家网站刊登的文章来自博客、投资机构、投资快讯、网站写手、公司电话会议记录、编辑对于实时新闻与评论的总结以及投资人交换心得的其他通道。例如"StockTalk"的讨论版，以及快速发布意见的"Instablog"平台。

联络资讯：www.seekingalpha.com。

StockCharts.com

你可以从网站名称推测出这家网站的重点。读者可以颇为容易地创建图表，方便地分析盘面。它有着丰富的特色，还提供了强悍的定制功能。除了免费图表，它也提供付费的订阅服务，里面包含了更为强大的特色功能与老练的图表分析师的建议。

联络资讯：www.stockcharts.com。

维基百科

你可能熟悉维基百科，它允许用户编辑、修改内容。维基也把相同的理念应用于投资研究。它整理了单一股票的基本资料，汇集了多空看法，讨论可能影响公司未来发展的各种趋势和力量。它概述了一些投资理念，并且引领着投资人群体进行深入的研究。例如，"中国水资源的稀缺"，显示 Archer-Daniels-Midland（ADM）和 Monsanto（MON）这两只股票可能受惠。这个网站的投资组合监控功能是第一流的，可以直接连接到你的经纪商账户，实时查看整体账户余额、影响投资的当前新闻、交易费用与投资绩效。

联络资讯：www.wikinvest.com。

雅虎财经

雅虎财经是最著名的投资研究网站。我每天都使用这家网站。它整合了股票与共同基金的所有资讯。大部分的内容都是免费的。它提供了完整的企业与基金概貌，包括管理层信息、联络电话、股价历史、股票分割的历史、最新公告、新闻故事、博客文章，以及你需要知道的任何资讯。查看利润？可以。查看投资报酬？可以。股价图表可以调整时间周期，还可以添加其他股票和指数，和本股票进行比较。无论是过去五年还是最近一小时的股价表现，雅虎财经都能提供。只要你愿意，就可以创建数量庞大的投资组合与观察清单。一切都很有效率，而且是免费的。

联络资讯：finance.yahoo.com。

Zero Hedge

这家网站的标语有着冷静的世界观："时光流逝，无人长存。"这句话出自笔名为"Tyler Durden"的神秘写手的文章。Tyler Durden 是 Chuck Palahniuk 的小说《搏击俱乐部》里的一个狠角色。这位神秘写手讲解了金融市场的风险和发展历程，并对影响政治经济的新闻进行点评。同时，这家网站也会刊载一些具名者的文章。Zero Hedge 表示其任务是"拓展专业投资大众的金融、经济和政治方面的资讯视野"，并且"对软弱无力的金融新闻机构进行质疑，并在必要时予以攻击"。该网站把匿名方式当成"对抗'多数人暴政'的盾牌"。你如果需要了解一些原始真相，可以访问 Zero Hedge。

联络资讯：www.zerohedge.com。

第七章　本书推荐策略

在投资世界里，你行走的里程已经够长了。现在，你已经懂得了股票的语言，学习了投资大师的心得，总结了历史的教训。你也理解了永久性投资组合的操作方法，明白了通过折扣经纪商开户的全部流程，获得了股票投资的研究方法和研究资源。经过准备之后，你就可以组装自己的策略了，这正是本章的主题。

创建投资策略，有三个组成部分。第一，你会按照本书第四章的方法，建立核心投资组合。其次，你会创建和追踪一系列的潜在投资对象。最后，管理由股票组成的投资组合，提升核心投资组合的报酬。

行文至此，我也是思绪万千。来自股市的利润近在眼前，触手可及。数年过后，当你回顾往事时，可以在交易日志上写下约翰·济慈的诗句："我在财富王国，已经旅行甚远……"

创建一个核心投资组合

在财富王国猎获财富之前，我们需要先建立一个坚固的堡垒，作为研究工作的基地。如果我们派出的寻宝队一无所获，或者被潜行捕食的熊市袭击的时候，就可以回到堡垒退守。起步之初，你的堡垒比较狭小，然而随着寻宝队不断地带回宝贝，堡垒的规模也会扩张。

在我们的堡垒中，我们的寻宝队把成长型与价值型投资结合起来。一些顶尖的投资人就是结合了这两种投资风格。历史也显示这两种方法可以很好地共存。经常遇到这样的情形，当成长型投资在市场中挣扎时，价值型投资却风生水起，反之亦然。把两种方法结合起来，就更容易获得稳定的超级回报。

我们先派出一支富有经验的寻宝队建立堡垒：永久性投资组合。

在建立堡垒时，使用"双倍道琼斯绩效"策略，可以让全部的30只道琼斯成分股，发挥出两倍的正常力量。本书第四章提供了全部的道琼斯策略的背景资料，并专门解释了"双倍道琼斯绩效"策略。另外，也可以运用绩效记录更为出色的"最大化中型股投资"策略，让400只中型股发挥出双倍的正常力量。我在第四章，解释了"最大化中型股投资"策略。

无论你采用哪种永久性投资组合，都会显著地巩固你的堡垒。当匈奴王率领熊市军队攻城时，你会欣喜地看到，道琼斯成分股企业或者中型企业已经集结待命，守卫城池。

观察操作单，建立股票候选清单

一旦建立了核心投资组合，你就拥有了坚固的堡垒，使之成为寻宝的基地。这个堡垒能够承受市场的兴衰荣枯，而行之有效的永久性投资组合也会持续地巩固堡垒。现在，我们将进入挑选单只股票的狂野世界。在挑选股票时，我们需要使用第二章中六位投资大师的教诲以及第三章的历史教训。

我们需要隔离以下的市场噪音——谣言、邻居讲述的动人故事、吸引眼球的新闻报道和故作姿态的企业名称。我们的清单里只保留20只候选股。是的，只能是20只股票。如果想把一只新股票加入到清单里，它就必须优于现有的某只候选股。这样，建立清单之后，随着时间的流逝，你的投资组合越来越强。

继续使用财富王国的比喻，而这份清单中的股票正是寻宝队的心腹成员。当你投资一只或多只股票时，就相当于派遣心腹们离开堡垒，出去搜寻财富。当你卖出股票时，意味着他们返回了堡垒，因为他们带回的钱财已经回收到你的永久性投资组合或者保险柜里。堡垒之外的世界风险暗布，你的一些心腹可能成为烈士，"壮士一去兮不复返"。这意味着这类股票可能跌到零，并从你的股票清单里消失。有时候，你虽然卖掉了股票，但仍然需要关注它们。这些股票会继续保留在清单上，直至更好的股票取代了它们。

我喜欢这个系统。当我作为新手，自己动手搜寻优质股票时，面前的资料堆积如山——公司报告、《价值线》、标准普尔的企业档案、杂志文章和其他资讯。我迷失其中，甚至采用了荒谬的方法建立投资组合——无论哪份投资报告摆放在整堆资料的最上方，我就采用其中的策略。这显然不是投资的好方法。

有一天，我从激光打印机那里抽出一张空白的纸，潦草地写上"我喜欢的股票"。然后我阅读了每一摞资料，写下了每家企业的名称和几个常见的衡量标准。我读完了所有资料之后，终于拉出了一个清单，选出了其中的58家企业。我瞅着这份纸质表格，恍惚中仿佛找到了万能的灵丹妙药。此时此刻，我顿悟了——把各家企业摆放在一起，使用相同的衡量标准，很快就能找到最有魅力的企业。我从旧清单划掉了一些企业，最终兴高采烈地确定了20只股票。从此之后，我再也没有重返旧路。现在，当我阅读文章、聊天或者洗澡时，如果发现了某只值得研究的股票，我就使用操作单中的衡量标准，将它与操作单上的20只股票进行比较，看看它能否替代某只股票。要是不行，就忘掉它。如果行，就剔除20只成分股里最弱的股票，把新股票加进去。通过这个简单的程序，我已摆脱烦恼，不再为了一只新股票而研究海量的资料；同时，经过替换，那些进入清单中的候选股也越来越强。

持续地筛选候选股，这是正确的做法。这是投资的"达尔文主义"，让股票实现了"物竞天择"。从我发现灵丹妙药的那个美妙日子开始，我和股票清单就一同进化了。我把这种程序称为"股票观察"，把候选股放在"操作单的观察股票"里。我在本书附录提供了一份样本。现在，我们来探讨"股票观察"程序的使用方法。

操作单的筛选准则

在先前的章节，我探讨了各类资源，你的脑海里也充满了投资点子。现在我们面临一个共同的问题：好股票太多，而钱太少。怎么办呢？削减股票的数量，只选择最佳的 20 只股票，并把它们放到操作单中予以观察。这正是本节探讨的内容，也是我们策略的核心。我们的投资之路已经到达关键节点，需要确定一些明确的衡量标准，运用六位投资大师的建议，能够受益于历史教诲，并且让你方便地操作。大量的书籍都列举了数百项理想的股票衡量标准，却没有说明使用这数百项标准需要耗费海量的时间。我对这类消耗海量时间的方法缺乏耐心，相信你也没有时间和精力。

方便起见，我把所有的股票衡量标准都整理在操作单上，并把企业的全部资讯归结在一处。这样，操作单就需要印有两套栏目标题。每页操作单只包括 10 只股票，所以追踪 20 只股票，就需要两张操作单。20 只股票中，可能包含 5 只大型价值股、5 只中型成长股、10 只小型成长股。当然，这种组合取决于个人兴趣，另外，你并不需要针对不同类型的股票，修改一些筛选准则。我设计的操作单非常灵活，足以适应你喜欢的任何股票。

如果你是第一次搜寻股票，你的目标是找到最好的 20 只候选股，从而建立你的初始清单。然后，当你遇到新股票时，就用新股票来跟清单里的这 20 只股票进行比较。

我将分别解释其中的衡量标准，告诉你在哪里找到它们。

操作单如下所示：

公司名称	目前价格	52周新高/新低	市值	每天成交金额	销售	净利率	总债务	每股销售	每股现金流量	每股盈余	股息收益率	ROE	内部人士买进	股票回购
		／				◆		◆	◆	◆	◆		／	SMA/MACD/RSI

公司名称	EPS评级	RPS评级	5年期销售成长	5年期价格	预估销售	预估高/低值	STARS/公平价格	目前市盈率	平均市盈率	P/S比率	P/B比率	流动比率	P/CF比率	
						／	／							

我会解释每项衡量标准的定义、要求、理想方向和来源。在某些情况下，有些栏目并不适用，我会把它们剔出来。另外，我也不打算重复地展示各种信息来源的样本页，例如《价值线》的样本页。对于我提供的样本页，我会一次性地指明资料来源，教你识别上面的相关信息。最终，你将找到获取所需信息的方法。

公司基本资料

这些是企业的基本衡量标准，说明这家企业的性质、股价与规模。

> **公司名称、代码、电话**

公司名称、代码、电话

起步很容易。在清单上，简单地填写公司名称、报价代码与电话号码。填写内容一定要正确。这听起来有点蠢，但是我的朋友曾在 1996 年 6 月买了很多 MFS Communications（NASDAQ：MFST）的股票，误认为是买了微软（NASDAQ：MSFT）的股票。两者的报价代码只是 F 与 S 颠倒了位置，结果却是冰火两重天。微软的股票分割后的价格从 1996 年 6 月的 7.5 美元，上涨到 2012 年 2 月份的 31 美元。MFS Communications 则被世界通信公司并购。后者于 2002 年 7 月宣布破产。幸运的是，我的朋友通过第二个月的对账单就及时纠正了错误。

资料来源：如果你在阅读文章时遇到一只股票，当公司名称首次出现之后，在名称之后的括弧内，你通常能够发现它的报价代码。绝大多数报纸的股票列表中，都能发现公司名称、报价代码。通过《价值线》，你能够找到电话号码和企业地址。通过金融网站，你也能查到公司名称和报价代码。

> **目前股价** | **52 周新高/新低**

目前价格和 52 周新高/新低

简单地表明股票的目前交易价格，以及过去 52 周的最高价与最低价。目前价格是你当前买进该股票时必须支付的价格。52 周新高/新低，让你知道目前价格所处的位置是否接近该区间的顶部或底部。很多成长型投资人更倾向于在价格区间的顶部附近买入，希望股价能够继续突破上限。很多价值型投资人更喜欢在价格区间的底部买入，希望股价能够恢复到以前的高点。没有所谓的理想股价。

资料来源：任何一家报纸的股票列表都会显示昨天的交易价格和 52 周最高价与最低价。通过互联网，可以更为方便地获取实时报价。人们上网，经常是为了查询股价，而我就是其中一员。

资本市值

资本市值

这项数据显示了一家企业的规模。我们知道资本市值等于股票的流通股数量乘以目前股价。通过资本市值，可以判断该企业属于大型企业、中型企业，还是小型企业。通过企业规模，你就能判断在股票组合中是否过量地持有了某种规模的股票。

通过道琼斯工业指数，就可以投资于那些大型的成熟企业。记住，30 只道琼斯成分股中，包含了波音、可口可乐、迪斯尼、IBM、英特尔、3M、麦当劳、微软、默克、沃尔玛。它们是企业巨头中的巨无霸。

如果你已经通过道琼斯或其他大型股指数而持有了大型企业的股票，对于单一股票的投资，可以选择小企业的股票。它们会为你的投资组合加点调料，使之更加平衡，从而贴近真实市场的原貌。我不是建议你放弃那些家喻户晓的大企业，而是建议你用心寻找那些隐藏的"明日之星"企业。它们在未来将成为家喻户晓的明星企业。查询晨星的资本市值表格，你会发现那些小型企业，它们在 2012 年初的平均资本市值超过了 15 亿美元。

寻找规模较小的企业

理想的企业市值是多少，根本没有定论。举例来说，我的 IBM 大型股投资能够获得四倍回报，而我的朋友投资于小型股 Diamond Multi-media，反而损失了 60%。到处都潜伏着机遇与风险。

资料来源：你可以通过数个来源查询股票的总股数。对于在外流通股票，最方便的查询来源是《价值线》页面。你可以查询当前与过去 15 年的股票数量。另外，在《投资人经济日报》等金融报纸上，也能查询在外流通股票和季度盈利的数据。最后，类似如雅虎财经等网站也会提供资本市值的信息，从而让你免于计算之苦。

每天成交金额

每天成交金额

资本市值反映了一家企业的规模，而每天成交金额说明了某只股票在某天的交易金额，它反映了股票的流动性，也就是股票买卖的方便程度。另外，我们也能推导出日均成交金额，顾名思义，日均成交金额是一只股票的日均成交量乘以股价。来看埃克森美孚在 2012 年 2 月 22 日的当天成交金额。埃克森美孚在当天的成交股数是 11983901 股，价格为 86.92 美元。两者相乘，当天的成交金额是 1041640675 美元。

对于成交金额小的股票，大多数的共同基金都不愿意投资，因为害怕将来卖不掉。如果没有人买进股票，股价会下跌，"报价点差"也变得很大。以"杂志先生"的股票为例，很多人根本不知道"杂志先生"是干什么的，自然也就缺乏买进"杂志先生"股票的兴趣。如果你卖的是埃克森美孚的股票，就会很容易地遇到买家。"杂志先生"就是流动性不佳的股票，而埃克森美孚的流动性就很好。

寻找较小型的企业

和资本市值一样，每天成交金额同样无法设定理想的数字。小型股的投资人对于这项衡量标准更有兴趣。如果你是小市值股票的投资人，对于每天成交金额不满 300 万美元的股票，必须特别留意。因为除非成交量开始增加，否则，一般共同基金根本不会碰这类股票。当成交量开始增加，基金公司可能进场买入股票，从而推动成交量与价格继续走高。在此之前，如果你和十几个跟踪这只股票的交易者能够及早地进场，你的投资就有了回报，获利应该颇为可观。对于市值庞大的股票，投资人通常不会在意每天的成交金额，因为它的每天成交金额总是很大。人们对这种企业也是耳熟能详。通过股票市场操纵埃克森美孚的股价是难上加难的。

对于资本市值，无论你的偏好如何，永远不要触碰流动性过低的股票。有一个广泛接受的最低成交金额标准——5 万美元/天。如果成交金额远远低于这个标准，卖出股票时，就像在街角出售廉价铅笔和挡风玻璃清刷工具，顾客寥寥无几。

资料来源：可以通过《投资人经济日报》查询每天成交金额的信息。它会刊载每个交易日的股票成交量以及与日均成交量的百分比偏差。在《投资人经济日报》的行情报表里，你会发现下述信息（还有其他条目）：

股票	成交量(单位 1000)	成交股数的百分比变动	收盘价
埃克森美孚	852	−42	87.25

以 1000 股为统计单位，前一天的成交量是 852000 股。相当于数字 852 乘以 1000 股。−42 代表成交量比日常成交量减少了 42%，所以埃克森美孚的日均成交量是 852000 除以 0.58，也就是 1468966 股。（0.58 相当于 1 减去 0.42，1 代表日均成交量，减去 42% 的与日均成交量的偏差，就得到了 0.58。）这个日均成交量乘以收盘价 87.25 美元，日均成交金额就是 128167241 美元。平均每天都有 1.28 亿美元的埃克森美孚的股票在换手。

通过互联网，也可以查询成交量信息。

销售金额

销售金额

你的企业正在做多大的生意？理解了销售规模，就有助于投资。销售金额精确地揭露了销售数字。一般来说，资本市值、每天成交金额与销售呈现相同的趋势走向。对于小型企业的股票来说，每天成交金额不大，产品的销售金额有限。对于大型企业的股票来说，成交金额大，产品的销售金额庞大。2012 年初，石油、天然气勘探公司 Quicksilver Resource 的资本市值为 9.9 亿美元，前一年的销售金额为 9.6 亿美元，而可口可乐公司的资本市值为 1530 亿美元，前一年的销售金额为 460 亿美元。

同样的，对于销售金额来说，无法确定理想的数字。常识认为，"销售金额越大，就越好！"可是，情况并非如此。很多小型股的投资人希望销售金额偏少，这意味着该公司还没有被发现。销售金额小，能够实现更快的增长速度。可口可乐无法让 460 亿美元的年度销售金额突然增长为 920 亿美元，通过电视广告，"杂志先生"却能让 500 万美元的年度销售金额增长到 1000 万美元。销售金额与盈余快速增长了，股价也会水涨船高。

对于你的大盘股，你不会太在意这个数字。在稍后讨论的股价/销售金额比率里，每股销售金额很重要。不过，对于大型股来说，我们通常并不重视销售金额。以我为例，观察大型股的销售数据，往往只是出于好奇心。"460 亿美元？哇，卖出了很多瓶可乐。"

资料来源：通过《价值线》，可以轻松地查询销售金额。它提供了销售数据和你想寻找的众多数据。读完本书，估计你都想买一张"我 ♥《价值线》"的汽车贴纸，贴在保险杠上。

金融网站也会提供最近 12 个月的销售数据。请注意，销售金额有时候称为收入。

企业健全程度

了解企业的基本信息之后，需要继续观察企业的健全程度。本节讨论了相关的衡量标准。

净利率

净利率

本书第二章曾经谈到，巴菲特投资一家企业，高净利率是其中的一项条件。我们探讨过，净利就是企业扣除费用之后的余钱，再除以企业扣除费用之前的钱。如果一家企业的收入是 100 万美元，费用是 90 万美元，它的净利率就是 10%（10 万美元除以 100 万美元）。

净利率是操作单最重视的衡量标准，用来衡量企业经营的效率。它甚至超过了另一个衡量标准——企业规模。投资人都有一个梦想，管理团队在竞争激烈的环境下能够维持高净利率。这个数字揭示了企业能力的核心关键：它能赚到多少钱？

操作单上，记录下净利率，基于过去 5 年的发展趋势，标出向上或向下的箭头。如果这项数据没有持续增加或降低，需要留意 5 年前的变化，还有今年和明年的预估数据。

必要条件：任何候选股的净利率都必须位于该产业的前20%之列。它们是所属产业的领头羊，你的资金将投向它们。

对于净利率，我强调相对数据而非绝对数据，是因为典型的净利率因行业而异。航空公司通常都是负利润——没有开玩笑——只要查看它们的经营计划书，你都担心航空公司会遭遇破产。超市、汽车配件商店、廉价服装店和消费者电子产品零售商都属于零售业。大多数的商品零售商的净利率都不到5%，甚至还有1%左右的。所以，销售1美元的商品，只能赚到1美分。

净利率最高的企业，通常都拥有独一无二的专利，例如，崭新的数据库科技。由于没有其他同行能够拥有此类技术，这类企业几乎可以任意收费。缺乏竞争，或者根本没有竞争，价格自然偏高，利润也会扩大。身为消费者，你希望企业的净利率越低越好，这意味着企业从你口袋里掏出的钱就越少。可是，身为投资人，你希望企业的净利率越高越好。这代表企业能够从客户口袋里掏出更多的钱，存放到公司的保险柜里。有时候，净利率高，并不代表企业撸起袖子使劲从客户口袋里掏钱。一些真正聪明的企业非常擅长控制成本，从而产生高净利率。这样，用户拿到了低价产品，公司也赚到了更多的利润。是的，不要愤世嫉俗，双赢局面的确能在商业世界发生。

我遇到一些投资人，他们十分看重净利率，认定净利率起码要达到15%。这样沃尔玛（3.8%）、耐吉（9.9%）、福特汽车（14.9%）就排除在外了。可是，苹果电脑却符合这项筛选条件，因为苹果的净利率高达25.8%。一般来说，只有小市值股票的投资者，才能设定净利率的具体数字，最低标准通常设定为10%。

在投资生活中，如果你决定对企业的净利率设定一个具体数字，就在操作单的净利率栏目上方，用铅笔做出标示。这种做法没有错误。就我个人来说，我的投资组合里持有各种股票，我不认为最低净利率的标准适用于所有股票。当然，强调最低净利率也没错。股票赚钱的方式本来就是五花八门。

寻找高净利率的企业

　　理想：净利率总是越大越好。你已经选取了操作单中的某只候选股，后来，你又发现了同一产业的另一家企业，各方面情况大致相近，但是净利率却更胜一筹，那就剔除操作单中的候选股，并添加这只新发现的股票。当然，需要判断净利率的差异究竟有多大。如果新企业持续提供了更为出色的利润率，你就赚到了。净利率当然是越大越好。净利率高，并且年年增长，这就是来自天堂的礼物了。

　　资料来源： 雅虎财经和 FINVIZ 的股票筛选器，都可以让你根据产业类别挑选企业。只要花费几秒钟，就能通过净利率进行排序，从而找到净利率最高和最低的那些企业。金融网站也会在上市公司的简介页面，展示净利润率。

现金	总债务

现金和总债务

这两项数据显示了企业的健康程度。投资大师们在第三章告诉我们，优质企业应该有健康的财务报表：净利率高，持有大量的现金，债务很少或者没有债务。刚刚谈过了净利率，现在让我们探讨现金和债务。

和现金匮乏的企业相比，持有大量现金的企业能够更好地适应业务需求。所有企业都需要购买原材料，然后用高于成本的价格卖出产品。不论是雇用合格的员工，购买新设备、原材料，营销产品，还是并购其他企业，这一切都需要现金。企业拥有的现金越多越好。

反之，债务会吸干企业的骨髓，侵蚀那些原本用于聘请员工、购买设备与材料的资金。企业被迫运用资金偿还债务，就再也无法用这些资金加强企业运营了。

理想：我们已经充分探讨了现金与债务，此处不再赘述。你挑选的企业应该拥有很多现金，债务很少或者没有债务。稍后，我们在操作单上会运用某种比率，确保现金与债务的水平是可以接受的。

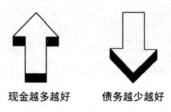

现金越多越好　　　债务越少越好

资料来源：企业的资产负债表上，显示企业的现金和债务。然而，就像净利率一样，你也可以查询《价值线》获得相关数据。《价值线》列出了现金资产和总债务。通过股票数据库和互联网，也能找到这些数据。

股票健全程度

对于企业的健全程度，你应该有了很好的理解。现在，让我们探讨股票的健全程度。本节准备介绍每只股票的 7 个重大信号。

每股销售金额

每股销售金额
你已经懂得企业销售金额的重要性了。现在，我们来探讨每股销售金额，看看你为每股销售金额支付了多少钱。

在讨论销售金额的时候，我曾经提到，对销售数据，没法设定理想的数值。每股销售金额很简单，就是销售金额除以在外流通股数。所以，对于每股销售金额，同样没法设定理想的数值。小型股的投资人通常希望这个数据小一些。而大型股的投资人通常不关心这个数据，除非它跟股价有关系。我们稍后会讨论股价/销售金额比率。我们在探讨销售金额时，举了两家企业的例子。现在，我们对两家企业的销售金额进行分解。

2012 年，Quicksilver Resources 的销售金额是 9.6 亿美元，而可口可乐是 460 亿美元。两家公司的在外流通股数分别是 1.69 亿与 23 亿股。把销售金额除以在外流通股数，结果显示 Quicksilver 的每股销售金额是 5.68 美元，可口可乐是 20 美元。

通过操作单，分别探讨每股销售金额。并且根据最近 5 年的趋势，标出向上或向下的箭头。有些年份的箭头向上，有些年份的箭头向下，所以我们需要比较当前数据与 5 年前的数据，看看当前的每股销售金额和 5 年前相比，是增高了，还是降低了。最后，还需要观察未来的预估销售金额。明年，企业有望实现更高的每股销售金额吗？

必要条件：对于成长型企业，只选择过去 5 年来每股销售金额都实现增长的股票，而且今明两年的预估每股销售金额也能实现增长。

理想：对于成长型企业，你希望每股销售金额在最近 5 年都能持续增长。同样，最近 5 年持续增长的标准也适用于所有企业。有些股票的股价遭遇重挫，然而却有着销售额持续增长的历史。这就是非常优质的便宜股票。

寻找每股销售金额增加的企业

资料来源：《价值线》提供了过去 15 年的每股销售金额，还提供今年和明年的预估数据。如果你不排斥计算器，可以把销售金额除以在外流通股数，自行计算每股销售金额。另外，互联网和股票资料库也会提供每股销售金额的数据。

每股现金流量

每股现金流量

顾名思义，现金流量就是企业创造的资金流动。现金流量最好是正数，越大越好。现金流量是正数，代表企业能够及时把利润变现。并不是每家赚钱的企业都有充沛的现金流量。你可能感到惊讶，原因是什么呢？原来，有一些企业通过赊账的方式销售产品。以"杂志先生"为例，作为专注于图书订阅服务的公司，它为了推销杂志推出了一项促销政策。新订阅用户可以先阅读六个月的杂志，然后再付钱。这大大地提高了销量，数以千计的新用户涌向了"杂志先生"，而公司会计也将这些客户承诺的订阅费用计入账册，会计条目是"应收账款"。乍看之下，"杂志先生"迎来了丰厚的新利润。

是的，它"将要"获得新利润——"最终"也能赚到钱，只是需要延迟六个月。可是，"杂志先生"需要在六个月里支付大量费用。奖励销售能手、印刷传单、付电费、为电动自行车充电，等等。这些钱从哪里来呢？肯定不是来自数以千计的新订阅用户。他们在 6 个月里并不欠"杂志先生"的一分钱。如果急切地需要现金，"杂志先生"可能来到当地银行，自吹自擂地申请短期贷款。对于痛恨债务的程度，我不想再浪费笔墨描述了。总之，"杂志先生"面临着相当严峻的现金短缺形势。

所以，你希望投资现金流量是正数的企业。他们卖出商品，马上能收到现金。需要支付电费账单时，他们直接动用利润就能支付，远离可恨的银行贷款。这类企业能够直接产生现金，非常棒。

我希望看到每股现金流量和整家企业的现金流量之间的对比。通过其他衡量标准，把整家企业的现金流量分解成每股数据，通过比较，就能够轻松地计算比率。这样我们最终能够记录价格/现金流量比率。

现在，来看那些著名企业的真实数据。1993 年，通用汽车的每股现金流量为 12.06 美元，微软为 0.12 美元，耐克为 1.40 美元。2008 年，通用汽车的每股现金流量为 −7.05 美元，从 1997 年 32.32 美元的高点与 2004 年的 31.49 美元，下滑至此。该公司在经济衰退期间，大肆动用广告宣传，导致每股现金流量的数据奇差。最终，通用汽车被迫请求政府伸出援手。政府支持起到了一些作用，到了 2012 年初，通用汽车的每股现金流量反弹到 3.32 美元。

另一方面，2008 年，微软的每股现金流量为 2.16 美元，2009 年减少为 1.92 美元。经济衰退期间，大众对微软产品的需求较低。耐克也经历了艰难时刻。每股现金流量从 2006 年的 6.39 美元，减少至 2008 年的 4.53 美元。到了 2012 年初，微软的每股现金流量反弹到 3.45 美元，但耐克下滑到 3.84 美元。

在操作单上，需要填写每股现金流量数据，并根据最近五年的趋势，标出向上或向下的箭头。与每股销售金额一样，你必须自行判断，查看企业的每股现金流量在最近数年的波动，究竟是代表了上升趋势，还是下降趋势。在箭头上标注之前，也要评估未来的每股现金流量。

必要条件： 在候选清单中，企业的每股现金流量必须是正数。对于成长型股票来说，最近 5 年来的每股现金流量都必须增长，同时，今年与明年的预估数据也应该增长。

理想： 对于所有的企业，每股现金流量越大越好。最近五年的每股现金流量最好都能持续增长。

资料来源： 通过公司的现金流量表，可以查阅现金流量。现金流量表、资产负债表和损益表构成了企业财务报表。

寻找每股现金流量增加的企业

对于每股现金流量，你可以自行计算这项数据：企业的现金流量除以在外流通股数。从《价值线》中更容易获得这项数据，在每股销售金额数据的下方，你可以看到最近 15 年来的每股现金流量数据，以及今年和明年的预估数据。

通过股票数据库，或者互联网，你也能搜索到相关信息。

每股盈余

每股盈余

每股盈余是最常引用的股票衡量标准，市盈率是每位价值型投资人判断股价昂贵或便宜的首要衡量标准。在计算市盈率之前，你需要知道每股盈余。另外，你也想知道随着时间的推移，每股盈余是在增加还是在减少。成长型投资人坚持每股盈余必须增加。

在操作单上，填写上每股盈余数据，根据未来 5 年的发展趋势，标出向上或向下的箭头。对于成长型股票，只有过去 5 年的每股盈余持续增长，而且今年与明年的预估每股盈余也要增长，才能标出向上的箭头。对于价值型股票，超级便宜的股价往往代表着每股盈余发生了衰退。有时候，其他因素重挫了股价，可是每股盈余数据保持不变，甚至增加。碰到这种情况，就是大好的投资机会。对于价值型股票，需要你做出判断。把当前数据与五年前的数据相比，看是否实现了整体增长，无论这个增长是大是小。通过今年与明年的预估每股盈利，画出向上或向下的箭头。

　　必要条件：对于成长型企业，只挑选那些过去 5 年的每股盈余都在增长，而且今年与明年的预估每股盈余也要增长的股票。这项要求来自成长型企业的定义。成长型企业就是利润持续增长，未来依然持续增长的企业。为了安全起见，我都想一板一眼地把这个定义拼读出来。如果你是成长型投资人，只需要投资那些在操作单上标注了向上箭头的股票。事实上，那些能够进入你的操作单的候选股，必须是箭头向上的股票。这也是成长型投资人的基本要求。

寻找每股盈余增加的企业

　　理想：盈余增长虽然是成长型股票的必要条件，但对于价值型股票来说，盈余增长也是理想的条件之一。对于每只股票来说，你希望看到过去 5 年来的每股盈余持续增长，而且今年与明年的预估盈余也持续增长。

　　资料来源：《价值线》在每股现金流量与每股销售金额的数据下方，刊载了过去 15 年的每股盈余数据，以及今年和明年的预估数据。只要花两秒钟，你就能从同一个地方找到三种衡量标准的数据。这是我喜欢的搜索方式。

　　此外，通过股票数据库和互联网，你也可以查询到相关信息。

股息收益率

股息收益率
本书第三章和第四章已经详细讨论了这种衡量标准。高股息收益率是"道琼斯股息策略"的决定性因子。詹姆士·欧沙纳西的历史研究也显示，这是大型股投资的有效策略。所以，对于大型企业的投资人来说，股息收益率是非常重要的数字。

小型股的投资人通常不理会股息。因为很多小型企业通常不分配股息，股息收益率为零。所以，对于不分派股息的企业，股息收益率这项衡量标准就没有意义了。对于小型股的投资人来说，操作单的这部分经常保持空白。

操作单上，填写上股息收益率。请注意，本栏有两组箭头。左侧的第一组向上或向下的箭头，显示目前股息收益率相较于过去5年的发展趋势，需要你圈划出相应的箭头。至于右侧的第二组向上或向下的箭头，仍然需要你自行判断箭头的方向。如果当前的股息收益率显著地高于五年前和去年的数据，这就是上升趋势。股息收益率不如五年前和去年的数据，这样的情形也很常见。右侧圈划出向上或向下的箭头，只取决于目前的股息收益率和去年数据相比较的结果。

理想：一般来说，买进大型股，应该留意股息收益率，其数值最好偏高。

大型企业应当有高的股息收益率

继续细化，你更想看到整体股息收益率在降低，然而从去年至今的股息收益率却显著上升。就操作单来说，你希望看到左侧箭头向下，但右侧箭头向上。这意味着过去几年的股价一直在上涨，但最近的股价却下跌了。请注意，这是理想条件，而非必要条件。关于这点，我个人并没有做过测试，也没有从其他人那里得到确认。我只是阅读了欧沙纳西在第三章发现的成果，并且观察了"道琼斯股息策略"的工作原理。从这两个来源判断，对大型企业的股息收益率进行处理，是有意义的。各位不妨将此记在心里，同时也要注意，不要让一些已经得到确认的大型股的选股技巧，被股息收益率干扰。

记住，小型股投资无须理会股息收益率。

资料来源：《价值线》提供过去 16 年的年度平均股息收益率，以及今年和明年的预估数据。这项测量标准对于投资者意义重大，《价值线》把当前股息收益率印刷在了页面的顶部。

通过大多数报纸的股票栏、股票数据库和互联网，你会发现当前的股息收益率信息。

股权报酬率（ROE）

股权报酬率

股权报酬率显示了人们向企业投资的钱究竟赚到了多少，换言之，ROE 就是企业净利除以股东权益的数据，并以百分率表示。如果企业的净利为 800 万美元，股东权益为 4000 万美元，股权报酬率就是 20%。即 800 除以 4000 等于0.2，相当于 20%。沃伦·巴菲特很重视这项衡量标准，它清楚地揭示了企业处理利润的能力。如果企业的规模逐年扩大，赚的钱可能越来越多。可是，投资人应该问一个问题：公司额外赚到的钱，能不能支持企业扩大的规模？股权报酬率会告诉你答案。随着公司规模的扩大，股权报酬率依然保持高增长，你就明白了公司管理层正在聪明地使用利润。

对于股权报酬率，尽管没有明确的要求，我还是希望它至少能常年维持在 20% 以上。有些情况下，价值型投资人可以接受较低甚至负数的股权报酬率，如果他们认为企业正在复苏的话。

理想：股权报酬率达到 20%，已经很好。不过，股权报酬率的数值越高越好。各位如果喜欢投资便宜的股票，就要接受偏低或者负数的股权报酬率。可是，这种情形十分稀少。大多数时候，我们希望企业能够持续为投资者赚来大量的利润。稳定的股权报酬率揭示了这种理想状态。

寻求较高的股权报酬率

资料来源：企业的损益表会显示净利，企业的资产负债表会显示股东权益。在企业邮寄给投资者的报告书中，你会接收到这两种财务报表。投资任何企业，首先都应该先检视这两份财务报表。记住，你现在已经是专业人士了。

同样，股票数据库和互联网都提供股权报酬率的信息。

内部人士买进/持股

内部人士买进/持股

投资大师们都希望看到内部人士买进股票。如果企业经营者相信企业成功之后，自己能够获得重大的物质利益，这样他们就乐意把工作做得更好。总之，你希望看到内部人士拥有自家企业的股票。

值得重申的是，内部人士卖出股票，不需要特别注意。人们总是在筹集资金，从房屋首付到异国度假。卖出股票，并不意味着企业经营者对于股票的未来前景缺乏信心。他们可能需要现金过日子罢了。

2002年，升阳电脑发生了内部人士买进股票的事件。这让我意识到升阳电脑提供了良好的投资机遇。比尔·乔伊是升阳电脑的共同创始人之一。他在2000年初，卖出了一百万股，价格位于74美元到87美元之间。随后，科技泡沫破裂，升阳股价暴跌。等了几年之后，他在

2002年7月29日买回自家股票，价格介于3.93美元到4.01美元之间。他买进股票的唯一理由，是他认为股价被低估了，将来一定会上涨。当比尔·乔伊重新买进自家股票时，我研究了升阳的情况，认为该公司的经营正面临着严峻的挑战。它的主要对手是微软。但是，我相信升阳能够生存，而且该公司投入了30亿美元的现金恢复元气。我开始监控该股票。它的股价曾经跌破乔伊的买入价，2012年10月份，甚至达到了2.34美元的价位。我分三批买进升阳股票，价位分别为2.56美元，2.96美元和3.23美元。在2008年千股齐跌的崩盘场面尚未到来之前，从我买进升阳电脑后，直到2007年的股价高点，升阳电脑总共上涨了168%。2010年，该公司被甲骨文并购。

在操作单上，你需要写下内部人士在去年的买进数量，以及内部人士持股的百分比。

理想： 内部人士买进越多，当然越好。很难遇到众多内部人士一齐买入自家股票的情形。对于小型股来说，内部人士的买进更显得特别重要。因为很多小型企业刚刚起步，管理团队对于公司的成功往往扮演着决定性角色。企业创始人与总裁可能懂得操作设备、接听电话，回应客户的抱怨。这类经营者最好能够持有企业股份。对于小型企业来说，我希望内部人士的持股至少占到20%。

资料来源：《价值线》提供内部人士买卖股票的决策图谱。它列出了最近一年的每个月的数据。简单地把购买决策的数量加总，在操作单上填写数字。在企业页面中部的企业概况的方块内，《价值线》经常刊登企业管理层与董事的持股比率。

《华尔街日报》、《投资人经济日报》与《巴伦杂志》也提供内部人士持股的资讯，但未必包括你有兴趣的企业。如果你正在研究某家企业，对于内部人士的持股数据，获取资料的最简便方法，就是直接打电话向该企业查询。打电话时，在向企业代表索取投资人报告书的同时，询问内部人士的持股情况。

类似J3SG的这类网站，专门提供内部人士活动的资料。FINVIZ也在企业概况的页面，提供最新的内部人士交易概况。最后，雅虎财经专门为每家上市企业提供了内部人士的页面，显示了买卖股票的内部人士的身份、交易股数、交易时间与交易价格。我就是通过这个网页，发现了升阳电脑的比尔·乔伊正在买进自家股票。

股票回购

股票回购

我们很乐意看到企业正在买回自家股票。这样，在外流通股票数量将减少，从而改善了筹码的供需比率，最终推动股价上涨。彼得·林奇也写道："如果一家企业买回自家的半数股票，假定整体盈余维持不变，则每股盈余将增加一倍。很少有企业能够通过降低成本或销售更多商品，而达到相同的结果。"你希望看到你投资的企业买回自家的股票。

在操作单上，简单地填写"是"或"否"。如果填写"是"，代表企业正在足够明显地大量买回自家的股票。如果企业只是一次性地买回少许的股票，就不能视为合格的股票回购。好好运用你的判断力。

理想：本栏填写"是"。

资料来源：查询股票回购项目，最好的来源就是企业本身。给企业公关部门打电话，或者访问企业官网。

历史绩效

清楚股票目前的健康状况之后，看看它的历史表现是个好主意。本节展示了四种测量方法。

每股盈余评级（EPS）

每股盈余评级（EPS）

企业的每股盈余驱动着与股票相关的一切事情。我们可以观察每家企业的每股盈余数据，并将盈利记录进行比较，看看其他企业的表现如何。这样，就能快速判断哪家公司是赚钱机器，哪家公司在赚钱上遇到了难题。

《投资人经济日报》每天都会刊登每股盈余（EPS）评级。该报收录了最近两个季度的每股盈余数据，然后与去年同期做比较，计算它们的百分比变化。将这项数据与过去5年的盈余增长记录整合。然后，将每家企业的最终数据，与其他企业进行比较，对每家企业进行评级。评级从1至99。99是最高的评级。如果一家企业的每股盈余评级是95，代表它的每股盈余评级在所有企业中排名位列前5%。

成长型投资人对这个衡量标准最感兴趣。因为成长型投资人寻求持续强劲的盈余增长，并希望企业的盈余增长超越预期。价值型投资人当然也重视盈余，他们通常买进一家盈余表现相当挣扎的企业的股票。这也意味着股价相当便宜。

必要条件：成长型投资人应该坚持企业的每股盈余评级至少达到85。价值型投资人对这一衡量标准没有要求。因为价值型投资人可以接受较低的盈余，如果股价便宜并且企业正在复苏的话。

理想：对于成长型投资人来说，每股盈余的评级越大越好。

成长型投资人：寻求更高的每股盈余评级

资料来源：《投资人经济日报》每天都会公布每只股票的每股盈余评级。只需要在表格中找到每股盈余的栏目，从1至99的数据中，查看股票的每股盈余评级。在所有企业中，每股盈余评级为85的股票，位于所有企业的前15%之列。

相对价格强度评级（RPS）

相对价格强度评级

这个衡量标准显示该股票在最近 12 个月的价格表现。这就是它的本色，从不讲故事，也不考虑盈余或者价格比率。它只是直白地用数据说话，解答这个问题——这只股票与其他股票相比，表现如何？

《投资人经济日报》每天都会更新这项数据，把所有的股票进行对比。每只股票都给予 1 至 99 的评级。99 是最好的。如果一家企业的相对价格强度是 90，代表它在过去的一年里，价格表现超过了其他 90% 的股票。

如同每股盈余评级一样，成长型投资人对相对价格强度评级极有兴趣。动能投资对于企业的成长性有着严格的纪律要求，要求股价表现优异，将来也要保持上涨的势头。所以，一只股票既有高的每股盈余评级（EPS），又有高的相对价格强度评级（RPS），显示了这只股票有优异的表现，甚至可能是一张王牌。

必要条件：成长型投资人需要严选股票，相对价格强度评级至少达到 80。价值型投资人对相对价格强度没有要求，因为这项衡量标准把便宜股票排除在外了。

成长型投资人：寻找高的相对价格强度

理想：对于成长型投资人而言，相对价格强度评级越大越好。

资料来源：《投资人经济日报》每天都会发布每只股票的相对价格强度。从 1 至 99 的评级中，找到你的股票评级。查阅"相对价格强度"

的栏目就可以了。一只股票的相对价格强度的评级是 80，意味着其价格表现优于 80% 的其他股票。

5 年期销售与盈余成长

5 年期销售与盈余成长

有关股票健全程度的讨论，已经谈过企业的每股销售金额。现在，我们将探讨，最近 5 年中销售与盈余的平均年收益。对于成长型企业来说，最近 5 年的销售与盈余都必须处于增长状态。

对于小型企业来说，强劲的销售与盈余是必不可少的。有一个典型的要求，销售与盈余在去年的增长率至少达到 25%，我们展望 5 年历史的意义，就在这里。我希望看到小型企业的 5 年期销售与盈余的平均年度增长率至少达到 15%。对于大型企业，至少要达到 10%。

从真实世界的视角，来看一个例子。1999 年，通用汽车的每股盈余为 9.18 美元，耐克为 0.79 美元，微软为 0.71 美元。2004 年，通用汽车的每股盈余为 4.95 美元，耐克为 1.76 美元，微软为 0.75 美元。2008 年，通用汽车的每股盈余为 −38.74 美元，而且从 2005 年以来，都是负数。耐克为 3.74 美元，微软为 1.87 美元。2011 年，耐克与微软的每股盈余，分别为 4.48 美元与 2.69 美元，显示了两家企业正从衰退中强劲复苏。

关于通用汽车，《价值线》分析师杰森·史密森在 2009 年 2 月写道："由于销售衰退，以及创纪录的亏损，这家汽车制造商正在以令人恐慌的、不可维持的速度，大肆烧钱……在这个关头，这只股票的投资风险巨大。"他是对的。通用汽车在 2009 年 6 月宣布破产。普通股股东的投资化为乌有。通用汽车在 2010 年 7 月脱离破产保护，11 月在纽约证交所重新上市。2011 年的每股盈余为 4.58 美元。

必要条件：销售与盈余在最近 5 年的年平均增长率至少达到 10%。对于小型企业，至少达到 15%。

寻找"销售量"增长和"盈余增长"乐观的企业

理想：有人喜欢看到强劲的销售与盈余的增长数据，数据越大越好。有些人为了寻找转机股，宁愿接受疲弱的销售和盈余数据，但这种方法让我不安。它使你买入产业竞争力最差的企业，而不是最强的企业。即使是价值型投资人，也应该强调强劲的销售与盈余表现。

资料来源：《价值线》。在企业概况页面的左侧，有一个"年度比率"方块，显示了最近 5 年和 10 年的销售和盈余的成长数据。

你也可以在互联网或股票数据库查询这个衡量标准。

---

5 年期价格成长

5 年期价格成长

这个数据很单纯，它显示最近 5 年股价发生了多大的变化。用目前的价格，比较 5 年前的最高价，计算出百分率变动。你可以用手边的商务计算器的"百分率变动按钮"得出答案，或者干脆人工计算。人工计算时，当前价格除以 5 年来的最高价，从这个差值中，再减掉 1，就得到这个百分率变动。举例来说，"杂志先生"的 5 年期最高价为 22 美元，目前价格为 95 美元。95 美元除以 22，结果是 4.32。4.32 减掉 1，结果是 332% 的变动率。

对于 5 年期价格成长，没有明确的规则。很多价值型投资人更愿意目前股价低于 5 年前的水准。成长型投资人则不会触碰 5 年期价格成长为负数的股票。不论偏好如何，务必弄清楚最近 5 年的股价表现情况。

资料来源：《价值线》在每只股票的概述页面的顶端，刊载了这只股票最近 16 年来的最高价和最低价。至于目前的股票价格，可以查阅

报纸的行情报道，或上网查询。有关历史数据，可以查阅雅虎财经的"历史价格"部分。

预估表现

了解股票目前的健全情况与过去的表现之后，我们希望看到未来的预估绩效。本节采用《价值线》提供的两种衡量标准：预估销售与盈余，预估股票最高/最低价。

预估销售

销售与盈余

销售与盈余是我们的老朋友了，它们是企业经营的血液，对于股价的影响超过其他衡量标准。投资人需要了解销售与盈余在未来5年的表现。

我在寻找那些有望实现两位数增长的企业。企业规模越小，这方面的要求越严格。因为小型企业应该比大型企业发展得更快。

必要条件：对于大型企业来说，年度增长至少达到10%，中型企业至少达到15%，小型企业至少达到20%。

理想：越大越好。

寻找预估销售高的企业

资料来源：《价值线》提供了销售与盈余的五年预期变动率。显示在页面左侧的"年度比率"的方格内。此处也发布了过去五年的销售与盈余数据。

关于盈余预估数据，还有很多查询的来源，包括标准普尔的刊物、来自企业自身的信息、各种投资快讯，还有互联网。你已经使用《价值线》获取了大量的信息，同样可以查询盈余预估数据。

预估股票最高/最低价格

预估最高/最低价格

想知道你能赚多少钱吗？使用这个衡量标准。当然，这只是预测，不能保证什么。分析师投入毕生精力追求精确的预测。所以，看看他们的预测成果也无妨。这项衡量标准简单地记录了未来 3 到 5 年预估的股票最高价和最低价。

必要条件：预估的最高价与最低价都必须高过当前价格。这里有一个改变命运的提示：不要买进那些股价预计要跌的股票。另外，就算是预估的最低价，也要确保买进股票之后，能够实现足够的利润。如果该股票目前的交易价格是 50 美元，未来 3 到 5 年的预估最低价只有 55 美元，这样微薄的利润空间，何必多此一举呢？

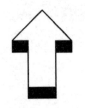

寻找预估价格高的股票

理想：预估的最高价与最低价，越高越好。

资料来源：《价值线》令人震撼地提供了未来 3 到 5 年的预估最高价和最低价。这些数据显示在页面左上角的"年度预估"方块里。这个"年度"，指是的未来 3 到 5 年的时间跨度。举例来说，2012 年的标题为"2014—2016 预估"。通过互联网，也可以查询这两项预估数据。

评级

通过专业的评级，可以快速了解他人对你所考虑的企业的看法。关于股票评级，最值得参考的两家机构是：《价值线》与标准普尔。在你的操作单上，分别记录这两家机构的评级。

时机/安全性

《价值线》的时机/安全性

对于每一只股票，《价值线》慷慨地提供了三种评级，我们只采用其中两个。两者的评级都是从 1 至 5，其中 1 代表最佳。"时机"是预测某只股票在未来 12 个月里，相对于其他股票的表现。"安全性"衡量一只股票的价格波动性相对于自身长期记录的表现。如果一只股票始终在很小的范围内交易，它被认为是安全的，并获得较高的安全评级。比如 1 或 2。反之，与历史的平均波动范围相比，一只股票出现了大幅的波动，安全评级就可能是 4 或 5。

必要条件：与"安全"比较，我个人更重视"时机"。很多情况下，我实际希望历史的波动范围大一些。这也意味着股价上涨的空间更大。这意味着安全评级很差，可能是 4 或 5。如果一家企业蓄势待发，想搞点大事情，我倒希望股价能突破历史平均水平。对于安全评级，做个参考就行了。除非你只想稳定地拿到股息，并且不希望股价大幅波动。

寻找时机评级为1或2的股票

寻找"时机"评级为 1 或 2 的股票。没有人会抱怨上涨的股票。

理想：对于"时机"，寻找评级为 1 的股票。对于"安全"评级，则没有理想的标准要求。因为有些投资人希望股价大幅波动，有些正好相反。

资料来源：《价值线》在"股票概述"的页面左上方的方框内，提

供了"时机"与"安全性"的资料。

标准普尔的 STARS 评级/公平价值

标准普尔的 STARS 评级/公平价值

标准普尔通过 STARS 与公平价值评级,为"标普白金投资组合"筛选适合的股票。你也可以使用这两个衡量标准,为自己挑选中意的股票。

标准普尔运用 STARS 系统,预测一只股票在未来 12 个月的表现。STARS 是指"股票升值评级系统",股票评级介于 1—5,5 为最佳。《价值线》的评级 1 是最佳评级,标普的评级 5 是最佳评级。我们可以设想一种情景:繁星点点,在夜空中闪耀,等级为 5 的星亮度最高。无论是星星还是 STARS 评级,数值越高魅力越大。

公平价值评级,就是把某只股票的最近交易价格与标普认定的公平价值进行比较,从而得出相应的评级。我们都愿意以低于公平价值的价格买入股票。因此,标普把所有股票的等级设定为 1—5,其中 5 为最佳。换言之,公平价值评级为 5 的股票,是股价低估程度最严重的便宜货;评级为 1 的股票,就是股价已经被高估的骗人货了。嗯,就算不是骗人货,起码股价已经严重被高估,超出了标普 500 认定的公平水平。也就是这类股票名不副实,需要重新定位。

必要条件:对于标普提供的两种评级,候选股的评级最好是 4 或 5。如此一来,股票有最好的上涨预期,风险也因此降低。因为,你的买入价格低于评估价值。这也是格雷厄姆强调的"安全边际"概念。如果股价已经低于企业的价值,股价就可能不会跌得太深。至少理论上是如此。

理想:最好的情形,就是 STARS 评级为 5,同时公平价值评级也为 5。同时满足这两个评级条件,就是"标普白金投资组合"买入股票的标准。所以,寻找两种评级都最高的股票,瞅一眼"标普白金投资组合"的清单就可以了。

寻找标普等级4或5的股票

资料来源：寻找那些 STARS 评级与公平价值评级都高的定期的股票清单，最方便的资料来源就是标准普尔发行的每周投资快讯《展望》。在大多数图书馆里，都能找到这份刊物。有些经纪商也会免费提供给客户。

股票比率

直到现在，我们才准备讨论一些在公共场合经常听到的有关股票的话题。在乘车时、午餐时、观看小联盟的露天比赛时，人们不时谈论起股票。以下是 7 种股票比率。它们是捍卫你的股票投资组合的军火。

目前市盈率

目前市盈率

市盈率是价值衡量标准的鼻祖。本书第三章告诉我们，市盈率并不代表股票衡量标准的一切。事实上，股价/销售金额比率更能反映企业的前景。可是，市盈率得到了广泛的使用，你必须了解每只股票的市盈率情况。除了股票价格之外，市盈率是最常用的衡量标准。

市盈率很简单，就是用股价除以每股盈余的数据。它代表你付了多少钱，可以换取企业的 1 美元盈余。价值型投资人希望市盈率越低越好，这意味着为每一美元的盈余，支付尽可能少的钱。成长型投资人则不太重视市盈率。威廉·欧尼尔甚至在他的投资组合里，根本不理会市盈率。可是彼得·林奇重视市盈率，在《彼得·林奇选股战略》一书中，他写道：任何企业的股票，如果定价合理，则市盈率应该等于成长率。我是指盈余的成长率……举例来说，可口可乐的市盈率如果是 15 倍，各位可以预期该公司在一年里的盈余成长率为 15%，可是，如果市盈率小于盈余成长率呢？那就代表你找到便宜货了。一家企业在一年里的盈利成长率为 12%，但市盈率只有 6 倍，这就是有着迷人前景的投资对象。反之，如果一年里的盈余成长率为 6%，而市盈率为 12 倍，前景就没有吸引力了，并且倾向于下跌。

一般来说，市盈率如果是盈余成长率的一半，情况就非常乐观。市盈率如果是盈余成长率的两倍，就非常悲观了。我们一直采用这种衡量标准，来分析共同基金的股票。

对于价值型投资，我还要介绍另外一种比较受欢迎的过滤条件。目前市盈率应该等于或低于 5 年期平均市盈率。这样，可以避免你在股价偏高时买进。有时候，企业持续改善，市盈率会跟着它的盈余成长率上升。这属于正面的企业信号，你不能因为目前市盈率高于 5 年期平均值而放弃机会。所以，我们认为这应该是理想的市盈率条件，但不是必要条件。

对于价值型投资，需要密切观察市盈率。对成长型企业来说，只需要在操作单上，把市盈率记录下来，在决策时却不必过多地考虑市盈率，因为还有更重要的衡量标准。

必要条件：对于价值型投资，市盈率必须等于盈余成长率。

理想：对于价值型投资，市盈率越小越好。如同林奇指出的，市盈率如果是盈余成长率的一半，就是非常积极的信号。如果目前的市盈率低于 5 年期平均市盈率，也是一个积极的信号。

价值型投资者：寻求较低的市盈率

资料来源：大部分报纸都会刊载市盈率的信息。《价值线》认为市盈率很重要，应该刊登在每家企业页面的顶部。通过互联网和股票资料库，也能找到市盈率的信息。

在对比市盈率时，需要用到对照数字，在操作单上可以找到。在"预估表现"章节，列出了预估盈余。下面我们就探讨平均市盈率。

平均市盈率

平均市盈率

除了目前市盈率之外，花点时间，计算最近5年的平均市盈率。很简单，把最近5年的年度市盈率相加，然后除以5。把得到的数字记录在操作单里。

知道了5年期平均市盈率，再用目前市盈率来权衡近期的股价。前面我们探讨过，如果目前市盈率低于5年期平均市盈率，就是好事。

理想：5年期平均市盈率高于目前市盈率。

资料来源：《价值线》刊登了最近16年的平均年度市盈率。多数股票资料库也提供这项数据。

股价/销售金额比率（P/S）

在评估企业的价值时，股价/销售金额比率（P/S）胜过市盈率，所以，它在投资者中日渐流行。在评估企业价值时，股价/销售金额比率（P/S）通常是更精确的衡量标准。因为销售不同于盈余，不容易受到操纵。对于成长型投资人来说，股价/销售金额比率能够识别出股价低于企业潜力的股票。即使是成长型股票，最好也能便宜地买进。

这样，我们已经从操作单上获得了必要的信息，可以计算这项比率。简单地用目前的股价除以每股销售，就得到了结果。把数字填写在操作单上。例如，假定股价是 72 美元，预估的每股销售金额为 47.65 美元，股价/销售金额比率就是 1.51（72 美元/47.65 美元）。

理想：除了公用事业股，对于其他所有股票，这个比率都是越小越好。对于企业创造的销售金额，你希望用尽可能低的价钱购买。理想情况下，我希望这个比率小于 2，但这不是必备的要求。有时候，快速成长的企业会有较高的股价/销售金额比率，但是，股价还在持续上涨。不过，历史表明，股价/销售金额比率偏低才是好现象。

寻找低的股价/销售金额比率

资料来源：你的操作单上有股价与每股销售金额，所以用计算器就可以得到股价/销售金额比率。只需要简单地把股价除以每股销售金额即可。

通过互联网，也能查询这项数据。许多网站甚至直接提供企业的股价/销售金额比率。多数股票资料库也提供这项数据。

一些流行的杂志，类似如《钱精杂志》，有时候也会在提供潜力股的表格中列出这项数据。

股价/账面价值比率（P/B）

股价/账面价值比率（P/B）

我们探讨过股价/账面价值比率，它是计算股价相对于公司清算价值的比率。在评估企业价值方面，它是仅次于市盈率的衡量标准，显示你买进企业的实际资产需要花费的价钱。

实话说，对我而言，股价/账面价值比率意义不大。我关心的是，企业如何运用其设备为我赚钱，而不是这些设备的拍卖价值。如果我只想拿到那些设备，我就去拍卖场了。我看中了企业人员的技能，能够把这些设备的产出，转化成利润，这才是投资的意义。

不过，如果公司彻底崩溃了，我们能把钱拿回来，也是值得庆幸的事。成长型投资人根本不在乎股价/账面价值比率，但价值型投资人希望看到这项比率小于1。换言之，他们希望用低于拍卖价值的价格，买下企业的股票。

理想：股价/账面价值比率越小越好。股价/账面价值比率如果等于1，表示你可以用拍卖价格买进企业的股票。股价/账面价值比率如果小于1，表示你可以用低于拍卖价值的价格买进企业的股票。本杰明·格雷厄姆建议投资对象的股价/账面价值比率应该小于0.66。处在20世纪90年代的牛市期间，几乎看不到企业的股价/账面价值比率小于0.66。但是，2008年市场崩盘之后，这样的企业变得俯首可拾。2009年2月，我搜索到3099家企业符合这个条件；到了2012年2月，符合这个条件的企业只剩下1805家。这就是行情复苏对于股票价值的影响。

寻找较低的股价/账面价值比率

资料来源：股价/账面价值比率可以根据资产负债表的数字来计算，也就是普通股的股东权益除以对外流通股数。然后，把股票价格除以账面价值。

如果你宁愿拔掉所有的眼睫毛，也不愿自己计算，可以理解。有数字恐惧症的人，不止你一个。幸运的是，《价值线》提供了过去 16 年的股价/账面价值比率。你也可以通过互联网和大多数股票资料库，查找这项比率的信息。

流动比率

流动比率

流动比率是衡量企业短期流动性的最常用数据。流动比率就是流动资产除以流动负债。它通常表示为"倍数"。例如，流动比率为 3 倍。这代表企业的资产是负债的 3 倍。这是个好消息。例如，这可能说明了一家企业的资产是 30 万美元，负债只有 10 万美元。相对于负债，企业拥有的资产当然越多越好。因为这样能够更好地应对丑陋的意外事件。为什么呢？很简单，企业拥有的，超过企业欠下的。任何人都喜欢这样的企业形势。把流动比率记录在你的操作单上。

寻找高的流动比率

必要条件：操作单上的候选股的流动比率至少达到 2。也可以这样表达，流动比率为 2 倍或者 2∶1。

理想：流动比率越大越好。

资料来源：资产与负债都属于资产负债表上的科目。截至现在，我们很喜欢《价值线》，所以，我们直接使用它提供的这项数据。在企业概述页面的左侧中央，有个方块，叫"目前状况"，可以查阅当前资产与当前负债。另外，也可以通过互联网和大多数股票资料库，查询流动比率。

股价/现金流量比率（P/CF）

股价/现金流量比率

我们探讨过这项衡量标准。它显示你支付了多少钱，来购买每一股的企业现金流量。在第二章，比尔·米勒认为这项比率是"超额报酬的唯一的、最佳的预测器"。原因很好理解。健康的业务制造了现金，手持现金不需要多加解释。现金拿来就能花，代表直接的购买力。手持现金能带来非凡的保障感，不需要你辛苦地兜售商品、兑换商品，或者向人们解释价值。记住另一种说法，股价/现金流量比率低，相当于现金流量收益率高。

寻找低的股价/现金流量比率

理想：这项比率越小越好，代表着你只需要花费最少的钱就能购买每股企业的现金流量。我希望这项比率小于5，但这只是粗略的指导原则。企业类型不同，这项比率的典型数值也有很大的差异。解决这个问题的一种方法，就是让股价/现金流量比率低于3年期或5年期的平均值。

资料来源：操作单上，有每股现金流量的数据。只要把股价除以每

股现金流量，就可以得到这项数据。至于 3 年期或 5 年期的平均数据，请查阅《价值线》。它也显示了历史股价与每股现金流量。你也可以通过互联网和股票资料库找到这项数据。在前一章里，在 FINVIZ 和晨星的股票筛选器里，也可以通过股价/现金流量比率这项标准，来筛选股票。

SMA、MACD、RSI

SMA、MACD 和 RSI

我们曾探讨过这三种技术指标。在永久性投资组合中，它们能够限制或避免发生下档风险。你在任何股票图表中都能找到这三种技术指标，从而帮助你理解价格趋势。在图表上，你需要同时观察这三种技术指标，然后，依靠它们的综合信息，自行拟定决策。当然，这取决于你的主观判断。在操作单上，我使用了五种标签，来清晰地描述市场行情：强劲向上、向上、横向、向下、强劲向下。有时候，趋势正在发生变动。图表显示股价正在向下反转，我会标示"向下突破"。如果股价向上反转，我会标示"向上突破"。你可以采用任何适用的字眼。操作单上的这一栏目，是为了让你总结出股票的技术面特征，从而和操作单上的其他工具配合使用。

必要条件：在强劲上升的趋势中，或者发生向上突破时，才买进股票。

理想：上升的趋势越强劲越好；向上的突破越明确越好。

资料来源：大多数金融网站都提供图表，可以添加 SMA、MACD 和 RSI 指标。我喜欢雅虎财经和 StockCharts.com。

跟踪你的清单

现在，你已经知道了操作单的使用方法。它是你的内置过滤器，让你远离热门消息的影响，避免了痛彻心扉的损失。很简单，当你遇到一个投资点子时，把看中的股票与清单上的候选股做比较。如果新股票更好，就把新股票加入清单，并替换原来的一只候选股。这种程序能够让你流畅地处理投资点子，当机遇出现时，你随时可以采取行动。

现在，让我们看看跟踪清单的四种技巧——对比竞争对手、询问原因、把企业资料存放在专门档案夹、随时更新资料。

对比竞争对手

评估一家企业，最好的方法就是观察它最为相近的竞争对手。我有位朋友认为戴尔电脑很有竞争力，所以在 1994 年决定买进戴尔的股票。戴尔电脑在和 IBM、康柏电脑与 Gateway 争夺市场份额时，展示了自己的实力，她也赚了一大笔钱。她继续观察电脑行业的变化——惠普收购了康柏，IBM 把个人电脑业务卖给了联想集团，戴尔也被惠普侵蚀了业务。戴尔电脑的股价在 2004 年 12 月达到 42 美元，到了 2006 年 7 月暴跌到 20 美元以下。我的朋友在此时买进，等到 2007 年 10 月，股价上涨了 55%，到达 31 美元。戴尔电脑在 2009 年 3 月跌到 8 美元的低点，跌幅高达 74%。2012 年 2 月，股价反弹到 18 美元，幅度高达 125%。请注意，在这段漫长的历史中，她没有拿戴尔电脑去跟福特汽车或 MCI 比较。投资决策绝非凭空想象，你需要懂得投资对象在产业中的地位。

当你投资一家企业时，你希望它是产业龙头，或者能迎来最为强劲的复苏。你不是随意买进一家电脑企业。你希望在 20 世纪 70 年代买进 IBM，20 世纪 90 年代买进微软。你不会随意买进一家奶昔摊，而是期望在 20 世纪 60 年代买进麦当劳。你不会随意买进一家零售店，而是期望在 2006 年的 6 月，买入当时股价还不到 15 美元的 RadioShack，随后 RadioShack 开始了一项出色的扭亏计划，使股价在一年内翻了一番。为了选取行业的龙头企业，或者是复苏能力最强的企业，就需要在这些竞争的同行之间仔细挑选。

你想投资麦当劳，就要研究 Jack In The Box、Wendy、Yum! Brand、肯德基、Pizza Hut 与 Taco Bell。截至 2012 年初的前面 5 年期间内，麦当劳与 Yum! Brand 的股价上涨超过了 130%，Jack In The Box 却下跌了 33%，Wendy's 下跌了 74%。你想投资沃尔玛，别忘了研究好市多、

Kohl's 与 Target。你最喜欢的早餐麦片可能来自 Kellogg，可是，投资 Kellogg 之前，一定要先研究 General Mills。如果大家对 Barnes&Nobel 赞不绝口，不妨用亚马逊的利润率进行比较。哪一家企业在每一美元的销售额里，赚到了胜过亚马逊的更多利润？如果赢家始终占有优势，那就是好兆头。如果一家企业年复一年地保持着领先地位，那么这家企业就应该成为你的投资对象。如果一家企业始终被竞争对手压制，最近却有了东山再起的征兆，就要确保该公司拥有了成功所需要的一切。

如何比较各种比率呢？你为某一家企业的每一美元的销售金额支付的价格，可能远远高过另一家企业。你可能发现一家企业的管理层拥有半数的自家股票，另一家的管理层却没有买入任何自家股票。一家企业的股权报酬率，可能是其最为接近的竞争对手的两倍。某产业的每家公司都可能负债累累，只有一家是例外。可是，这家企业在其他方面是否有杰出表现呢？如果同样杰出，你就有望在清单中添加新的候选股了。

有时候，不要只投资于一只股票，你能找到更好的选择。

对于两家竞争企业，你有时候很难取舍。这时，你可以把钱分开，同时投资于两家企业。如果产业的龙头企业不止一家，在投资这些龙头企业时，你就需要非常优秀的操作技巧。举例来说，如果你同时购买了 AMD（Advanced Micro Devices）与英特尔的股票，则下一代电脑不论采用哪种芯片，你都能受惠。2008 年与 2009 年，两只股票的价格都变得很便宜。随后几年里，AMD 的股价上涨了 320%，英特尔上涨了 120%。

你如果不知道一家企业的主要竞争对手，通过研究，你能够很快发现它们。在雅虎财经的产业中心，有很多文章探讨了企业的竞争对手。有时候，股东年度报告或者季度报告也会提到竞争对手。实在没有办法，你可以直接打电话，联系企业的投资者相关部门，询问它的竞争对手。如果对方犹豫，你不妨告诉对方，你组织了一个联合抵制联盟，打算抵制整个产业，但是该公司却是唯一的例外。为了帮助该公司打击竞争对手，你需要一份完整的产业清单。通过这种方式，你应当能获得一些需要的信息。

询问原因

作为投资人，对于企业的数据，永远要询问其中的原因。例如，现金流量为何显著低于前几年的同期水平？你可能研究股东年报时，发现该企业为了开拓海外市场，决定通过非常灵活的付款方式，招揽新客户。在新客户和企业建立关系的过程中，如果公司拥有足够的现金维持运营，现金流就算暂时降低，也是可以接受的。

询问原因，就成了每一项投资决策的核心。成长型投资人想知道企业迅速成长的原因。明白了原因之后，他们就会寻找资讯，判断该原因能否支持企业的未来成长。价值型投资人总想知道股价低迷不振的原因。如果造成股价低迷的原因没有很快消失，就难以吸引投资。如果股价低迷的原因正在消失，你可能需要在股价上涨之前及时进场。

除了对企业的常规理解——你需要保持这样的理解力——在投资时，你也需要很多主观判断。如果一家企业符合你的操作单上的每项标准，只有一项出现了问题，例如，五年期盈余表现。你就需要知道盈余成长一直滞后的原因，以及相关解释是否可以接受。对于投资组合的这类问题，只有你才能回答。当然，这些测量标准并非万无一失。成千上万的孩子在学校里成绩很差，在生活中却取得了巨大成功。可是，那些拿到高分的学生们的成功机会可能更多。这并不意味着我们要把那些考低分的学生都刷掉。股票也是如此。一般来说，你应该坚信操作单上的那些通过了筛选的优质股票。可是，你有时可以动用更为出色的判断力，推翻操作单上的筛选结果。每一种投资规则都有例外。

举例来说，2003年初，我读了几篇关于麦当劳的令人绝望的文章。当时，麦当劳的股价从三年前的45美元，持续下跌到2003年初的15美元。到了3月份，股价甚至跌破了13美元。2003年3月3日，《商业周刊》刊载了一篇文章《麦当劳汉堡：坠入地狱》，把麦当劳形容为"麻烦不断的蹒跚巨人"。强调麦当劳的商业系统"失去了牵引力"，"投资人已经接受了事实，认为麦当劳的成长时光已被终结"。最让分析师担心的衡量标准，就是净利下降。麦当劳有史以来出现了首次季度亏损。我们通过净利率知道，管理层在把销售收入转为利润方面有着突出的才能。利润当然越多越好。可是当时麦当劳的净利率却不涨反跌。根据《商业周刊》的说法，原因在于"执着于打折促销"。净利率从2001年的11.9%，下降为2002年的11%，预估2003年还会继续下降。

红色警报？当然，但是还需要考虑更多的信息。一位有着成功履历的麦当劳退休高管重新回归，引领麦当劳踏上复苏之路。他强调麦当劳需要建立"服务与品质"的准则，而非低价取胜。这样，麦当劳的盈余虽然出现了下降，但是销售额却上涨了。麦当劳的市盈率从1999年的30倍，下降到2003年初的不足14倍。我们心里存疑——麦当劳的管理团队能够让获利能力重回正轨吗？能够把增长的销售收入转化为净利吗？那些信任麦当劳的投资者，最终喜迎收获。2012年初，麦当劳的股价上涨到100美元之上，股息收益率高达3%，净利率超过20%。2012年1月，麦当劳的首席执行官吉姆·史金纳在投资人电话会议中谈道："投资人获得了35%的总报酬率。在截至2011年的1年期间和5年期间，麦当劳是表现最为出色的道琼斯成分股。我对麦当劳的业务和未来的发展机遇充满了信心。"忽略麦当劳在2003年的拙劣表现，显然是明智之举。

虽说如此，我必须强调谨慎行事的重要性。我们需要铭记欧沙纳西在研究股市历史后得出的结论。"某些故事会不断重演。"你的操作单使用的是经过验证的股票衡量标准。你如果要推翻它们对某家企业的鉴定结果，最好找到明确的理由，并且能够充分地解释这个理由。所以，本节希望你穷根究底。询问原因，你才能找到答案，做出明智的决定。数字后面都有故事，而你需要懂得这些故事。

把企业资料存放在专属文件夹

一旦你决定把某只候选股放在操作单里，就要为它创建一个文件夹。你需要把这家企业的全部的重要研究材料，都整理到文件夹里。文件夹包含年度报告、财务报表、《价值线》与标准普尔刊物的影印本，从互联网下载的资料、你写下的笔记、新闻杂志的剪报、你在企业总部前拍摄的相片、你使用产品时的图片。

每当你收集到相关企业的信息，就把它们放到文件夹里。随着时间的流逝，你就建立了自己的投资研究中心。打开你的文件柜，浏览那些按照字母顺序排列的文件夹。你就能提醒自己把候选股加入清单的理由。

随时更新资料

你的操作单中，需要保持最新的信息。每个季度至少更新一次，更新资料用不了多长时间。小小的努力就能揭示有价值的趋势。有一种认识上的趋向——只需要花费一次功夫，研究完某只股票之后，就可以经年累月地依赖早先的研究成果。这是不对的。一些最佳投资是如何实现的？需要找到好企业，然后等待合适的机遇。举例来说，一家企业除了股价太高，其他条件都很好。当它的销售额开始增加时，如果正赶上股价下跌 50%，有了这个股价的最新信息，你最好赶紧买进股票。

同理，优质企业也可能变差。一年前，你发现一家企业十分优异，就把这家企业的股票列入操作单中的候选股。但是，这并不意味着该只股票始终能在操作单中占据一席之地。任何股票都不是终身会员。你选中的企业需要接受持续的审查，并且需要与那些热切地想要挤入清单的企业进行比较。除非你拥有最新的信息，否则无法进行公平的比较。我的那位投资戴尔电脑的朋友需要经年累月地观察，才能具备深刻的理解力，能够清晰地判断出 1995 年与 2005 年的戴尔电脑是截然不同的。正是具备了深刻的理解力，她才能在 20 世纪 90 年代卖出股票，赚得盆满钵满，此后，她又在 2006 年低价买进了戴尔电脑，并在 2007 年底卖出股票。2008 年，股市崩盘。她又在 2009 年初买进股票，随着后市的上涨，她又赚到了聪明钱。

对于操作单上的每只候选股，你只需要一次性地搜寻信息，并且为每只股票建立相应的文件夹。为了更新信息，你可以在每个季度通过图书馆或者互联网收集信息。对操作单进行更新，当然比初次搜索资料来得快。

通过理性判断而锁定某些候选股

一旦确定了候选股，你就需要确定那些投入真金白银的股票。这时候，你会选择价值型或成长型投资。通常来说，清单中的某些股票的价格会大跌，某些股票的股价与盈余则会创出新高。我的清单总是分成不同的类别。根据经验，我的清单并非完全由成长型股票构成，也并非完全由价值型股票构成。即使强行建立一个纯价值型股票或者纯成长型股票的类别，最终结果依然是两种投资类型的混合。

现在，你已经懂得价值型投资与成长型投资的处理方式并不相同。比如说，市盈率扮演的角色截然不同，这就是最常见的区别之一。对于飙涨的成长型股票，市盈率并不受重视，观察重点在于盈余与相对价格强度。反之，对于正在复苏的价值型股票，你会非常关注市盈率与股价/账面价值比率，同时接受疲软的盈余和疲弱的相对价格强度，因为股价也会萎靡不振。

操作单中的那些候选股并非纯粹都是成长型股票或者价值型股票。那些只痴迷于成长型投资或价值型投资的人都无法领会这张操作单的妙处。就像从三万英尺的高空俯瞰广袤的土地，你能够观察到多种颜色的地块，并且从中精选出有价值的农作物。我们可以轻易地识别出一家企业的主要特质，确定其属于成长型或者价值型的投资对象。一旦确定了成长型或者价值型投资，就可以使用合适的关键衡量标准。

理性地分析操作单中的全部候选股，最终锁定适合投入真金白银的候选股。我为这种筛选程序起了一个深情的名称——"理性 & 锁定"。它需要我们做出说明：喜欢企业的理由是什么？对其失去兴趣的理由是什么？当大众情绪骚动，乌鸦嘴的交易者一语成谶，市场突涌狂潮时，"理性 & 锁定"的操作单就极具价值了。要知道，这类灾厄不仅降临于他人，也会伤及到你。

所以，操作单中的候选股能够让你稳定一致地投资，并且对每只候选股都采用相同的衡量标准。你将稳定地通过这些衡量标准，判断一家企业属于价值型或成长型投资。这项程序一旦完成，你就能够集中使用特定的衡量标准，选出最好的成长型企业和价值型企业。

我在本节将快速总结价值型与成长型投资的区别，然后解释"理性 & 锁定"操作单的使用方法。

价值型与成长型的区别

现在，你应该熟悉了这些特征。成长型企业的销售与盈余每年都在增长，股价也上涨，净利率很高，市场对它们怀有很高的期望。价值型企业的股价相对偏低，原因在于企业处于艰难时期，偶尔由于市场的原因导致股价偏低。当价值股的麻烦问题已经解决，开始实现盈利时；或者价值股处于低价，市场尚未识别出其价值之前，正是买入价值股的最佳时刻。

最好的成长型投资，通常都属于小型企业。评估成长型股票的最重要的衡量标准，是盈余、相对价格强度与股价/销售金额比率。欧沙纳西发现股价/销售金额比率是一个很好的指标，可以与传统的成长型标准混合使用。它让成长型投资人避免了过度情绪化而追价买进一只股票。其他投资人，以欧尼尔为例，对于价值型的衡量标准，坚持完全忽略。

最好的价值型投资，通常都属于大型企业。虽然不是绝对标准，但通常都是如此。大型企业不会发生显著变化，经常出现便宜的股价。毕竟，体量庞大的它们哪儿也去不了，所以别无选择，只能在熬过各种熊市困境后最终复苏上涨。以雪佛兰、英特尔与沃尔玛这类企业为例，在股市中的表现就是如此。它们都适合采用传统的价值衡量标准，例如：股息收益率、市盈率、股价/账面价值比率与股价/销售金额比率。

只要浏览操作单中的那些候选股，你就会说："嗯，我看到了 Chipotle Mexican Grill、Clorox、Goodyear Tire& Rubber 与 Panera Bread。我认为 Clorox 与 Goodyear 属于价值型投资。因为它们的价格低迷，但似乎正在复苏。至于 Chipotle 与 Panera 则属于成长型投资，因为它们的股价正在疯涨。"没错,识别价值型与成长型投资,就是这样简单。

以下是一张备忘单。对于两种类型的投资,需要特别强调的衡量标准:

所有股票	成长型股票	价值型股票
净利润率	收益	市盈率
债务	相对价格强度	股息收益率
现金流量	销售	股价/账面价值比率
销售价格		股价/现金流量比率

如何通过理性判断锁定候选股?

现在,为什么投资某家企业?为什么放弃某家企业?你需要明确解释原因。我从彼得·林奇身上得到了灵感,制作了这张操作单。林奇会花两分钟的时间跟自己对话,确认一家企业的优势与劣势。你可以回顾第二章,彼得·林奇的"两分钟对白"。

操作单易于操作,因为投资组合里的每只股票都需要一份操作单,所以你需要复印几十份。对于你的投资组合信息,我建议设立一个单独的文件夹。对于操作单上的每一家企业,你都要分别保管经纪商的对账单和"理性&锁定"操作单。操作单详见本书附录部分。下面,我们对操作单的每个部分进行详细说明。

成长型或价值型

你需要先确定投资类型:成长型还是价值型。只要识别出投资类型,你在投资技术上,就已超越很多人了。这是一个重要的步骤,能够让你保持合理的预期。如果遭遇价格激荡的市场,大众情绪起伏不定时,操作单能够帮助你理性地拟定决策。

企业长处

你需要列出吸引你的企业的长处。它拥有竞争对手无法染指的专利吗？它在日本开设了 500 家新店吗？说不定，它刚刚与各家道琼斯成分股企业都签订了服务合同呢！这可以是大好事。

企业挑战

你需要列出企业面临的主要挑战。顺便提醒一句，之所以是"企业挑战"而非"企业弱点"，并非政治语气中的遣词造句。一家优质企业面临的问题大多来自外部压力。例如：剧烈的产业竞争、上涨的供货价格、不断变化的人口结构。这些并非企业弱点，而是企业需要面对的挑战。希望你投资的那些企业没有太多的内部弱点。你的股票名单中，应该包括产业领先并且获利能力最强的企业。它们有足够的实力战胜暂时的挫折。最终胜出的优质企业能够一致对外，迎接市场挑战，绝不会让内耗伤害企业。所以，使用"企业挑战"的说法，与矫揉造作的政治口吻毫无关系。

顶级企业也会在前进的道路上遭遇障碍。身为投资人，希望你能够理性地评估这些障碍的后果。

买进理由

假定你认为某些企业足够强大，能够胜任企业面临的挑战，这样，你只需要总结买进股票的理由。为了帮助思考，我列举了一些常见的买进理由供读者圈选。另外，你也可以写下企业的各项特别进展：企业所在的产业、产品的提升，以及其他推动企业的好事情。

我有时也在"理性 & 锁定"操作单里的"买进理由"部分，写下某项衡量标准的目标。举例来说，我很喜欢某家企业，只是认为它的股价太高了。这时我会写下所有的喜爱理由，同时也会写下目标价格。当目标价格出现时，我就买进。当一些指标比率对你有利，并且将要触发买卖条件时，你也能设定比率目标。你期望一只股票的股价/销售金额比率从当前的 2.0 降低到 1.5，这样你就能进场买入。随着股价的下跌或者销售金额的上涨，你会更为接近 1.5 的目标。

卖出理由

买进理由很重要，同时，你也需要考虑卖出理由。我列举了一些常见的卖出理由，并让读者自行选择。最为常见的卖出理由就是股价到达目标价位。如果你在 8.5 美元买进"杂志先生"，并预测股价具有翻倍的潜力。这时，你可以将卖出价位设定为 17 美元。随着股价到达 17 美元，你需要再做评估。股价可能涨得更高，也可能已经涨到了尽头。当你产生怀疑时，可以先平掉半数部位，然后保留剩余的半数部位，继续观察后续的发展。

卖出股票时，千万不要执着于价格。记住，股票的很多衡量标准都在持续变动，并不仅限于价格。价格涨了两倍，而盈余却在同期增长了三倍，当然就没有卖出的理由。我喜欢设定卖出股票的目标比率，相关原理我已在"买进理由"章节探讨过。我不会把"杂志先生"的目标价位设定为 17 美元，而是把股价/销售金额比率设定为目前水准的两倍，或者把市盈率目标设定为需要超过成长率。综合上述因素，可以看到更为完整的画面。记住，这是属于你的企业，你应该知悉企业的一切，并不仅仅限于股价。

有些时候，卖出理由与操作单上的衡量标准无关。举例来说，明星制药企业未能获得新药或者设备的批准、关键管理人员的离职以及突如其来的一连串诉讼案件等。对于这些偶发事件，你无法事先获知，当你在研究中读到这类内容时，可以用铅笔记录下来。对于投资道路上的坎坷，总要保持警觉。

买进股票

关键时刻已经来临。就像婴儿长大成人，需要先学会走路，再学会从没有安全盖的杯子里喝到水，开始说出完整的句子，等你学会了开车之后，你又尝试着逃课。现在，你开始练习买进第一批股票。崇尚进化的达尔文一定为你骄傲。我们继续沿用财富王国的比喻，你现在需要雇用第一位亲信，让他带着你的资金，离开堡垒，寻找传说中的财富。你研究过他的履历，相信他的能力，并且资助他踏上寻宝之旅。

选择市价单或限价单

我们探讨了不同类型的股票订单。市价单是按照目前价格进行交易的订单。限价单是根据你的指定价格进行交易的订单。我在绝大多数情况下使用限价单，因为股价波动剧烈，限价单一直能帮我节省成本。我们经常可以确定精确的买入价格，然后使用长效限价单并淡忘它。当股价到达你的指定价位时，经纪人就会买入股票，并向你发送交易报告。对我而言，限价单技术具有神奇的效果。

限价单能够平静情绪，让我们不至于随着市场的波动而心态起伏。我们只需要平静地设定交易价格，然后向折扣经纪商发出指示，按照设定的价位买进特定数量的股票。如果股票没有到达指定价格，你就不需要买进股票。股票市场有很多机会。错失了一个机会，还会出现下一个机会。有一位相当干练的女士谈起人生心得："永远不要追逐男人、公共汽车或者股票。只要再过五分钟，新的机遇就会出现。"我不懂男人，而公交车也是因城而异。但是，她关于股票的说法是完全正确的。股票市场日复一日地提供了良好的投资机会。错失了一个机会，也没有必要懊恼。错失机会总比赔钱好。你需要提前确定理想的价格，并把这个价格填进限价单。

应该使用市价单吗？这点毋庸置疑。当行情炽热时，你甚至认为股价在几年内都不会下跌。由于限价单的指定价格低于当前市场价，所以，你可能错失买进飙涨股的机会。不过，我需要提醒你，如果一时头脑发热去追买股票，就需要承担风险。多年的经验告诉我，今天出现的买进机会，在下个礼拜通常还会出现。市场虽有变化，却通常没有你想象的那样快。情绪的波动变化，比市场波动和理性思考都要快得多。你的大脑需要为理性思考留下充裕的时间，从而抑制那些激动浅薄的感性冲动。永远不要忽视清晰思考、预设价格、限价单的威力。

逐步买进

你对投资大师和股票市场进行解读，懂得了面对市场走势做出明智反应的重要性。这意味着，当股价下跌时，需要买进数量更多的优质企业的股票；当优质企业进入良性循环时，需要买进数量更多的股票。可是，你永远无法百分之百地断定，买进的股票一定会有出色的表现。所以，我建议只向一只股票投入部分资金。当股价下跌时，你可以重新评估，看看继续逢低加码还是观望。这样，你可以一直等到股票触底回升，最终获利。欧尼尔极度排斥这项建议，但是比尔·米勒和我都认为这是极好的技巧。优质股票经常下跌，而投机行为经常推动劣质股票上涨。非理性力量造成股价反转，从而颠覆了我们的思考方式。我们只能投资于最佳企业提升胜算，可是，我们却无法猜测一个疯狂的市场能够干出什么事来。

假定你认为"杂志先生"拥有十分美好的未来，手头也有 5 万美元可供投资，你在开始阶段可以先投入 25000 美元。如果你有 5000 美元可供投资，开始阶段可以先投入 2500 美元。如果你进场之后股价随即暴跌 50%，但是公司基本面没有重大变化，那就投入剩余的资金继续买进股票。当股价涨回到你的进场价后，第一批股票可以弥补损失，而第二批股票还能翻倍。

当你买进股票之后，股价出现了下跌，你再投入同等数额的资金买进这只股票，这种策略叫作"两倍加码投资"。我在《凯利快讯》里，经常这样操作。我对某些股票充满信心，随着股价下跌，我甚至进行三到四倍的加码投资，它们的回报也极其丰厚。

2005 年 10 月 5 日，我在 23 美元的价位买进 Deckers Outdoor 的股票。该公司持有 Simple、Teva 和 UGG 品牌。我认为它的股票被低估了，随着购买力旺盛的假日季的来临，它会上涨。我买进这只股票之后，股价却下跌了 26%。由于最初的投资理由没有变化，股价下跌就意味着更好的投资机会。10 月 28 日，我投入和 23 美元买进第一批股票时金额相等的资金，趁着 17 美元的低价，买进了更多数量的股票，从而使投资成本摊低到 19.55 美元。12 月 8 日，我第二次买进股票的六个礼拜之后，股价上涨到 30 美元，涨幅为 53%。两年后，股价最高达到了 160

美元，涨幅达到 718%。2009 年 3 月，止损单发挥了防身护体的功用，保护了以往的投资利润，而 Deckers Outdoor 的股价下跌了 77%，最终跌破 38 美元，一个美妙的买进机会出现了。2010 年，股票从 1 股分割为 3 股。到了 2011 年 10 月，股价上涨逼近 119 美元，我在 2005 年的分割调整后的平均成本是 6.52 美元，从股价的高点计算，投资报酬率为 1725%。从 2009 年 3 月分割调整后的低点 12.41 美元计算，投资报酬率为 859%。

现在进行一番回顾。当你趁着股价下跌，决定投入更多资金加码时，最为重要的是你要相信该股票的实力。我信任 Deckers Outdoor，这是一家业务稳健、管理完善的企业，所以我知道股价必定复苏。可是，其他股票的情况未必如此。如果你选中了一家平庸的企业，当股价下跌时，你投入和首次买进同等数额或者两倍数额的资金，指望扳回亏损，就是把好钱投在坏地方。千万不要这么干，否则你会发现自己落入了价值陷阱。它正巴不得投资人在股价下跌时继续买入呢！逢低摊平需要进行彻底的研究，并且对于研究挖掘的积极信号抱有坚定的信念。

下手买进！

你已经挑出了属于自己的飙涨潜力股——当然，任何人都期望自己的股票能够上涨百倍——然后，你已经确定了使用市价单或者限价单。剩下的事情就是联系经纪人。由于你已经阅读了本书，并通过第五章懂得了挑选优质经纪商的方法，所以，你可能会通过折扣经纪商开通交易账户。

通过电话、网络，或者线下见面，都能够联系经纪人。指定订单类型之后，静待片刻，让市场接受你的订单。如果你采用市价单，就会立即成交并成为一家企业的所有者。如果采用限价单，当股票到达设定价格时，你就会买进股票并成为企业的所有者。如果你下次造访奥马哈，请访问伯克夏·哈撒威公司，和沃伦·巴菲特一起聊聊天。毕竟，你们两人已经是同行了。

遇到行情波动

把日历向前翻，回到你买进股票时的那个宁静的子。"老天，"你看着现在陷入麻烦的股票，有些后悔了。"我怎么会误信了凯利的话，让自己落到这般不堪的境地？我的飙涨潜力股连续遭遇打击，而且消息面越来越糟。"是的，我懂得你的感受。通往财富王国的道路坎坷不平。你派遣的众多亲信都牺牲在半路上，有些亲信返回堡垒时，已经身负重伤。

自从本书 1998 年首版发行以来，美国经历了两次大熊市：2000 年到 2002 年的互联网泡沫破灭，还有 2007 年到 2009 年的次贷危机。

1990 年到 2000 年的牛市，标普 500 指数与纳斯达克指数分别上涨了 426% 和 1490%。随着互联网泡沫的破灭，两项指数分别下跌了 50% 与 78%。在 2002 年至 2007 年的牛市，它们又分别上涨了 105% 和 158%。随后的次贷危机又让标普 500 指数下跌了 8%，纳斯达克指数下跌了 6%。

股市自有兴衰枯荣。

这正是本节探讨的主题——市场的波动性。市场高低起伏，价格涨跌变化，人类的情绪也阴晴不定，现在，我们需要处理这些主题了。

不要全然相信大师

对一些大师要心怀警惕。他们被冠以专家、分析师、预言家和其他类似的称呼。总体来说，他们对于市场的理解未必胜过各位。永远铭记 J. P. 摩根对市场预测的言论："市场将会波动。"这就是摩根对于市场预测的全部观点，并且永不出错。

我很清楚大师并不靠谱，因为我也是大师中的一员。CXO 顾问集团是一家独立的审核机构。该机构曾经追踪过我的预测成果，而我的预测准确率最高曾达到 76%，随着时间的流逝慢慢下降至 60%。在绝大多数领域，60% 的成绩很糟糕，它相当于 60 分，已经接近不及格了。

可是，在股票预测中，60%的准确率位居前 5% 之列。这就是真相。

2012 年初，CXO 顾问集团跟踪了 60 多位投资大师的 6000 个预测。根据 CXO 的研究结果，大师们的平均预测准确率只有 48%。也就是说，一位典型市场专家的预测准确率还不如抛硬币的 50%。CXO 顾问集团所追踪的那些大师中，有部分人还拥有自己的电视或者电台栏目，而大多数的其他专家也会定期参加这样那样的此类节目，发表市场观点。所以，当你接触到这类专家时，记住重点——专家的预测准确率仅仅为 48%。

这就解释了专家经常优柔寡断的原因。多年以来，我收藏了一些富有趣味、模棱两可的市场预测，包括：

"市场可能会转移焦点，但它会因为重视成长而呈现积极的涨势，还是因为双赤字，而显示负面的跌势呢？"

"NYSE 指数与纳斯达克指数自说自话，观点分歧。"

"股市还有更多的上行空间，但上行的力度可能不足以让行情脱离目前所处的下降通道。"

"标普指数正在为 10 月的最终摊牌做准备。在 10 月份，要么向下跌破交易区间的下沿，要么出现上行的趋势。"

"在贸易账问题上，我想这将是平静的一周。但是，有一个显著的可能性，取决于哪位人士发布了何种论调的意见。下周的市场可能迎来非常剧烈的波动，相当激动人心。程度远远超过大家的预测。"

"要么横向整理，要么最终突破——或者，还有更糟的事情发生？"

"根据企业的经营盈余与通货膨胀率的发展趋势，我们的一个模型预测在未来的 4 个季度里，标普 500 指数会下跌。另外，另一个模型认为标普 500 指数将上涨。"

"标普认为，最近的市场弱势能否演化为回调，简单地取决于主要股指的走势。"

"指数将向哪个方向波动的概率是 50%。"

"如果市场的形态与基调正在发生变化，那么，短期内将是正面的。"

"这是开放的观点，多头与空头都可能主导市场的方向。"

获得更多的趣味评论，请访问 www.jasonkelly.com/resources。

但是，说句公道话，分析人员试图预测市场的未来走向，困难至极。我十分欣赏迈克·桑多尼在 2006 年 10 月 30 日的《巴伦周刊》发表的观点："分析师琢磨透一只股票都很困难，更不用提在多只股票里进行择股的华尔街选股专家。那些调侃专家的笑话一点也不搞笑。不信的话，你上来试试。你先对几十只股票发表自己的公开评论，等过了几个月，看看你还能熬下去吗？"

他说到了点子上。如果有人用"事后聪明"的态度，批评别人的公开言论时，你就会想起迈克·桑多尼的这个观点。市场行情确定之后，搞一点事后聪明的评论轻而易举，先见之明才是本事。

向那些市场评论家表达适度尊重的同时，切记：没有人——绝对没有任何人——能够预测市场的未来变化。对于别人的预测观点，你必须抱着质疑之心，自行拟定决策。

既知如此，何故心忧？

通过阅读，你应当透彻地理解了"市场波动不休"。市场永不休眠，而你的资金终于进入股市，当你把钱押进股市之后，它似乎波动得更加剧烈。实情并非如此，只是你投入真钱之后，资金的数字变化更容易触动你的神经。

你投资股票的钱，不应该是下个月购买柴米油盐酱醋茶的生活费，也不应该是儿女明年的大学学费。如果你清楚地确定了目标，并且根据目标进行投资，你就能做好充分的准备。你的买菜钱安稳地存在银行账户里，儿女的大学学费也会存放于银行账户或保守型共同基金。而你为退休或者购买新房等长期目标预留的资金能够承受短期的市场波动，如果你能够明智地应对市场波动，就有望赚钱。

重新评估"理性＆锁定"候选股

在某些情况下，你希望重新评估持有的股票。每当重大行情发生，这类重新评估就极为困难。所谓的重大行情并非股价大跌。你的股票有时能够取得巨大的收益，股价上涨远远超出你最为乐观的想象。当你的股票涨了三倍，殷切盼望这番好事多多益善时，你就很难做出理智的决定。毕竟好事"可能"发生，"也可能"不会发生。

这就是使用"理性 & 锁定"操作单的原因。你在买进股票之前，就已经填好了操作单，所以你的情绪相当平和。你对有兴趣的股票完成了深入的研究，拟定了客观的决策。现在，当你买进这只股票之后，面对股价上涨、下跌或者巨幅波动，你应当如何操作呢？

观察你的"理性 & 锁定"操作单。取出你的投资组合文件夹，详细研究这家企业的每一份资料。看看股价到达你的目标价位或者某个目标比率了吗？如果满足了条件，看看公司是否经历了某种变化，让你有理由相信该股票还会继续上涨。

股价如果下跌，公司基本面是否发生了变化？如果公司基本面没有变化，和你的初次投资相比，股价只是变得更为便宜了。这就是此时股价下跌的全部含义。检查完你的"理性 & 锁定"操作单之后，就需要遵循下一节的建议了。

扭转情绪

本杰明·格雷厄姆认为，没有人知道市场会做什么，但投资者可以对市场的动作做出明智的反应，最终能够赚到钱。如果你的投资曾经陷入麻烦，就能体会到来自格雷厄姆的启示。巴菲特也在本书第二章提到："在别人贪婪时，我们要恐惧；在别人恐惧时，我们要贪婪。"

在"各位投资大师的共同意见"一节，我总结了六位投资大师的主要共识。他们主张买进更多的有效股票，并且从股价下跌中获益。这似乎意味着，无论发生何事你都应该多买一些股票。这是关于价格的唯一真相。你现在是不是建立了画面感？价格并非首要因素，价格貌似是重中之重，因为最终结果需要通过价格来体现，但是，投资过程中还有其他更为重要的因素。举例来说，巴菲特重视净利率与股权报酬率。只要企业强健有力地运行在正轨上，市场终究能够反映出这家企业的价值，从而推动股价出现上涨。

对于有意投资的企业进行研究，意义十分重大。通过理性 & 锁定操作单，你就能确认投资的理由，从而能够判断：这家企业依然运行良好？或者更好？还是比首次投资时变糟糕了？

当股价上涨时，你看中这家企业的理由依旧存在，例如：盈余强劲增长、净利率高、债务少、现金流量稳定，你可能会决定追加投资。市场最终意识到你独具慧眼选中了一家卓越的企业，人们开始纷纷涌入追买股票。正如威廉·欧尼尔所建议的，企业主会向最能赚钱的部门投入更多资金。同样的道理，如果股票赚钱了，你应该投入更多的资金。

反之，当股价下跌，而你看中这家企业的理由仍旧存在，这就出现了一个低价购买卓越企业的机遇。你早先通过较高的股价买进了这家企业的股票，现在可以趁机逢低继续买进。以不动产为例，假设你购买了 10 英亩土地，每英亩价格为 5000 美元。这实在是物有所值，既有美丽的草地，又有潺潺的小溪，你终于建立了梦想家园。两年之后，这 10 英亩的毗邻土地正在出售，价格是每英亩 2000 美元。这片毗邻土地的草地和小溪与你早先拥有的浑然一体。你会怎么行动呢？就因为价格下跌，决定卖掉你原本拥有的土地和房子吗？当然不会！它们美丽如昔。相反，你会把毗邻土地买下来，它和你当初买进的土地一样富有价值，而且价格还便宜了 60%。同样的道理，当一家非常可靠的企业的股票毫无征兆地下跌时，你应当继续买进该股票。这就是你的合理应对方法。

我们需要对市场做出明智的反应。市场虽然不时出现怪异的走势，只需要理性对待就行了。如果市场失控了，你看中的股票毫无理由地大跌，你就需要积极地买进更多的股票；如果股价狂飙不止，你也可以在上涨过程中买进更多数量的股票。

经过彻底的研究，你终于买进了优质企业的股票。既然你已经做足了功课，面对股市下跌时，你也无须担忧，因为你知道成功终将来临。市场涨跌不止，专家们也一如既往地进行花式预言，而你继续持有着或盈或亏的自选股票，并且明智地处理了各类市场噪音。最终，你就能源源不断地赚钱。你的亲信从财富王国寻获了大量珍宝并带回堡垒,而你资助了亲信们的远征,所以你的付出终有回报。

2008 年崩盘之后

2009 年 3 月份,我做出了下述的市场评论,而后市也印证了我的预期。我会在下一节解释后市走势。

面对 2009 年 3 月份的股市,你会如何应对呢?要知道,在过去的 17 个月里,股市下跌了 57%,如果你最终决定"买进股票",足以证明你在股市有前途,有眼光。

2009 年 3 月份,我做出了下述评论。虽然我在当时无法预测后市,但是你可以通过复盘,理解我应对市场的技术。你可以调用标普 500 指数的历史图表,检验我的观点。

市场波动不休,这点毋庸置疑。股市能够从 3 月份的低点向上反弹吗?还是暂时盘整?甚至继续下跌?市场的必经之路在哪里呢?从长期看,股市必定走高。所以,在估值最为便宜的当前极端低点买进股票,反而有望实现最优异的绩效。2009 年 3 月份是否是熊市的低点?这并不重要。重要的是,股市已经出现了非常严重的下跌,现在正是进场的机会,而不应出场。

面对 2009 年崩盘过后的股市,我建议通过股市指数战胜恐惧感。当时,人类仿佛经历了世界末日,人人谈股色变,恐惧感从心底油然而生,然而此刻意义非凡。股市在 2009 年 3 月份暴跌 57% 之后,风险远远低于 2007 年 10 月份。然而,投资人在哪段时期信心更足呢?当然是 2007 年 10 月的高风险时期。

你在第四章见识了杠杆策略。杠杆策略很适合复苏上涨行情。如果你自认为承受力不足,而杠杆策略的波动性太过剧烈,不妨折中采用单纯的指数投资,例如:跟踪标普 500 指数的 SPY 指数产品,或者跟踪标普 400 中型股指数的 MDY 指数产品,或者跟踪标普 600 小型股指数的 IJR 指数产品。

指数投资就是你的根据地,你可以再投一点钱,趁着股价便宜买进一些优质股票。使用早先探讨的那些衡量标准，你就能在崩盘后的市场找到难以置信的理想股票。如果你原本持有的股票出现了大幅下跌，你就可以继续投钱买进股票。通过这种方式，可以降低你的平均持股成本，等到股价复苏上涨时，你会更早地解套。

股票价格有时会跌，甚至大跌。趁着股价下跌进行投资，有时不失为明智之举。

行情复苏

2012 年 2 月，我们已经知道了 2009 年股市崩盘之后的结果：股市大幅上涨。在 2009 年 3 月份，几乎是闭着眼睛买进任何股票，结果都能大赚。从 2009 年 3 月份的股票低点，一直到 2011 年或 2012 年初的股票高点，有一些股票样本有着惊人的表现：福特汽车，获利 1050%；以 Maximum Midcap 为标的的 MVV 投资产品，获利 495%；AMD，获利 377%；标普 500 指数，获利 105%。

在 2009 年 3 月，就算用"投掷飞镖"的随机选股方式，随便买进股票，同样结果不俗。让我们试试吧！蒙住眼睛投掷飞镖……射中了 Dick's Sporting Goods，结果股价上涨了 346%；又蒙住眼睛投掷飞镖，射中了 Wolverine Worldwide 制鞋商，它旗下拥有 Chaco、Hush Puppies 和 Merrell 等品牌，结果股价上涨了 244%；再蒙住眼睛投掷飞镖，选中了 Innospec，这是一家专业化工企业，结果股价上涨了 1365%。现在，你能理解我的观点吗？

事后回顾，总是很容易。可是，当时买进股票，却需要相当的勇气，因为我们需要面对平生仅见的最恶劣的财经消息。在我的著作《股票市场竞赛》中，描述了 10 位顶尖的商学院学生在 1995 年至 2009 年之间的股票竞赛。他们需要使用 10 万美元赚到最多的钱。最终，我们得出了结论，说明精明投资人需要忽略 2009 年 3 月份对于买进股票的主流看法：

市场见底之后的第二个星期，竞赛网站的情况已经很清晰，几乎每位参赛选手都充分地持有多头部位，跟随着市场，追价买进。从 3 月 6 日开始，市场开始反弹，第一周、第二周……后面数周都在上涨。每个周六，网站都会发布一份当周报告，显示标普 500 指数从 3 月 6 日收盘的市场低点到当周收盘的绩效表现，并展示参赛选手的排名成绩。这些参赛选手毫不掩饰地藐视那些市场预测大师。预测大师们发出警告，让投资者不要进场，结果错失了唾手可得的利润。每位参赛选手都知道牛市正在展开，就是这么简单。预测大师们竭力提出各种理由，阻止人们买进股票，他们完全不懂这个市场的赚钱门道。

股市生意有时很简单，就是当便宜价格出现时，需要买入富有潜力的股票，同时，不必理会那些媒体的报道。本书已经教导你如何识别优质股票，如何观测跟踪它们，以及如何识别便宜的价格。你已经拥有了精明投资人的一切工具，能够保障你在行情底部买进股票，而不是卖出。

卖出股票

交易多日，终有一别。机缘到来，你需要和你的股票分手了。你已经收到亲信们从财富王国寄来的报告，获悉他们历尽艰辛终获成功。随着时机成熟，你做出决定，让几位甚至全部亲信都退休养老。这时，你会卖出股票，并把利润存到一个巨额银行账户里，直到新的亲信带着令人喜悦的投资机会出现。

以下是卖出股票的法则。

忽略谣言与流行观点

在我的观点的影响下，你可能意识到必须自行拟定决策。可是，我必须再次强调，只有你清楚自己的目标和风险容忍程度。没有人比你更为关心自己的利益。你经历艰苦，在全世界搜寻符合条件的企业，买进它们的股票，并成为企业股东，没有人比你更懂得这些股票了。在卖出股票时，你也必须自行决定。

独立决策有时并不容易。有一种情景很常见：你和往常一样上班，工作大厅里正在播放重大新闻。收发室的 Mark McGillicuddy 读到了一段新闻，显示你投资的一家企业在昨晚宣布没有达到预期盈余。Mark 叹着气说："这真是美国商业的枯燥新闻，你不可能百战百胜，我今天早上已经卖掉了全部股票，你们这些人最好也这么干。"大厅里无人回话，四面却传来了敲击键盘卖出股票的声音，清晰入耳。你手里还有 3000 股股票，你也一度引以为傲。现在，你呆坐在大厅里，该怎么办呢？

首先要做的事，就是确认 Mark McGillicuddy 的消息是否准确。有时候，只需要通过多种渠道进行确认，你就会发现一切都是乌龙。这类消息有时只不过是谣言。就目前这个案例而言，Mark McGillicuddy 的消息却是准确无误的，那家企业确实没有达成预期的盈余目标。

可是，你不应跟风卖掉股票，而应当缓口气，重新做评估。你是否还记得操作单上的这只候选股的相关记录内容？或许不记得了。若是如此，暂时休息会儿。没错，白天就不要自寻烦恼了。等到晚上回家，拿出你的"理性 & 锁定"操作单，然后阅读下面的章节。

依靠"理性 & 锁定"操作单

依靠手边的"理性 & 锁定"操作单，你就能审慎决定。这样，你就屏蔽了其他人的观点，淡忘了让你崩溃的场景——除你之外，其他人在猛兽破门闯入之前都悄然逃遁了。这就是他们在你心目中的印象。这些熟人不会影响你的整体世界观，却会在某个局部形成搅扰。朋友们，你需要使用"理性 & 锁定"操作单，做出明智的反应。

你在"卖出理由"一栏填写了哪些内容？如果你做过彻底的研究，就应该清楚企业面临的大多数挑战和风险。如果这家企业正打算并购其他企业，你可能会填写：如果并购所支付的价格超过了某个价位，你就会卖掉股票，因为支付的价格太贵了。如果这家企业正打算开拓新的市场，你可能会填写：除非销售指标在某个日期之前得以实现，否则你就要卖掉股票，因为开拓新市场的回报与费用不符。你可以写下无数的卖出理由，这样，就很难有什么意外事件让你惊讶了。精心研究，终有回报。

在 McGillicuddy 的这个案例里，企业没有实现预期的盈余，可能因为并购活动在这个季度中占用了太多现金。如果你在过去就获悉了这项并购活动，并认为并购能够在未来产生更高的盈余。若是如此，企业在这个季度虽然没有实现预期盈余，但是，市场显然进行了错误的解读——这种事情经常发生——所以，没有理由卖出股票。

反之，在检查"理性 & 锁定"操作单之后，你发现上面写着："销售动能放缓？留意盈余发展趋势。"这时，可能就是卖出股票的精确信号。这时，你可能需要 Mark McGillicuddy 提供盈余报告的信息。你最好分享观点给他，让 Mark McGillicuddy 避免错误的操作。

所以，当你检查"理性 & 锁定"操作单时，发现某个卖出股票的条件已经达成，或者企业的某项核心优势已经彻底消失，如果没有新的优势进行平衡，那就卖掉股票。

"理性 & 锁定"操作单可以帮助你克服情绪波动。当你决策困难的时候，它会进行导航。如果它显示你的股票情况良好，那就继续持有，甚至买进更多的股票。如果它显示你的股票遭遇困境，那就卖出。除非新的资讯改变了你在"理性 & 锁定"操作单上的结论，否则就按照已经写好的结论操作。

对候选股进行评估

"理性 & 锁定"操作单是追踪某只股票的良好工具。好股票是比较出来的，不要遗忘操作单上的那些候选股。顾名思义，候选股就是正在观察中的等待上位的股票。

决定卖掉股票之前，请浏览操作单上的候选股。是否还能找到更好的股票来取代当前的股票呢？这个问题很简单，通过你在"理性 & 锁定"操作单上的清晰信号，就能轻松做出决定。例如，你的股票已经出现了两个卖出理由，并且另外一只候选股的股价已经下跌了20%。这时，卖掉你当前持有的股票，然后，按照下降了20%的股价，买入你看中的那只候选股。有时候，当某只候选股出现了绝佳的投资机会，你就需要卖掉当前表现最差的持股，换股操作。这是合理的策略。操作单上的候选股需要经受住持续的挑战，与你看中的那些新股票进行优胜劣汰的较量。你的投资组合同样也要经受持续的挑战，与那些候选股进行较量。这是"适者生存"的游戏，因为你期望拥有那些最为卓越的企业的股票。

有时，操作单上的候选股虽然无法顶替你已经持有的股票，你仍然可以卖掉这些已经持有的股票。要知道，货币基金的表现通常胜过某些股票。可是在做出决定之前，你还是应该先浏览那些候选股。只有你本人才能对自己的决策负责。

记住，你在管理一个投资组合，而不是在真空中做决定。股票是门生意，一切以赚钱为准。如果候选清单上出现了更好的股票，那就卖掉你目前持有的股票。如果一只股票达到了预定的卖出条件，那就卖掉。可是，如果一只股票大跌，但企业仍然是优质企业，就应该买进更多的股票，或者至少持有手头的股票。如果找到了更为适合的候选股，在这种情况下，将资金转移到这只更有投资价值的新股票上。现在，你懂得操作方法了吗？需要综合考虑多种因素，不能孤立判断。

观察图表

不要忘记本书第四章的图表技巧。简单移动平均线（SMA）、MACD与RSI等技术指标，也能提示卖出理由。这三个技术指标都是很有帮助的顾问，值得你不时地咨询。

最好的情况，你在上升趋势启动或者将要启动时，就买进了股票。现在，你正在监控趋势的发展，等待着趋势走到终点。你将看到股价开始向下逼近SMA，然后跌破，再也无力向上穿越SMA；MACD发出了向下的穿越信号，显示趋势改变；RSI则呈现超卖信号。

理想情况下，披露企业遭遇麻烦的新闻出现之前，图表就先发出了提示信号。如果图表发出了卖出信号，然后新闻又提供了理性 & 锁定操作单上的某种卖出理由，你就有了充分的行动理由。

选择订单类型

你可以采用市价单，按照目前的价格卖出股票；或者采用限价单，按照指定的价格卖出股票；或者采用追踪型止损单，指定价格从高点回调到何种程度才卖出股票。

有时候，当我预测上涨行情就要结束，我会设置一个限价订单，在接近我认为股价将要下跌的价位，卖出股票。即使市场已经把股价推升到了极高的水平，把限价订单设置得稍高一点，通常也会触发。如果我认为股票已经失去了上涨的动力，我通常会采用紧缩的跟踪型停止卖单，例如 5%。我几乎从来都不使用市价单，但很多人喜欢采用。

你如果只想立马卖掉股票，并不在意少赚几块钱，就可以使用市价单。这样，迅速卖出股票之后，你就避免了不确定时期的心理彷徨——是落袋为安呢，还是继续持股三个月？

分批卖出

和分批买进一样，我也喜欢分批卖出股票。市场不可预测，正确的卖出时机就像正确的买入时机一样难以抉择。股价下跌时，如果你害怕失去一切而决定一次性卖掉全部股票，当股价反弹到你的买入价格之后继续上涨，你的感受如何？等你卖出全部股票离场之后，股价却开始翻倍，甚至飙涨十倍成为传奇股，你的感受又如何呢？无论是翻倍，还是飙涨十倍，你都会沮丧透顶，我对这种踏空感受颇深。分批买进，分批卖出，可以减轻一些压力。在赚钱问题上，你不必追求完美，并强迫所有事情都必须正确地发生。买卖股票的时候，你需要容许适度的模糊空间。只要分批进场，分批出场，就是好的。

把分批进场出场的动作，与限价订单相结合，能够减轻投资压力。假设你拥有 2000 股"杂志先生"的股票，"理性 & 锁定"操作单已经提示卖出股票，但是"杂志先生"刚刚设立了一个新的配送中心。当你首次买入"杂志先生"的股票时，你还不知道配送中心这码事，无法确定持股与否。"杂志先生"的当前交易价是 30 美元——是你的进场价的三倍。在 30 美元卖出股票并落袋为安，是很惬意的事情。但是，新的配送中心让你断定股票可能还会继续上涨。

如果你一股也不卖，当"杂志先生"的股价跌到 12 美元时，你会情绪波动，血压飙升。如果你卖掉了全部股票之后，股价继续上涨到 40 美元或 32 美元，你也会情绪波动，血压飙升。因此，你决定在卖出价格和卖出数量上采取折中之道。你设置了一个长效订单，指定在 32 美元卖出 1000 股。然后，你去旅游、打高尔夫球、游泳、跑步。三个礼拜后，在你没有关注市场的时候，"杂志先生"的股价上涨到了 32 美元，经纪人为你卖出了 1000 股。现在，无论股价如何变化，你已经在 32 美元卖出 1000 股，真正落袋为安了，你会感到舒适。如果股价下跌，你可以考虑卖掉剩余的股票，或者用你在 32 美元卖出股票时赚到的钱，继续买入股票。如果股价上涨，剩余股票的获利将持续扩大。

卖出股票！

一旦决定卖出股票，你可以打电话下单，通过在线交易平台下单，或者去当地的经纪机构下单。市价订单在当天就能成交，你会迅速收到确认声明。如果采用限价订单，就要等到目标价位出现的那一天，当你收到确认声明时，你就知道了成交的情况。

追踪绩效

作为镇守堡垒的主人，你期待来自战场的报告。这些报告大多是定期更新的市场评论、股票报价，以及折扣经纪商提供的对账单。除此之外，你还要追踪交易绩效，寻找改进之处。

我会追踪每只候选股。如果你听从了我在本章稍早提出的建议，就会追踪大约 20 只候选股。你可以在空闲的时候处理这件事情。持续追踪这些股票的价格，从它们成为操作单中的候选股算起，直到被剔除在候选清单之外。如果我从投资组合里卖掉这些股票的同时，它们也退出了我的候选清单，在后面的一两个月里，我通常都会继续追踪它们的价格，评估后续变化。

关于绩效，你要观察两个部分。第一部分是投资组合的整体盈亏与佣金。大多数人在谈论绩效时，说的就是这类话题——去年他们的绩效如何，谁是出色的投资者，等等。可是，你需要更加深入地研究"了不起的四项组合"。这是描述四种价格的术语，而这四种价格可以用来评估你在单只股票的交易记录。

投资组合盈亏与佣金

通过软件或者账册，记录股票或共同基金的买入信息、卖出信息，还有佣金信息。定期使用标普 500 指数记录市场的绩效，并且和你自己的投资绩效做比较。你是让市场俯首称臣，还是成为市场的手下败将呢？你可以每年评估一次。

经纪商的对账单对于计算很有帮助，尤其是你只通过一家经纪商（例如，富达或 TD Ameritrade）从事投资时。你可以在对账单上看到年初与年末的账户金额，这类数字会展示包括佣金在内的所有账户信息。如果没有追加投资的话，只要比较期初与期末余额，就能计算出你的投资绩效。如果你追加了投资，就要使用笔记本或者财务软件，对进场和出场价格重新进行统计。

通过免费的雅虎财经频道，可以轻松地追踪投资组合的绩效。只需要一台能上网的电脑，就能查看投资组合的相关信息。下单买卖股票也同样简单。然后，我只要在报税（合理避税）的时候，检视我的交易历史。

了不起的四项组合

了解整个投资组合的绩效之后，接下来就要检视个别投资的绩效。为了衡量绩效，我会采用一个简单而严格的系统，称为"了不起的四项组合"。这个系统之所以了不起，是因为没有任何不确定之处。

这个系统包括买卖股票的四种价格：买进之前 3 个月的价格、买入价格、卖出价格、卖出之后 3 个月的价格。关于这四种价格，唯一可能会有问题的，就是买进之前三个月的价格。相关股票如果列入了候选清单，而且在买进股票之前你就持续追踪该股票，你就应该知道买进之前 3 个月的价格。否则的话，你可以请经纪人帮忙查询价格，或上网查询，或查询股票资料库。以"杂志先生"为例，来看"了不起的四项组合"。

"了不起的四项组合" —— "杂志先生"	
买进之前 3 个月的价格	4 美元
买入价格	6 美元
卖出价格	18 美元
卖出之后 3 个月的价格	36 美元

就这些资料观察，买进时机掌握的不错。因为当时的股价涨幅还不是很大，可是卖出部分恐怕还有显著的改善空间。因为你卖出股票之后的 3 个月，股价上涨了一倍。当然，如果分批卖出的话，能够抚平你内心的伤痛。因为在股价继续上涨到 36 美元的过程中，你可能还持有一些股票，让利润继续奔跑。可是，你已经卖出了全部股票，就像泼出去的牛奶，分批卖出已经没法执行了。你最好能总结经验，然后继续前进。运用"了不起的四项组合"这一系统的目的，就是改善你的买点和卖点。

好买点

你的买进时机是否理想？对于大多数的成长型投资人来说，买进之前 3 个月的价格，应该低于买入价格，成长型投资人期望在股价上涨时买进。至于价值型投资人，买进之前 3 个月的价格，应该高于买入价格。价值型投资人希望在股价走低时买进。

让你的买入价格与买进之前 3 个月的价格协调一致。对于成长型投资人来说，需要在股价上涨的起点买进；对于价值型投资人来说，需要在股价底部附近买进。很难精确地抓住上升趋势的启动点或者下降趋势的底部，但这是我们正在努力实现的理想。

好卖点

你的卖出时机是否理想？大家都期望同样的事情：在股价走低之前，把股票卖在最高点。无论是价值型投资人还是成长型投资人，都同意这点。

我们无法找到精确完美的买点，同样，也无法把股票卖在最高点。当你卖出股票之后，价格往往还会上涨一些。把追踪绩效的时间往后延伸三个月。这样，你就不会在卖出之后的第二天，因为价格轻微上涨而懊恼不已。这类事情的发生，从不让人意外，因为世事本无常。无论你对价格研究倾注了多少心血，也无法精准地捕捉交易时机。这就是我们采用 3 个月的时间周期的原因，我们致力于发现趋势，而不是运气。

如何改善卖点

我想，最好的情况就是：买进之前 3 个月的价格很高，买入价格很低；卖出价格很高，卖出之后 3 个月的价格很低。对于这种表现，你可以吹嘘一整年。容我们稍微享受一下这种梦想，考虑下列案例：

如何改善你的买点和卖点

终极的理想是：买入前 3 个月出现了天价，然而，你的买入价格却极其低廉，后来，股票的卖出价格却很高。卖出股票之后，又出现了极低的价格。你在每个价格的精彩表现，都足以让你夸耀好几年。现在，让我们沉浸在一种假想意境里，看看完美状态的"了不起的四项组合"：

完美状态的"了不起的四项组合"	
买进之前 3 个月的价格	150 美元
买入价格	5 美元
卖出价格	200 美元
卖出之后 3 个月的价格	10 美元

在这种完美状态下，1 万美元的投资变成了 40 万美元，你的大名在财富王国得到交相传颂。你在股价发生剧烈的暴跌之后，及时抄底进场，然后，又在股价发生新一轮的暴跌之前，及时逃顶出场。在你的"理性 & 锁定"操作单中，结果显示该企业的基本面依然完善，等到股价到达 10 美元时，你的 40 万美元又可以进场，等待新一轮的股价上涨。

现在，让我们回归现实。如果这四个数字之间有显著的差距，你就应该回头研究该企业的专门档案夹，判断你是否需要重新设定买入价和卖出价。你的档案里应该包含以下资料：新闻故事的剪辑、企业邮件、更新的研究报告等。你是否根据阅读的资料，在正确的时机买进？是否受到短期恐慌情绪的影响，而卖得太早，错失了后面的利润？

从你持有的不同股票里，观察它们的"了不起的四项组合"，留意你的倾向。如果你发现总是买卖过早，或者买卖过晚，就应该留意这种倾向。很多情况下，"了不起的四项组合"对不同的股票，讲述的故事也有天壤之别。如果发生这类现象，我们也无能为力，因为所有的证据都是矛盾的。这就是投资股票的标准——从上一只股票里提取的投资格言，在下一只股票里被完全逆转。

这就是我们需要研究投资倾向的原因。对于我的投资组合，我在查看了"了不起的四项组合"的结果之后，我发现自己存在着"过早卖出"的趋向。我在买入股票时，因为结合了多种方法，所以无法对买入股票的倾向下定论。但是，我在绝大多数情况下总是过早地卖出股票。这意味着，我应该相信自己寻找优质企业的眼光，然后让这些企业的股票自行展示实力。我需要不断地阅读沃伦·巴菲特的启示："时间能够帮助卓越的企业，却摧毁了平庸的企业。"自从发现了"过早卖出"的倾向之后，我在卖出股票时就提升了回报率。有些股票我根本没有卖出，既然它们继续创造着利润，我就一直拿着。如果不进行"了不起的四项组合"的分析，我可能在股价翻倍时就卖掉了股票，错失了后面的利润。

你也可以这样做。当你卖出股票后，等待三个月，记录"了不起的四项组合"的四个数字。然后，把这些数据存放在专门档案夹里。仔细研究这些数字，并与其他结果进行比较，发现你的投资倾向。

第八章 一路顺风

这就是投资。本书可以帮助你从事安全的股票投资。我喜欢它的效果：你在阅读了本书之后，不会因为读到了一些消息，就急切地投入所有的闲钱，去买那些股价只有 2 美元的初创企业的股票。另外，你也不会因为安全的考虑，在未来 20 年内只投资国库券。国库券的升值追不上通货膨胀的速度，所以是不安全的。

本书的策略，将成为你一生的好朋友。这不是从股票中赚钱的唯一方法，不过可以帮助任何人从头起步。你可以循序渐进，或许从银行的储蓄账户开始，然后通过折扣经纪商，先开通货币市场的主账户练练手，再创建永久性的投资组合，最后直接闯入公开市场。在公开市场里，去搜寻那些符合最高标准的股票。这是一种安全的、有利可图的升级方式，你可以学到越来越多的内容，并且不需要交纳昂贵的学费。

现在，我必须向你提出警告。阅读那些"在股市里赚到大钱"的书籍，和在股市里真实地赚到大钱，这是两码事。本书揭开了股票术语的神秘面纱，简化了寻找股票、分析股票、管理股票投资组合并最终赚到钱的过程。可是，这样做也隐含着风险——使得股票投资看起来貌似很简单。多年以来，我收到了很多读者的来信。他们上来就说："我迫不及待地要投资股票了。你认为我应该先买进哪只股票？"

这样的来信为数不少。这让我意识到，本书并没有充分展示股市对你的生活造成的影响。懂得下单是一码事，真正进场买入股票，然后眼睁睁看着股价下跌 10%，又是另一码事了。应该卖掉？或者加码买进？在本书里，你已经研究了这些主题，也懂得理论上应该怎样做。可是，实际操作起来，很容易吗？不容易。你的身旁不会有沃伦·巴菲特、彼得·林奇和比尔·米勒。在现实生活中，你必须和实实在在的钱打交道。这很伤脑筋。

为了帮助你更好地理解股市造成的情感负担，我写了《股票市场竞赛》一书，它讲述了 10 名被选中的顶级商学院学生的故事。他们从 900 多位申请者中脱颖而出，参加了长达 15 年的竞赛，试图从 10 万美元起步，赚到更多的钱。这 15 年，涵盖了 1995 年到 2009 年，是股市历史上波动最剧烈的期间之一。你在本书中会发现很多案例。它包含了互联网的崛起和崩盘、非理性繁荣、次贷危机的泡沫和崩盘、9·11 恐怖袭击、油价的巨幅波动、"必须拥有的优质企业"的倒闭消失、史无前例的货币刺激政策等。这 10 位具备高度技巧的竞争者进入了市场的风暴眼，为你探索道路，揭示股票对人们的生活造成的影响。这些影响进入我们的脑海，挥之不去，搅扰着我们的假期与浪漫的晚餐，侵蚀着生活的其他层面。这已超出了本书的讨论范围。

除了金钱之外，股票投资还涉及其他风险。市场引发的情绪压力是真实无情的。在你投资之前，我强烈建议你运用本书获得的知识，查看《股票市场竞赛》展现的股票投资的真实面目。这样，你能真切地感受到现实版本的股票投资，以及买卖股票之后的那些事实。更多资讯，请访问 www.jasonkelly.com/books。

最后，我希望引用我的朋友查理·麦可斯的一些睿智的评论。他是纽约对冲基金公司 Sierra Global Management, LLC 的总裁。查理协助我编写本书的第一版，而且对于随后的每次改版，都提出了总结性的评论。他的评论值得聆听。2008 年，标普 500 指数下跌了 38%，FT 欧洲股价指数下跌了 41%，查理的 Sierra 欧洲基金却增长了 8%。2011 年底，

MSCI 欧洲整体回报指数在过去 5 年累计损失 20%，Sierra 欧洲基金同期获利将近 34%，查理的投资方法，不仅超越了市场，而且波动更为平缓。这 5 年期间，查理的基金年度报酬大致处于 -3% 到 15% 之间，而 MSCI 欧洲指数则介于 -39% 到 28% 之间。

在本书 2004 年的版本中，查理写道："保持耐心，买进现金流量成长强劲的有专营权的优质企业，绝不会让你招致贫穷。其他类型的投资，几乎都有摧毁你的资本的潜力。"

在本书 2008 年的版本中，查理提出警告："来自私募股票基金的数千亿美元正支撑着股市。这些基金通过杠杆放大了资金的力量，正在四处买进股票。总有一天，这些基金就会变成净卖家，这样的日子指日可待，因为只有把利润变现，基金才能获得绩效收入。因此，抛售股票的私募基金就不再是早先的推升股价的力量，最终必定拖累股价下跌。一定要投资那些拥有强大的专营权的优质企业，因为这些企业最禁得起下一轮熊市的折磨。在各行各业中，包括投资行业，时机都非常重要。因此，我主张保持耐心。当估值变得有吸引力，也就是股价与股票的价值相比显得便宜时，这时就要买进股票，市盈率要够低。这样，买进的股票才能迅速反弹，并且抗跌。"

在本书 2010 年的版本中，查理表示："2007 年是上一轮牛市的高点。我曾经提出警告，股市因为私募股票基金放大了杠杆而得到了支撑。我警告的核心正是杠杆。今天，我们正在见证全球金融市场最深刻的去杠杆化，对过去几十年累积的投机活动进行抑制。我们可以清楚地看到拥有强大的专营权的优质企业的价值。因为它们确实抗跌。好消息是，这场非常严重的熊市正将股价推低到我们有生之年最有吸引力的低价。在可预见的未来，投资人不必担心股价过高的问题。这段时间里，我们可能面临难得的机遇，非常适合使用本书推荐的方法，挑选好股票，慢慢创建优质股票的投资组合。"

他是对的。如同本书"行情复苏"一节讲到的，当查理发表上述评论时，标普 500 指数从 2009 年 3 月份的低点反弹超过一倍。对于当前版本，查理表示：

　　不幸的是，自 2009 年以来，很多（如果不是大多数的话）投资人都持有不能创造收益的现金。为什么？也许投资大众回顾了从 2000 年直至当前的糟糕回报，也许是他们听从了媒体与"意见领袖"喋喋不休地谈论那些时事新闻，却忽略了股票长期投资的效益。长期而言，股票是最佳投资工具，绩效明显优于债券与现金。那么，投资人如何运用这个事实获利呢？

　　起步之初，最好是仔细重温本书的某些部分，尤其是第二章有关投资大师的启示。我欣赏书中描述的一切。就我的投资风格而言，我属于菲利普·费雪和彼得·林奇阵营的成长型投资，同时，我也深切赞赏沃伦·巴菲特的教诲：挑选拥有强大的商业专营权的优质企业，买入它们的股票。我相信，高素质的成长型企业是最好的投资对象，这些企业拥有竞争优势与高效的管理，能够保持销售成长的动能与获利的能力。我称这类公司为"创造价值的强大专营权企业"。可是，就如同人生与投资的多数层面一样，有很多可选的道路。非常幸运，本书重点强调了很多有用的投资"法则"。

　　我想请你注意一点。从 2009 年 3 月份的低点算起，标普 500 指数虽然已经翻了一倍，但目前仅仅大致处于 1999 年的水平。在 20 世纪 90 年代，标普 500 指数增长了四倍。展望未来十年，标普 500 指数很可能大幅上涨——远高于债券。利用这种可能的趋势，关键是买入并持有估值合理的"优质股票"。重要的是，在市场疲软、媒体和"意见领袖"大肆渲染股市的悲观前景的临时时期，你需要稳住，不要恐慌。从长远考虑，请记住第一章的话："随着时间的推移，股票一直是好的投资！"我用感叹号来强调这句话的重大意义。

　　如同本书第二章那些投资大师强调的，查理也主张按照便宜的价格买进优质企业的股票。现在，你已经知道如何找到好股票，如何判断当前的股价是否便宜。你所需要的所有研究资料都已经准备妥当，静待你的调遣使用。

你有空时，可以跟我联络，你可以直接发电子邮件给我（Jason@jasonkelly.com），或者访问我的官网 www.jasonkelly.com，发送消息给我。

操作单变更

注：原书没有操作单文件，所以，在下方解释一些变更，供设计人员制作操作单使用。在本书 2010 年版的第 261 至 263 页，有操作单的范本。（译者注，已找到范本，并按要求进行了调整。）

√ 将两张操作单上的版权，变更为"2013 年版，杰森·凯利"。

√ 在操作单候选股的倒数第二栏，用"P/CF"代替"Quick Ratio"。它代表股价/现金流量比率。Excellent Co. 的数字为 3，而 Terrible Co. 的数字为 35。

√ 范例中，其他需要更改的数字：

- 市值：excellent 为 $2 Bil，terrible 为 $200 Bil。
- 销售：excellent 为 $8 Bil，terrible 为 $18 Bil。
- 总债务：excellent 为 $12 Mil，terrible 为 $60 Bil。
- 每股销售金额：excellent 为 $85，terrible 为 $4。
- 每股现金流量：excellent 为 $4，terrible 为 - $1.25。
- 股息收益率：excellent 为 4.2 %，terrible 为 NA。
- 目前市盈率：excellent 为 10，terrible 为 35。
- 平均市盈率：excellent 为 12，terrible 为 25。
- P/S：excellent 为 0.5，terrible 为 8。
- P/B：excellent 为 1，terrible 为 6。

"理性 & 锁定" 操作单	
投资风格： 成长型 价值型 **公司名称：股票代码：**	
公司优势	**买进股票的理由：** 行业龙头地位、所属行业正在扩张、强劲的销售增长、债务降低、竞争力增强、优等的技术、新颖的管理。
公司面临的挑战	**卖出股票的理由：** 股价到达目标价位、竞争加剧、行业收缩、销售萎缩、债务增加、竞争力下降、法律纠纷。

2013 年版，杰森·凯利，保留所有权利

来自 The Neatest Little Guide to Stock Market Investing

公司名称	目前价格	52周新高/新低	市值	成交金额	销售金额	净利率	现金	总债务	每股销售金额	每股现金流量	每股盈余	股息收益率	ROE	内部人士买进	企业回购股份
[例]Excellent Co.EXCO, 800-YOU-GAIN	10	12/5	$2 Bil	$1 Mil	$8 Bil	25% ◆	$10 Mil	$12 Mil	$85 ◆	$4 ◆	$4 ◆	4.2% ◆◆	20%	10/30%	Yes
[例]Terrible Co.TECO, 800-YOU-LOSS	150	150/142	$200 Bil	$85 Mil	$18 Bil	2% ◆	$100 Mil	$60 Bil	$4 ◆	-$1.25 ◆	$3 ◆	NA ◆◆	5%	0/3%	No
1)		／				◆◆			◆◆	◆◆	◆◆	◆◆		／	
2)		／				◆◆			◆◆	◆◆	◆◆	◆◆		／	
3)		／				◆◆			◆◆	◆◆	◆◆	◆◆		／	
4)		／				◆◆			◆◆	◆◆	◆◆	◆◆		／	
5)		／				◆◆			◆◆	◆◆	◆◆	◆◆		／	
6)		／				◆◆			◆◆	◆◆	◆◆	◆◆		／	
7)		／				◆◆			◆◆	◆◆	◆◆	◆◆		／	
8)		／				◆◆			◆◆	◆◆	◆◆	◆◆		／	
9)		／				◆◆			◆◆	◆◆	◆◆	◆◆		／	
10)		／				◆◆			◆◆	◆◆	◆◆	◆◆		／	

公司名称	EPS评级	RPS评级	5年期销售成长	5年期价格	预估销售	预估高价/低价	时机安全性	STARS/公平价格	目前市盈率	平均市盈率	P/S比率	P/B比率	流动比率	P/CF比率	SMA/MACD/RSI
[例]Excellent Co. EXCO,800-YOU-GAIN	95	95	20%	900%	25%	100/60	1/2	5/5	10	12	0.5	1	10	3	强烈上涨
[例]Terrible Co. TECO,800-YOU-LOSS	25	25	2%	50%	3%	165/135	5/5	1/1	35	25	8	6	0.5	35	下跌
1)						/	/	/							
2)						/	/	/							
3)						/	/	/							
4)						/	/	/							
5)						/	/	/							
6)						/	/	/							
7)						/	/	/							
8)						/	/	/							
9)						/	/	/							
10)						/	/	/							

附录一：从本书获取的启示

成功投资的原理始终不变，因为你的目标永远是把钱投入到最强大的企业。它们最终都会成为赢家。本书探讨了寻找这些最强大的企业的方法。所以，不论市场如何变化，本书的建议都会持续有效。以下是我们建议的重点：

第一章：股票的语言

√ 你需要投资股票。因为股票让你拥有成功的企业。当企业蓬勃发展，所有者也会成功。股票是最佳的长期投资工具。

√ 股票投资通过资本增值和股息赚钱。资本增值是你低价买进股票，然后，以更高的价格卖出后所获得的利润。股息是公司收益的一部分，在每个季度分配给股东。并不是所有的企业都支付股息。

√ 你应该使用折扣经纪商，并自行拟定投资决策。综合经纪商提供的建议价值不高，收费却很高。

√ 投资者可以划分为成长型与价值型两大类别。成长型投资人希望买进每季盈余都会增长的成功企业，而且愿意支付相应的价格。价值型投资人希望低价买进被市场忽略或者奋力挣扎中的优质企业。这些原则可以并存。举例来说，你不希望用过高的价格买进成长型股票，也不希望买进缺乏成长前景的价值型股票。

第二章：投资大师怎么说

√ 投资策略必须明确，而且可以衡量。这样，你就避免了贪婪和恐惧等常见的情绪的干扰。仰仗一套明确的标准，来寻找优质股票。

√ 寻找财务健全的企业。这类企业拥有强劲的损益表和资产负债表。每家企业都会受益于高净利率、大量的现金、很少或者根本没有债务。

√ 内部人士与企业买进自家股票。彼得·林奇认为内部人士购买股票，理由只有一个：他们认为股价被低估了，最终会上涨。

√ 进行深入的研究。沃伦·巴菲特解释说，在购买一家企业的股票时，要像收购整家企业那样周全。不要听信小道消息。永远清楚你要买进什么，并且明确地知道自己的买进理由。

√ 明白买进股票的理由，这样才能清楚卖出的时机。在两分钟之内，你需要说出股票吸引你的理由。

√ 买进股票的价格需要低于企业的潜在价值。如果是股价昂贵的成长型股票，企业需要快速成长，从而证明股价"高有高的理由"。如果是价格便宜的价值型股票，企业最好拥有明确的复苏计划和良好的执行能力。

√ 追加有效的投资。如果你确认了一家优质的企业，它的股价正在上涨。在股价上涨的过程中，企业的实力也在增强，考虑买进更多的股票。

√ 利用价格下跌的机会。如果你拥有一家优质企业的股票，当股价下跌时，确认它依然是优质企业。如果它的表现和你初次投资时一样强劲，考虑在股价下跌时继续买入股票。如同比尔·米勒强调的："平均成本最低者是赢家。"

第三章：来自历史的投资观点

√ EBITDA/EV 是最好的多用途的价值衡量标准，它与"自由现金流量/企业资本市值"大致相等。

√ EBITDA 是指扣除利息、税金、折旧与摊销费用之前的盈余。在比较企业时，这四种费用类别可能会产生误导，因为各地的财务和会计记账方法差别很大。EBITDA 剔除了这些变幻莫测的手法，着眼于原始盈利能力。

√ 企业价值（EV）是资本市值减掉现金，加上债务、少量权益与优先股。它比资本市值更加明确，因为收购整家企业的人需要支付的是企业价值，而不是资本市值。

√ 对于大型的市场领导股，股息收益率是个重要的价值衡量标准。

√ 相对价格强度是最好的成长型衡量标准。明确来说：

· 最近 6 个月的相对价格强度是最佳的衡量标准。

· 当市场极度乐观时，不要买进那些相对价格强度最强的股票。

· 对于相对价格强度最弱的股票来说，它们仅在熊市底部的极端悲观市况的最初反弹期间，表现较好。

√ 寻找股价最便宜的价值型股票的致胜秘诀，需要以下衡量标准：

· 股价/账面价值比率

· 股价/现金流量比率

· 市盈率（股价/盈余比率）

· 股价/销售金额比率

· EBITDA/EV 比率

· 股权收益率

√ 股权收益率等于股息收益率加上企业回购的效益。高股权收益率的企业，表现胜过低股权收益率的同行。

√ 买进股息收益率高的、居于市场领先地位的大型企业的股票。这是最简单，也是最好的价值型策略之一。本书第四章探讨的"道琼斯股息策略"就是这种策略的完美范例。

√ 通过价值型股票的致胜秘诀，选出最便宜的价值型股票。再通过最近 6 个月的相对价格强度，从中进一步筛选具备上涨动能的股票，从而产生最佳的风险调整后报酬。这种超级策略将价值型与成长型投资结合在一起，称为趋势价值策略。

√ 在整个市场周期中，坚持采用经过验证的策略是至关重要的，即使它们在某些年份表现不佳。

第四章：永久性投资组合

√ "价值平均法"是一种随着市场波动，自动地低买高卖的投资方法。在你的核心投资组合中，你将通过"IJR 小型股 ETF"，实现稳定的 3% 的季度利润。

√ 道琼斯工业指数由美国最为强大的 30 家企业的股票构成，包括：美国运通、可口可乐、迪斯尼、埃克森美孚、家得宝、英特尔、IBM、麦当劳、微软与沃尔玛。道琼斯工业指数 30 家成分股的典型特征是其庞大的规模。以沃尔玛为例，2011 年的销售金额高达 4500 亿美元，相当于美国 GDP 的 3%。

√ 能够入选道琼斯工业指数的企业占据着行业的主导地位。它们的股票通常会从低迷不振的股价中恢复上涨。所以，道琼斯成分股就是寻获便宜股票的狩猎场。如同第三章探讨的，寻找价值被低估的大型股，最好的方式就是查看股息收益率。

√ 有三种"道琼斯股息策略"，可以长期击败道琼斯工业指数。首先，我们需要从 30 只道琼斯成分股里，筛选出股息收益率最高的 10 只股票。第一种"道琼斯策略"对这 10 只股票全部进行投资；第二种策略是投资 10 只股票中股息收益率最高的 5 只；第三种策略是投资 10 只股票中股价最低的 5 只。第三种股息策略的表现最佳，也就是投资 5 只股价最低的道琼斯成分股。在截至 2011 年 12 月 30 日为止的 40 年里，第三种股息策略的年均报酬率为 9.6%，而道琼斯工业指数的同期表现仅为 6.8%。

√ "道琼斯股息策略"虽然表现出众，可是，一种简单的方法却更为出色：对道琼斯工业指数启用"杠杆"，使投资回报翻倍。所谓的"杠杆"，就是通过融资和期权，扩大投资报酬。通过这种撬动杠杆的技术，盈利和亏损都会放大。

√ 想要取得两倍的道琼斯工业指数绩效，最简单的办法，就是投资 ProFunds 的 Ultra Dow 30 共同基金，报价代码为 UDPIX。从每日的行情波动来看，这项产品的报酬率大约是道琼斯工业指数的两倍。

√ 标普 400 中型股指数的表现优于道琼斯工业指数。截至 2011 年 12 年 30 日的 10 年期间里，道琼斯工业指数的报酬率为 22%，标普 400 中型股指数的报酬率为 73%。与道琼斯工业指数一样，标普 400 中型股指数也可以通过杠杆取得双倍绩效。我称此为"最大化中型股投资策略"，其表现已得到证实，比道琼斯工业指数的两倍绩效还要好。

√ 启用了杠杆的策略一旦遭遇极端的熊市，损失就会放大，产生毁灭性的后果，并且会破坏长期的绩效。

√ 所以，你应当通过简单移动平均线（SMA）、MACD 与 RSI 等技术指标的时机信号，尝试控制下档风险。这三种图表工具可以帮助你辨识价格趋势，经常在大跌之前发出警报，让你及时调整策略。

√ 道琼斯工业指数与标普 400 中型股指数都是由一群股票构成的，而不是单只股票。即便发生损失，它们最终都能复苏，弥补损失。这样，投资者面对市场波动，就具有了信心。极端的波动行情加上有保证的复苏，两者结合起来，威力强大。当市场大跌时，通过这些波动性的策略，进场买入，可以获得巨大的收益。

第五章：投资之前的预备

√ 挑选出一家折扣经纪商：E ＊ Trade、Fidelity、FirstTrade、Schwab、Scottrade、TD Ameritrade 或 TradeKing。你也可以考虑超级折扣经纪商，例如：BuyandHold、ShareBuilder 或 Zecco。

√ 使用限价单时，需要设定你买卖股票的价格，并设定好时间框架，确认是长效单还是当日有效单。使用市价单，可以立刻执行买卖股票的指令。市场形势与个人偏好将引导你选用正确的订单类型。就我个人而言，几乎全部采用限价单，限价单让我免受情绪的影响，从而运用行情波动的机会。

√ 只要上升趋势持续，跟踪型止损单就会让你持有股票，当行情向下反转时，跟踪型止损单就会让持有的股票离场。当价格向上运行时，这类订单亦步亦趋地"跟踪"着价格。当价格下落时，又能锁定回调的价格。我个人几乎只使用限价单和跟踪型止损单。

第六章：研究致富

√ 留意你的个人经验，以及从小道消息得来的好的投资点子。

√ 我提供一系列的杂志、报纸、投资快讯与专业刊物供各位参考。其中最有用者，是《投资人经济日报》的 SmartSelect 股票评级，还有《价值线投资调查》，后者几乎提供了你需要知道的所有资料。

√ 联络上市公司，请对方提供投资者报告书。它应该包括年度报告、资产负债表、损益表。阅读这些资料，能够了解相关企业的健康程度——资产多少、负债多少，持有多少利润。

√ 通过股票筛选器，设定某些筛选条件，对全部股票进行过滤，选取你想要的股票。雅虎财经、FINVIZ 与晨星都提供很好的股票筛选器。

√ 我推荐一些投资网站，其中，雅虎财经最有帮助。如果你对这些网站有兴趣，请访问 www.jasonkelly.com/resources。

第七章：本书推荐策略

√ 运用第四章讨论的永久性投资组合策略，构建一个核心投资组合。你可以挑选"道琼斯股息策略"、"道琼斯两倍绩效"策略、"最大化中型股投资"策略。我采用"最大化中型股投资"策略，因为它的长期报酬最好。"道琼斯两倍绩效"策略与"最大化中型股投资"策略的波动幅度是市场的两倍。

√ 运用本书第六章讨论的投资资源，找出和维护操作单上的候选股。

√ 操作单上的重要衡量标准如下：

- **净利率**：排序必须在产业的前 20%，净利率越高越好。资料来源：投资者报告书、《价值线》或上网查询。

- **每股销售**：最近 5 年应该持续增长。资料来源：《价值线》或上网查询。

- **每股现金流量**：应该为正数，而且每年增长。资料来源：《价值线》或上网查询。

- **每股盈余**：应该为正数，并且每年都在增长。资料来源：《价值线》或上网查询。

- **股息收益率**：大型股的股息收益率应该很高。资料来源：多数报纸、《价值线》或上网查询。

- **股权报酬率**：排序应该在前 20%。资料来源：投资者报告书或上网查询。

- **内部人士买进/持股**：买进股票的数量多，只有内部人士认为股价将会上涨时，才会买进自家股票。资料来源：《价值线》、《投资人经济日报》与雅虎财经。

- **企业回购股票**：你希望看到企业买回自家股票。资料来源：向公司打电话。

- **EPS 评级**：成长型投资人需要评级达到 85 或更高。资料来源：《投资人经济日报》。

- **相对价格强度评级**：成长型投资人需要评级达到 80 或更高。资料来源：《投资人经济日报》。

- **5 年期销售与盈余成长**：在所有企业的排序中，至少位于前 10%；在小型企业的排序中，至少位于前 15%。资料来源：《价值线》或上网查询。

- **预估销售**：大型企业的每年预期增长至少达到 10%，中型企业至少达到 15%，小型企业至少达到 20%。资料来源：《价值线》或上网查询。

- **预估股票高/低价**：不论高价还是低价，价格越高越好。资料来源：《价值线》或上网查询。

- **《价值线》的时机与安全性**：时机评级应该是 1 或 2，安全性评级必须符合你的波动偏好。资料来源：《价值线》。

- **标普的 STARS/公平价值**：STARS 评级与公平价值都应该是 4 或 5。资料来源：标普每周发行的投资快讯 The Outlook。

- **目前市盈率**：对于价值型企业，目前市盈率应该等于或低于盈余成长率。资料来源：《价值线》、很多其他刊物、上网查询。

- **平均市盈率**：需要高于目前市盈率。资料来源：《价值线》。

- **股价/销售金额比率**：除了公用事业股票之外，其他企业都是越小越好。资料来源：《价值线》、上网查询。

- **股价/账面价值比率**：越小越好。资料来源：《价值线》、上网查询。

- **流动比率**：至少应该为 2。资料来源：《价值线》或上网查询。

- **股价/现金流量比率**：越小越好。资料来源：《价值线》、上网查询。

- **SMA、MACD 与 RSI**：可以显示强烈的上升趋势或突破。资料来源：股价图表，雅虎财经或 StockCharts.com 等网站可提供此类图表。

√ 经常追踪和调整操作单上的候选股。把它们与竞争对手做比较，维护每家企业的信息文件夹，保持最新资讯。通过这种方式，当行将复苏的好企业的股价下跌时，你就做好了准备，可以把握市场上的天赐良机。

√ 分批买进。任何人都无法精准地预测股价。初次买入时，只投入一部分资金，就可以控制看错方向导致的损失。以后，并不缺少进场的机会。

√ 对于每只候选股，为了避开常见的情绪化投资的陷阱，需要填写"理性 & 锁定"操作单。前文提供了操作单的样本。确认股票属于成长型还是价值型、列举企业的优势与挑战、写下买进或卖出股票的理由。

√ 不要迷信大师或市场专家。根据 CXO 投资顾问集团的研究，市场专家预测市场的准确度只有 48%——甚至不如扔硬币可靠。在前文我收集了一些模棱两可、不置可否的预测。

√ 市场波动不休。你投在股票上的钱也会随着市场的波动增长或减少。投资之前，需要理解这点，在情绪上有所准备。

√ 审核操作单上的买卖理由与限制条件，能够在市场狂热时，保持冷静的头脑。在不受干扰时，写下这些评估。当你决定是否卖出股票时，需要依靠这些更可靠的资料作为指引。和大多数的同事、亲友或分析师相比，你的理性 & 锁定操作单是更可靠的投资伴侣。

√ 留意图表。SMA、MACD 与 RSI 经常提示趋势的改变。如果它们给出趋势变化的信号，或者新闻引发了你的"理性 & 锁定"操作单的卖出理由，你就有好的理由采取行动。了解这三个指标，请阅读第四章。

√ 分批卖出，理由与分批买进相同。

√ 使用软件工具包或账册，追踪投资绩效。对于你的每项股票投资，运用"了不起的四项组合"的四个价格来评估绩效：买进之前 3 个月的价格、买入价格、卖出价格、卖出之后 3 个月的价格。从错误中学习，随着时间的推移提升实力。

第八章：一路顺风

√ 通过学习本书的策略，你的投资道路是安全的，有利可图的，并且不需要你缴纳昂贵的学费。你可以循序渐进，或许从银行的储蓄账户开始，然后在折扣经纪商开设货币市场账户，接着是永久性投资组合，最后则是公开市场本身，你在此搜寻符合最高标准的潜力股。

√ 请阅读《股票市场竞赛》一书，体会 10 位顶尖投资者的情绪负担。他们经历了 1995 年至 2009 年期间的两个牛市与两个熊市。

√ 遵循查理·麦可斯的建议：在股价便宜时，买入有强势的商业专营权的优质企业。

√ 祝你一切顺利。你可以直接发电子邮件给我（Jason@ jasonkelly.com），或者访问我的官方网站（www.jasonkelly.com）留言。

附录二：交易所挂牌基金（ETF）样本

下面是我关注的几组交易所挂牌基金（ETF）。通过我的官网 www.jasonkelly.com/resources，可以下载打印相关表格。

美国大型股指数产品

DDM ｜ 两倍杠杆，做多道琼斯指数（2x）

DIA ｜ 一倍杠杆，做多道琼斯指数（1x）

DOG ｜ 一倍杠杆，做空道琼斯指数（-1x）

DXD ｜ 两倍杠杆，做空道琼斯指数（-2x）

SSO ｜ 两倍杠杆，做多标准普尔500指数（2x）

SPY ｜ 一倍杠杆，做多标准普尔500指数（1x）

SH ｜ 一倍杠杆，做空标准普尔500指数（-1x）

SDS ｜ 两倍杠杆，做空标准普尔500指数（-2x）

BGU ｜ 三倍杠杆，做多罗素1000指数（3x）

IWB ｜ 一倍杠杆，做多罗素1000指数（1x）

BGZ ｜ 三倍杠杆，做空罗素1000指数（-3x）

美国中型股指数产品

MVV ｜ 两倍杠杆，做多标准普尔 400 中型股指数（2x）

MDY ｜ 一倍杠杆，做多标准普尔 400 中型股指数（1x）

MYY ｜ 一倍杠杆，做空标准普尔 400 中型股指数（-1x）

MZZ ｜ 两倍杠杆，做空标准普尔 400 中型股指数（-2x）

美国小型股指数产品

TNA ｜ 三倍杠杆，做多罗素 2000 指数（3x）

UWM ｜ 两倍杠杆，做多罗素 2000 指数（2x）

IWM ｜ 一倍杠杆，做多罗素 2000 指数（1x）

RWM ｜ 一倍杠杆，做空罗素 2000 指数（-1x）

TWM ｜ 两倍杠杆，做空罗素 2000 指数（-2x）

TZA ｜ 三倍杠杆，做空罗素 2000 指数（-3x）

SAA ｜ 两倍杠杆，做多标准普尔 600 小型股指数（2x）

IJR ｜ 一倍杠杆，做多标准普尔 600 小型股指数（1x）

SBB ｜ 一倍杠杆，做空标准普尔 600 小型股指数（-1x）

SDD ｜ 两倍杠杆，做空标准普尔 600 小型股指数（-2x）

美国纳斯达克指数产品

QLD ｜ 两倍杠杆，做多纳斯达克 100 指数（2x）

QQQQ｜ 一倍杠杆，做多纳斯达克 100 指数（1x）

PSQ｜ 一倍杠杆，做空纳斯达克 100 指数（-1x）

QID ｜ 两倍杠杆，做空纳斯达克 100 指数（-2x）

美国分类股指产品

UGE ｜ 两倍杠杆，做多道琼斯美国消费者商品指数（2x）

IYK ｜ 一倍杠杆，做多道琼斯美国消费者商品指数（1x）

SZK ｜ 两倍杠杆，做多道琼斯美国消费者商品指数（−2x）

UCC ｜ 两倍杠杆，做多道琼斯美国消费者服务指数的产品（2x）

IYC ｜ 一倍杠杆，做多道琼斯美国消费者服务指数的产品（1x）

SCC ｜ 两倍杠杆，做空道琼斯美国消费者服务指数的产品（−2x）

FAS ｜ 三倍杠杆，做多罗素 1000 金融服务指数的产品（3x）

UYG ｜ 两倍杠杆，做多道琼斯美国金融指数的产品（2x）

IYF ｜ 一倍杠杆，做多道琼斯美国金融指数的产品（1x）

SEF ｜ 一倍杠杆，做空道琼斯美国金融指数的产品（−1x）

SKF ｜ 两倍杠杆，做空道琼斯美国金融指数的产品（−2x）

FAZ ｜ 三倍杠杆，做空罗素 1000 金融服务指数的产品（−3x）

RXL ｜ 两倍杠杆，做多道琼斯美国健康医疗指数的产品（2x）

IYH ｜ 一倍杠杆，做多道琼斯美国健康医疗指数的产品（1x）

RXD ｜ 两倍杠杆，做空道琼斯美国健康医疗指数的产品（−2x）

UYM ｜ 两倍杠杆，做多道琼斯美国材料指数的产品（2x）

XLB ｜ 一倍杠杆，做多标准普尔材料指数的产品（1x）

SMN ｜ 两倍杠杆，做空道琼斯美国材料指数的产品（−2x）

ERX ｜ 三倍杠杆，做多罗素 1000 能源指数的产品（3x）

DIG ｜ 两倍杠杆，做多道琼斯美国油气指数的产品（2x）

IEO ｜ 一倍杠杆，做多道琼斯美国油气指数的产品（1x）

DDG ｜ 一倍杠杆，做空道琼斯美国油气指数的产品（−1x）

DUG ｜ 两倍杠杆，做空道琼斯美国油气指数的产品（−2x）

ERY ｜ 三倍杠杆，做空罗素 1000 能源指数的产品（−3x）

URE ｜ 两倍杠杆，做多道琼斯美国房地产指数的产品（2x）

IYR ｜ 一倍杠杆，做多道琼斯美国房地产指数的产品（1x）

SRS ｜ 两倍杠杆，做空道琼斯美国房地产指数的产品（-2x）

USD ｜ 两倍杠杆，做多道琼斯美国半导体指数的产品（2x）

IGW ｜ 一倍杠杆，做多标准普尔北美半导体指数的产品（1x）

SSG ｜ 两倍杠杆，做空道琼斯美国半导体指数的产品（-2x）

ROM ｜ 两倍杠杆，做多道琼斯美国科技股指数的产品（2x）

IYW ｜ 一倍杠杆，做多道琼斯美国科技股指数的产品（1x）

REW ｜ 两倍杠杆，做空道琼斯美国科技股指数的产品（-2x）

LTL ｜ 两倍杠杆，做多道琼斯美国通信股指数的产品（2x）

IYZ ｜ 一倍杠杆，做多道琼斯美国通信股指数的产品（1x）

TLL ｜ 两倍杠杆，做空道琼斯美国通信股指数的产品（-2x）

UPW ｜ 两倍杠杆，做多道琼斯美国公用事业指数（2x）

IDU ｜ 一倍杠杆，做多道琼斯美国公用事业指数（1x）

SDP ｜ 两倍杠杆，做空道琼斯美国公用事业指数（-2x）

国际股指产品

FXI ｜ 一倍杠杆，做多 FTSE/新华中国 25 指数（1x）

FXP ｜ 两倍杠杆，做空 FTSE/新华中国 25 指数（-2x）

EFA ｜ 一倍杠杆，做多 MSCI EAFE 指数（1x）

EFZ ｜ 一倍杠杆，做空 MSCI EAFE 指数（-1x）

EFU ｜ 两倍杠杆，做空 MSCI EAFE 指数（-2x）

EEM ｜ 一倍杠杆，做多 MSCI 新兴市场指数（1x）

EUM ｜ 一倍杠杆，做空 MSCI 新兴市场指数（-1x）

EEV ｜ 两倍杠杆，做空 MSCI 新兴市场指数（-2x）

EWJ ｜ 一倍杠杆，做多 MSCI 日本指数（1x）

EWV ｜ 两倍杠杆，做空 MSCI 日本指数（-2x）

货币产品

UUP ｜ 一倍杠杆，做多美元兑欧元、英镑、日元等（1x）

UDN ｜ 一倍杠杆，做空美元兑欧元、英镑、日元等（-1x）

附录三：对标普600小型股指进行"价值平均法"投资

在第四章，我们探讨了对 ishare 标普 600 小型股指 ETF（代码 IJR）进行"价值平均法"的投资。下列表格显示了每个季度赚 3% 的操作计划。该计划的起止时间为 2005 年 12 月至 2011 年 12 月，IJR 的价格在这段期间，先从 57.80 美元涨到 71.10 美元，然后又跌回 36.39 美元，最后又涨到 73.56 美元。

通过四舍五入的方法，我们对该计划的 IJR 的数量进行取整处理，对买卖金额也同样采用整数。而"新现金余额"代表着该投资计划的账户中拥有现金的数量。如果买进信号提示所需现金超出了账户余额，那么，账户余额将显示为零，意味着需要注入新的资金。如果无法投入新的资金，该计划将维持现状，即使遭遇极端的下跌行情，也可以避免最坏的操作方式——割肉出局。

在下列表格中，请注意"采取行动"一栏显示了清晰的时机信号，而"现金流量"一栏显示了所需资金的紧急程度。当市场在 2008 年 12 月和 2009 年 3 月开始大跌时，该投资计划提示买进。经历了多个季度之后，当时市场显示出底部的迹象，而投资计划也发出了提示，要求大量买进。这种操作很快就得到了回报。按照该投资计划，你将远远领先于查理·迈克尔斯描述的那些人士——他们从 2009 年以来，持有大量的现金，几乎毫无收获。

投入最初的 1 万美元之后，该投资计划还需要投入 10396 美元的新资金，才能持续进行。假定你在 2005 年 12 月把 20396 美元都投资到 IJR 上，等到 2009 年 3 月，你的资金跌得只剩下 12846 美元，这时你可能会惊慌失措。如果你能熬得住，这笔投资在 2011 年 12 月会反弹到 24110 美元。如果你能够控制情绪，坚持不在底部割肉，执行完该投资计划之后，你的账户余额将增长至 26127 美元。了解该计划的当前表现，请访问 www.jasonkelly.com/resources。

季度末	IJR 价格	持有数量	目前价值	实现3%增长所需份额	采取行动	现金流量	新现金余额	新 IJR 余额
2005 年 12 月	$57.80	0	$0.00	NA	买进 173 份	−$9,999	$0	$9,999
2006 年 3 月	$65.23	173	$11,285	158	卖出 15 份	+$978	$978	$10,306
2006 年 6 月	$62.10	158	$9,812	171	买进 13 份	−$807	$171	$10,619
2006 年 9 月	$61.29	171	$10,481	178	买进 7 份	−$429	$0	$10,910
2006 年 12 月	$65.99	178	$11,746	170	卖出 8 份	+$528	$528	$11,218
2007 年 3 月	$67.91	170	$11,545	170	持有	$0	$528	$11,545
2007 年 6 月	$71.10	170	$12,087	167	卖出 3 份	+$213	$741	$11,874
2007 年 9 月	$69.75	167	$11,648	175	买进 8 份	−$558	$183	$12,206
2007 年 12 月	$65.02	175	$11,379	193	买进 18 份	−$1,170	$0	$12,549
2008 年 3 月	$59.93	193	$11,566	216	买进 23 份	−$1,378	$0	$12,945
2008 年 6 月	$60.17	216	$12,997	222	买进 6 份	−$361	$0	$13,358
2008 年 9 月	$59.51	222	$13,211	231	买进 9 份	−$536	$0	$13,747
2008 年 12 月	$43.97	231	$10,157	322	买进 91 份	−$4,001	$0	$14,158
2009 年 3 月	$36.39	322	$11,718	401	买进 79 份	−$2,875	$0	$14,592
2009 年 6 月	$44.43	401	$17,816	338	卖出 63 份	+$2,799	$2,799	$15,017

2009 年 9 月	$ 52.34	338	$ 17,691	296	卖出 42 份	+ $ 2,198	$ 4,997 $ 15,493
2009 年 12 月	$ 54.72	296	$ 16,197	292	卖出 4 份	+ $ 219	$ 5,216 $ 15,978
2010 年 3 月	$ 59.45	292	$ 17,359	277	卖出 15 份	+ $ 892	$ 6,108 $ 16,468
2010 年 6 月	$ 54.14	277	$ 14,997	313	买进 36 份	- $ 1,949	$ 4,159 $ 16,946
2010 年 9 月	$ 59.09	313	$ 18,495	295	卖出 18 份	+ $ 1,064	$ 5,223 $ 17,432
2010 年 12 月	$ 68.47	295	$ 20,199	262	卖出 33 份	+ $ 2,260	$ 7,483 $ 17,939
2011 年 3 月	$ 73.56	262	$ 19,273	251	卖出 11 份	+ $ 809	$ 8,292 $ 18,464
2011 年 6 月	$ 73.32	251	$ 18,403	259	买进 8 份	- $ 587	$ 7,705 $ 18,990
2011 年 9 月	$ 58.54	259	$ 15,162	334	买进 75 份	- $ 4,391	$ 3,314 $ 19,552
2011 年 12 月	$ 68.30	334	$ 22,812	295	卖出 39 份	+ $ 2,664	$ 5,978 $ 20,149

威科夫量价经典著作

孟洪涛，美籍华人，职业机构交易员，先后供职于美林资产管理部门、通用电气资产管理集团风控部门，曾任美国芝加哥商品交易所亚洲区特约讲师。

《新威科夫操盘法》：揭秘对冲基金不愿公开的交易策略

理查德·威科夫是上个世纪初与杰西·利弗莫尔、江恩齐名的三大实战大师之一，威科夫方法是一套基于市场运行基本原理——供给与需求的关系，研判证券价格与交易量关系来识别主力操控市场的技术分析工具。掌握了这套秘诀，证券市场中的大资金主力的每一个操作意图和操纵手法在您面前都将表露无遗，紧跟他们的步伐，做出好中更好的精明决策，您就能像职业人士那样在市场上持续盈利。

《威科夫操盘法》是孟先生把自己学习、应用威科夫方法的经验与中国市场相结合的量价分析典范，两个版本对照阅读，更能让您学会从不同的角度、用不同的思维方式去看待市场，从而找到交易员自我修炼的进阶之道。

微信扫码订购

微信扫码订购

理查德·威科夫成名代表作《擒庄秘籍》

本书是理查德·威科夫基于其45年实战经验所写的操盘秘籍，是华尔街对冲基金经理秘密流传的量价分析宝典，书中详尽解读了威科夫操盘法三大工具：竹线图、点数图、波线图，学习本书内容的时间越长，您就会变得越专业。

本书译者孟洪涛先生把英文原著贴身携带了20多年，一有闲暇就重读，实战中遇到困惑都重读本书寻求答案，如此反复，已重读100多遍，每次重读都有新的感悟。

微信扫码订购

杰克·施瓦格系列经典

　　杰克·施瓦格，是保诚证券期货研究和交易策略总监，此前曾在普惠公司和美邦等华尔街领先公司担任了22年的期货研究主管，是国际期货和对冲基金领域公认的专家。

　　施瓦格先生著有《期货分析全书》《股市怪杰》《金融怪杰》《新金融怪杰》《对冲基金奇才》《交易策略》《商品研究局年鉴》等一系列广受好评的金融书籍。

　　施瓦格先生还是一名演讲者，他的演讲非常受欢迎，他曾就一系列证券分析主题进行演讲，特别关注伟大的交易者、技术分析和交易系统评估。

微信扫码订购

《股市怪杰》

　　这是一本美国华尔街顶级交易者们的访谈录，在本书中杰克·施瓦格深挖掘了13位出色交易者，逐一展现了顶级交易者的市场思维和操盘策略，这些交易大师的真实经历，正是我国投资者最迫切需要的市场经验。

《新金融怪杰》

　　本书继续记录了作者与华尔街伟大交易员之间的访谈，全新的对话阵容，更证实了伟大的交易者们都有自己确定性的核心交易理念。无论对于新手还是有经验的交易员，都能从本书中频频闪现的智慧结晶得到启发。

微信扫码订购

微信扫码订购

《施瓦格期货分析全书》

　　本书是施瓦格先生期货研究的集大成之作，也是其成名代表作，书中提供了坚实的期货市场基础，详尽的市场分析和预测技术，探索先进的交易理念，并展示了数百个期货实战案例，是期货交易者的"圣经"级指导教材。

《股市趋势交易大师1：万宗归于趋势》

为A股度身打造的价值投资体系

为读者精挑细选的排雷解决方案

源于实战的中长线交易模型

让你轻松掌握真正的价值投资

《股市趋势交易大师2：龙头作手》

短线打板圣经，

游资大佬内部资料首度公开出版

趋势交易体系特色技术：

筹码分布和量价关系　　　　连板启动和妖股基因

流动性与市场运行规律　　　高度龙头和换手龙头

股性及去弱留强　　　　　　同板块分时选股技巧

股价的数字规律　　　　　　价值投资的三大金指标

M60之上的盈利之路　　　　上市公司的估值体系

短线交易的"三元一催化"原则　如何寻找主线行情

板块联动效应　　　　　　　成熟型上市公司的选股模型

市场情绪、周期、人气　　　成长型上市公司的选股模型

涨停板出现的位置和意义　　基本面分析的排雷技巧

龙头股的股性特质　　　　　长线牛股卖点的分类和应用

涨停板的分时形态

T板模型和N板模型

微信扫码　查看详情